BIBLIOTHÈQUE

DE LA

JEUNESSE CHRÉTIENNE

APPROUVÉE

PAR Mgr L'ARCHEVÊQUE DE TOURS.

Adieux de Thomas Morus à sa fille Marguerite.

HISTOIRE

DE

THOMAS MORUS

Chancelier d'Angleterre.

P. 52.

Thomas Morus chantant au lutrin.

A. Mame & Cie Éditeurs

TOURS.

THOMAS MORUS

ET SON ÉPOQUE

PAR W. JOS. WALTER

TRADUIT LIBREMENT DE L'ANGLAIS

PAR AUG. SAVAGNER

Professeur d'histoire en l'Université

SUIVI

D'UNE ANALYSE DE L'UTOPIE DE THOMAS MORUS

TOURS

A. MAME ET Cie, IMPRIMEURS-LIBRAIRES

M DCCC XLVII

HISTOIRE

DE

THOMAS MORUS

CHAPITRE PREMIER.

Jeunesse de Morus. — Son éducation. — Ses études de droit. —
Son mariage.

La vive impression produite sur nous par les exemples du passé, tandis que nous demeurons froids pour ceux dont nous sommes témoins, doit être attribuée, soit à un sentiment irrésistible qui nous porte à respecter l'antiquité, soit à cette vénération naturelle que nous éprouvons pour la mémoire des morts illustres. La distance dérobe souvent à nos yeux des taches et des imperfections qui nous choqueraient de près. Cependant quelques hommes nous ont offert pen-

1

dant leur vie un caractère si élevé au-dessus des faiblesses de l'humanité, qu'ils n'ont aucun besoin de ce
prestige de l'antiquité pour s'attirer tout notre intérêt
et toute notre admiration. Thomas Morus est de ce
nombre.

Thomas, fils unique de sir Jean Morus, naquit à
Londres en 1480, dans la vingtième année du règne
d'Édouard IV, et cinq ans avant l'avénement
d'Henri VII.

On connaît peu de particularités sur la vie de Jean
Morus jusqu'au moment où on le retrouve siégeant
parmi les juges du banc du roi. Voici le portrait qu'en
a tracé son propre fils : « C'était un homme poli, de
manières affables, inoffensif, doux, tolérant, juste et
pur. Quoique fort âgé, son corps conservait encore
toute la force et la souplesse du jeune âge. Après
avoir assez vécu pour voir son fils chancelier d'Angleterre, il pensa que plus rien ne le retenait sur la terre ;
et il prit avec joie son essor vers le ciel. »

La mère de Morus était la fille de sir Thomas Hand-
combe de Holywell, dans le Bedfordshire. Le temps
où l'on ajoutait foi aux présages n'était pas encore
passé, et le docteur Clément, célèbre médecin de cette
époque, et qui devint par la suite l'un des plus chers
amis de Morus, rapporte que, la nuit de son mariage,
sa mère vit en songe, gravés sur son alliance, le

nombre et le caractère de ses enfants; *le visage de l'un d'eux brillait d'un éclat surnaturel.*

On a encore recueilli un autre présage de la grandeur future de cet enfant; le fait fut rapporté par sa nourrice. Un jour que cette femme, tenant le petit Morus entre ses bras, traversait à cheval un marais, l'animal trébucha, et tomba dans un trou profond; voulant sauver l'enfant, la nourrice le jeta par-dessus une haie dans un champ voisin; et lorsque, après s'être à grand'peine retirée de ce pas dangereux, elle courut chercher son nourrisson, elle fut très-surprise de le retrouver non-seulement sans aucun mal, mais lui tendant ses petits bras et lui souriant.

Morus commença son éducation à l'école de Saint-Antoine, dépendante de l'hôpital de ce nom, qui, depuis le règne d'Henri VI, jouissait d'une haute réputation. Il eut pour premier maître un homme instruit nommé Nicolas Holt, sous lequel, pour me servir des propres expressions de Morus, *il dévora avidement, plutôt qu'il ne mâcha à loisir,* ses éléments de grammaire, et il surpassa tous ses camarades par son intelligence et son application.

Le crédit de son père le fit plus tard admettre comme interne dans cette maison, et il fut attaché à la suite du cardinal Morton, l'un des plus habiles ministres de Henri VII. A cette époque, où non-seulement les richesses et les dignités, mais encore le savoir et le luxe, étaient le partage d'un petit nombre d'individus favorisés, les jeunes gens d'une condition médiocre n'avaient que bien peu d'espoir d'arriver à une position plus élevée, à moins qu'ils n'eussent le bonheur de se concilier les bonnes grâces de quelque puissant et généreux protecteur. Mais ce n'était pas uniquement dans le but d'arriver aux honneurs qu'on recherchait ce patronage; les hommes de goût et de savoir étaient forcés eux-mêmes d'y recourir, s'ils voulaient jouir de la bonne conversation et acquérir les manières élégantes du temps. Des personnes de haut rang recherchaient avec empressement ce moyen de procurer à leurs fils une brillante éducation. Ainsi que l'écuyer d'un chevalier errant à une époque plus reculée, un jeune gentilhomme ne croyait pas qu'il fût au-dessous de sa dignité de faire une espèce d'apprentissage sous un noble maître; il ne tenait pas à déshonneur de le servir à table, de porter son manteau, de lui rendre enfin cent petits services qu'on regarderait de nos jours comme des actes de servilité. Par ces humiliations volontaires il se faisait connaître des grands, et il acquérait dans ces cours en miniature les connaissances nécessaires au rang qu'il aspirait à occuper un jour dans le palais ou dans le conseil.

Le père de Morus avait fait preuve de sagesse dans

le choix d'un tuteur pour son fils. Le cardinal Morton était un homme instruit et habile, et qui, par ses vertus personnelles, méritait bien le respect et l'affection que Morus lui témoigna en toute occasion. C'est ainsi que dans sa célèbre *Utopie* nous le voyons s'étendre avec plaisir sur les grandes qualités du cardinal, et emprunter à sa reconnaissance chaque trait de son portrait. « Ce vénérable prélat, dit-il, était non moins respectable par sa sagesse et ses vertus que par sa haute dignité. Sa taille était moyenne, et les années n'avaient point courbé son corps. Son regard inspirait plutôt le respect que la crainte. Ses manières étaient affables, quoique sérieuses et réservées. Il affectait avec les solliciteurs un ton brusque et tranchant pour éprouver leur esprit et leur caractère. Il joignait à une éloquence ferme et persuasive une connaissance approfondie des lois ; son esprit était incomparable, et sa mémoire prodigieuse. Ces rares qualités étaient encore rehaussées par l'étude et l'expérience. Le roi mettait en son ministre une confiance sans bornes, et le bien public reposait en quelque sorte sur lui. Dès sa jeunesse il avait été initié aux affaires, et les grands revers qu'il avait éprouvés lui avaient fait acquérir à ses dépens un grand fonds de sagesse. »

Morton, de son côté, était fort attaché à son élève ; il était charmé de son esprit et de sa précocité, et il ne laissait échapper aucune occasion d'attirer sur lui l'attention des nobles hôtes qu'il recevait souvent à sa table. « Cet enfant qui nous sert, avait-il coutume de dire, deviendra un grand homme. »

Morus avait hérité de cette aimable gaieté qu'il prête à son père. Nous le voyons, au service du cardinal, se signaler dans les divertissements dramatiques qui avaient lieu à l'occasion des fêtes, non comme acteur, suivant l'idée que l'on attache aujourd'hui à ce mot, mais plutôt comme improvisateur. « Quoique fort jeune, dit Roper, il lui arrivait quelquefois, pendant les fêtes de Noël, de se joindre aux acteurs, et d'improviser un rôle sur la scène même, sans avoir étudié le sujet de la pièce, et il procurait aux spectateurs plus de plaisir à lui seul que tous les acteurs ensemble. »

Son digne protecteur jugeant que, dans sa maison, trop de distractions détournaient le jeune Morus de l'étude, et voulant le faire jouir de tous les avantages qu'offrait son pays, l'envoya à Oxford, où il entra comme membre du *Christ Church*, alors connu sous le nom de Collége de Cantorbéry. Morus venait d'entrer dans sa dix-septième année; il resta deux ans dans cette université, et fit des progrès surprenants dans la rhétorique, la logique et la philosophie, montrant ainsi ce que peuvent faire l'intelligence et le travail réunis. Ce fut vers cette époque que le célèbre Érasme visita Oxford; il y vit Morus, et de cette entrevue date l'intimité qui s'établit pour toujours entre ces deux hommes remarquables. Ce fut également à Oxford que Morus fit la connaissance de Wolsey, alors boursier du *Magdalen-College*, et celle de Colet, dont il cultiva avec soin l'amitié.

L'époque à laquelle Morus entra à l'université était très-favorable à la culture des études classiques; car Oxford possédait alors les deux hommes les plus versés dans la connaissance de la langue grecque et de la langue latine. Nous voulons parler de Grocyn et de Linacre. Morus trouva dans les trésors de la science ancienne ouverts devant lui une nouvelle source de plaisir, et, pour nous servir de l'expression de son petit-fils, « son âme tout entière était passée dans ses livres. »

Morus s'appliqua avec ardeur à joindre la langue grecque à ses autres connaissances, et nous verrons par la suite qu'il se montra toujours grand admirateur de cette belle langue, alors peu répandue.

A cette époque, son père ne lui envoyait que l'argent strictement nécessaire à son entretien, et il exigeait de lui des comptes rigoureux. Morus trouvait cette privation pénible, mais il remercia Dieu par la suite de ce que la sage conduite de son père ne lui

avait laissé ni le loisir ni les moyens de se laisser
entraîner au mal.

1499. — Morus quitta l'université cette année, et
retourna à Londres, où il se logea à *New-Inn* [1], pour
s'adonner à l'étude du droit. Là, dit Roper, il eut
assez de succès, et fut bientôt admis comme membre
de *Lincoln's-Inn*.

Au milieu du bruit et des séductions de la capitale,
ayant toujours sous les yeux le spectacle de la paresse, du jeu, de la débauche et de tous les vices,
Morus sentit le besoin de redoubler de vigilance envers
lui-même, et, pour nous servir de ses propres expressions, « il fit tous ses efforts pour que la servante la
sensualité ne devînt pas trop insolente envers sa maîtresse la *raison*. » Il comprenait bien la véritable si-
gnification de ces paroles du Christ : « Celui qui ne
fait aucun cas de la vie dans ce monde, la conserve
pour la vie éternelle. » Dans cette conviction, il
s'imposait privation sur privation. Les nombreuses
tentations qui l'assiégeaient de toutes parts rendirent
le combat long et difficile ; il eut recours au jeûne et
aux veilles, n'accordant jamais plus de quatre ou cinq
heures au sommeil. Un banc ou la terre même lui

---

[1] Le mot *inn* fut successivement appliqué, comme le mot français
hôtel, d'abord à la résidence d'un grand seigneur, puis à toute maison
où l'on hébergeait les voyageurs pour de l'argent.

servait de lit, avec une bûche pour oreiller. Il employait la discipline tous les vendredis et les jours de
jeûne, pensant « que c'était la meilleure nourriture
qu'il pût donner à son corps rebelle. » Il prit même
plus tard l'habitude de porter un cilice de crin, qu'il
ne quitta jamais, pas même lorsqu'il fut devenu chancelier d'Angleterre.

En 1500, Morus, ainsi que nous l'apprend son petit-
fils, fixa sa résidence près de Charter-House, et vécut
pendant quatre ans parmi les Chartreux; il suivit en
tout les règlements de l'Ordre, mais sans prononcer
de vœux. Quelques écrivains ont paru s'étonner de ce
qu'un homme d'un caractère aussi actif et aussi gai
ait pu s'astreindre à la solitude du cloître, comme si
ces qualités étaient incompatibles avec une piété sincère et les devoirs de l'homme envers son Créateur.
Morus eut un moment la pensée de prendre l'habit de
franciscain, afin de pouvoir servir Dieu plus complétement; mais pensant qu'à cette époque les divers
Ordres religieux s'étaient quelque peu relâchés de
leur première rigueur et de leur ferveur, il abandonna
ce projet. Il eut ensuite l'idée, avec son fidèle ami
Lilly, de se consacrer à la vie ecclésiastique; mais
Dieu lui avait tracé une autre route; il ne devait pas
rester seul, il était destiné à servir de modèle aux
époux, à leur enseigner la manière d'élever leurs en-

fants, de chérir leurs femmes, et comment, tout en consacrant leurs soins au service de la patrie, ils devaient pratiquer les vertus de tout homme religieux, la piété, la charité, l'humilité, l'abnégation de soi-même et la chasteté.

En 1503, la mort d'Élisabeth, femme d'Henri VII et mère d'Henri VIII, donna à Morus l'occasion de mettre au jour son talent de poëte. Les stances suivantes de ses *Rueful lamentations* (lamentations de regrets) ne manquent pas de vigueur.

« O vous qui mettez votre foi et votre confiance dans les joies de ce monde et dans une fragile prospérité, vous qui vivez sur cette terre comme si vous ne deviez jamais la quitter, pensez à la mort et jetez les yeux sur moi, vous ne pourriez trouver un meilleur exemple. Naguère j'étais votre reine dans ce royaume, et voyez, je repose ici maintenant.

« Que sont devenus nos châteaux et nos tours? Superbe Richmond, il m'a bientôt fallu te quitter; à Westminster, ce magnifique ouvrage élevé par tes mains, mon seul et cher seigneur, je ne le verrai plus. Fasse le Tout-Puissant que cette demeure se soit élevée pour toi, pour tes fils. Quant à moi, mon palais est construit, voyez, je repose ici maintenant. »

1504. — Ce fut vers cette époque que Morus commença à commenter publiquement, dans l'église de

Saint-Laurent à la vieille Juiverie, le célèbre ouvrage
de saint Augustin, *De Civitate Dei*. Érasme nous apprend qu'un nombreux auditoire assistait à ces cours,
et que les hommes les plus distingués du royaume,
tant ecclésiastiques que laïques, reconnaissaient d'un
commun accord combien la science était redevable à
ce jeune homme. De nos jours il paraîtrait extraordinaire que le même homme s'occupât d'études en apparence si différentes que celles du droit et de la théologie; mais il ne faut pas oublier qu'à l'époque dont
nous nous occupons, il était indispensable pour un
avocat d'avoir des connaissances étendues en théologie. Les plus hautes charges judiciaires de l'État
étaient généralement remplies par des ecclésiastiques,
et lorsque plus tard Morus fut élevé au rang de chancelier, il offrit une des rares exceptions à cette règle.

Cet homme rigide, se défiant de son propre jugement, même dans les actions les plus méritoires,
choisit pour son directeur spirituel le fameux Colet,
doyen de Saint-Paul, dont il avait fait la connaissance
à Oxford, comme nous l'avons dit plus haut. « Quoiqu'il eût été élevé à l'école rigoureuse de Colet, dit
Tytler, indulgent et humain pour les autres, il n'exerçait qu'envers lui-même sa sévérité. Par sa douceur,
son oubli des injures, ses charités nombreuses et sans
ostentation, et son mépris de la vie lorsqu'il s'agissait

de défendre la religion, il rappelait la pureté des premiers chrétiens et la sainte pénitence du cœur. » (*Vie d'Henri VIII, p.* 57.) Stapleton nous a conservé une lettre de Morus adressée à Colet, qui montre combien il portait d'affection et de respect à ce digne ecclésiastique ; nous la rapporterons ici :

« En me promenant, il y a quelques jours, à Westminster-Hall, où m'appelait une affaire, je rencontrai par hasard votre serviteur ; sa vue me causa un vif plaisir, car sa présence semblait m'annoncer la vôtre. Jugez de mon désappointement lorsqu'il m'apprit que vous n'étiez pas encore de retour. Rien ne m'est en effet plus pénible que d'être privé de votre douce conversation et de vos conseils salutaires, dont je m'étais fait une si chère habitude. Je ressens le manque de cette douce familiarité qui rafraîchissait mon âme, de cette parole persuasive qui m'inspirait la dévotion, de cet exemple qui m'instruisait et m'édifiait à la fois, de votre présence, enfin, qui seule me donnait le contentement du cœur. Ayant éprouvé autrefois quelle force et quelle confiance m'inspirait un tel guide, je me sens tout abattu maintenant que j'en suis privé. Qu'y a-t-il dans cette ville qui puisse porter l'homme à la vertu ? ou plutôt, que ne s'y trouve-t-il pas qui ne tende par mille séductions à le détourner de la bonne voie ? De quelque côté que nous tournions nos regards, nous voyons le vice et la fausseté : ici, la voix de l'amour simulé ou de l'insidieuse flatterie; là, des querelles féroces et des disputes; d'un autre côté, des taverniers, des cuisiniers, ministres de la gourmandise, des plaisirs mondains et du génie du mal qui règne sur eux. Les maisons mêmes dérobent à nos yeux une partie de la lumière, et nous empêchent de contempler le ciel; car c'est l'élévation des édifices et non le cercle de l'horizon qui borne notre vue. Aussi je vous pardonne de préférer le séjour de la campagne; là vous trouvez du moins des cœurs simples, ignorant la fausseté si commune dans nos villes. De tous côtés vos regards sont charmés par de riants paysages; un air pur et vif vous anime, tandis que l'aspect du ciel vous ravit. Là vous jouissez des dons de la bienfaisante nature, et vous ne trouvez que des exemples d'innocence. Je ne voudrais cependant pas que ces délicieuses impressions vous charmassent au point d'empêcher votre prompt retour parmi nous. Si la ville vous déplaît, comme cela peut bien être, la campagne qui environne votre paroisse de Stepney, outre qu'elle réclame vos soins, peut vous offrir les mêmes douceurs que celles dont vous jouissez maintenant. Les habitants de la campagne sont plus purs que les peuples des villes; l'état d'agglomération influe d'une manière pernicieuse sur le corps et sur l'âme, et exige de plus habiles médecins. Quelquefois, il est vrai, des hommes montent dans votre chaire de Saint-Paul, et promettent de merveilleux remèdes pour la guérison des maladies spirituelles du peuple ; mais lorsqu'ils ont bien parlé, leur vie se trouve si peu d'accord avec leurs préceptes, qu'ils aggravent plutôt qu'ils ne soulagent les maux de leurs auditeurs. On ne doit pas persuader à des malades de prendre pour les soigner des gens plus malades qu'eux-mêmes ; un lépreux qui voudrait entreprendre la guérison d'un autre lépreux n'exciterait que le mépris et le dégoût. Mais si l'on juge de l'efficacité des soins par la confiance qu'inspire celui qui les donne, nul plus que vous n'est propre à remplir cette mission. La pleine confiance qu'inspire votre connaissance des âmes se manifeste assez par l'impatient désir qu'on a de votre retour. Revenez donc enfin, mon cher Colet, pour l'amour de votre Stepney, qui pleure chaque jour votre absence, comme un enfant pleure celle de sa mère, ou pour l'amour de Londres, votre ville natale, et que vous devez regarder comme une mère. En attendant votre retour, je passe mon temps avec Grocyn, Linacre et Lilly ; le premier, comme vous le savez, est mon directeur en votre absence ; le second est mon maître d'études, et le troisième est en toute circonstance mon plus cher compagnon. Adieu ; conservez-moi l'amitié que vous m'avez témoignée jusqu'à ce jour. » Colet, de son côté, admirait son disciple, et on l'entendit souvent répéter que l'Angleterre ne possédait qu'un seul véritable homme d'esprit, et que cet homme était le jeune Thomas Morus.

1507. — Ce fut d'après les avis de son directeur que Morus, vers cette époque, résolut de se marier. Au nombre de ses amis se trouvait Jean Colte, gentilhomme de Newhall, dans le comté d'Essex. Il était de bonne famille, et avait trois filles, dont les talents et les qualités personnelles avaient fait une vive impression sur Morus, alors âgé de vingt-sept ans. Il donna, par le choix qu'il fit, un exemple remarquable de cette singularité de caractère et de cette abnégation dont il fit preuve pendant tout le cours de sa vie. « Son inclination le portait vers la seconde de ces jeunes personnes, dit Roper; mais pensant que ce serait faire injure à l'aînée que de lui préférer sa plus jeune sœur, il fixa son choix sur celle-là, et l'épousa bientôt après. » Érasme nous apprend que cette jeune dame se nommait Jeanne, qu'elle était beaucoup plus jeune que son mari, et n'avait jamais eu d'autre société que celle de ses parents, qui habitaient la campagne. « Cette circonstance, ajoute-t-il, était d'autant plus agréable pour son ami, qu'il comptait pouvoir plus facilement façonner son caractère sur le sien. » Il s'appliqua à orner l'esprit de sa jeune épouse, et lui enseigna la littérature et la musique, qui avait toujours charmé ses loisirs. Ce couple vertueux semblait destiné à vivre éternellement heureux ; mais l'homme propose et Dieu dispose, et le tableau de ce bonheur domestique fut assombri par la mort de mistriss Morus, au bout de six ans de mariage. Elle laissait à son mari quatre enfants, un garçon et trois filles.

L'année qui suivit son mariage, Morus fut élu membre de la chambre des Communes, où il eut occasion de rendre d'importants services à sa patrie.

Henri VII, ayant résolu de marier sa fille Marguerite à Jacques V d'Écosse, demanda des subsides à la chambre des Communes, moins en réalité pour doter sa fille que pour satisfaire sa passion dominante, l'avarice. Quoi qu'il en soit, il trouva quelque opposition, tant par rapport au montant de la somme, que par rapport à l'emploi qui devait en être fait. Il est d'autant plus évident que la chambre des Communes était fatiguée des demandes réitérées du roi à ce sujet, que la nouvelle de l'union avec l'Écosse avait été accueillie avec la plus vive approbation par les citoyens de Londres et la nation entière. Quoique fort jeune encore, et tout à fait inconnu comme homme politique, Morus osa s'élever avec hardiesse contre cette demande ; il releva le courage de ses collègues par son

éloquence et par la force de ses arguments, et il réussit
à faire rejeter ce projet. C'était en effet une hardiesse
dangereuse que de s'opposer aux désirs du roi, comme
l'avait fait le jeune orateur, lorsqu'il était entouré des
serviles courtisans du pouvoir. L'un d'entre eux,
nommé Tyler, se hâta d'informer Henri qu'un jeune
homme imberbe avait fait avorter ses projets; le roi,
irrité de cette opposition, résolut de le punir. Mais
toutes les mesures rigoureuses auxquelles le monarque
eut recours n'avaient pour but que d'atteindre Morus
dans sa fortune; et celui-ci, ne possédant aucun bien,
échappa aisément aux poursuites de ses ennemis; mais
la fortune de son père, le vieux juge, parut une proie
plus facile. Sur quelque vague accusation, le vénérable
sir Jean Morus fut arrêté et conduit à la Tour, où il
demeura prisonnier jusqu'à ce qu'on eût racheté sa
liberté pour cent livres sterling, somme qui équivalait
alors à mille livres de la monnaie actuelle (25,000 fr.).
Ses amis jugèrent en même temps prudent de faire
éloigner le vrai coupable. Le jeune Morus abandonna
donc sa clientèle du barreau, et résigna les emplois
qu'il occupait, non sans être toutefois l'objet de per-
fides tentatives de la part de ses ennemis. L'évêque
Fox, ayant rencontré Morus peu de temps après la
scène qui s'était passée à la chambre des Communes,
le prit à part, et, feignant d'embrasser ses intérêts,

lui promit, s'il voulait se laisser diriger par lui, de le faire bientôt rentrer en grâce auprès du roi; mais on sut par la suite que le but du prélat était de l'amener à avouer *son crime*, afin qu'on pût le punir avec quelque apparence de justice. Morus eut cependant la prudence ou le bonheur d'éviter le piége. Whitford, chapelain de l'évêque et ami intime de Morus, qui l'avait consulté à ce sujét, lui conseilla de bien se garder de suivre les avis de ce ministre, qui, ajouta-t-il, était un renard trop rusé pour lui (1). On put en effet juger de la sagesse de ce conseil quelques années après : lorsque Dudley et Empson, sacrifiés au ressentiment du peuple, marchaient au supplice, le premier, apercevant Morus au milieu de la foule, lui dit : « O maître Morus, Dieu s'est montré votre ami en vous inspirant de ne pas solliciter votre grâce du roi, comme bien des gens vous y engageaient; car si vous l'aviez fait, peut-être auriez-vous éprouvé le sort qui nous attend. »

Il est inutile d'ajouter que Morus ne retourna pas chez l'évêque. Il eut en effet une telle crainte du ressentiment du roi, qu'il crut ne pouvoir s'y soustraire qu'en passant à l'étranger; mais la mort d'Henri VII, arrivée le 22 avril 1508, empêcha l'exécution de son projet.

 Il y a ici un jeu de mots, *fox* signifiant *renard* en anglais.

L'exemple que nous venons de citer fait assez voir que Morus, en commençant sa carrière, fit preuve de plus d'intégrité qu'on n'en trouve ordinairement dans les cours ou chez les ministres. Dans plus d'une occasion, il se montra convaincu de cette vérité, que le service de son pays n'est pas une obligation chimérique, mais bien un devoir réel et solennel que tout honnête homme doit remplir, en y apportant tous les moyens qui sont en son pouvoir.

Cet homme remarquable ne resta pas oisif dans sa retraite; son petit-fils nous apprend qu'il étudiait la langue française, et se délassait de ses travaux sérieux en jouant du violon. Il se perfectionnait aussi dans la plupart des sciences libérales, telles que la musique, les mathématiques et l'astronomie. Il s'occupa également d'acquérir des connaissances profondes en histoire; et dans ces diverses études, son heureuse mémoire lui fut d'un puissant secours. Il disait souvent avec modestie : « Je voudrais que mon esprit et ma science égalassent ma mémoire, car elle m'a rarement fait défaut. »

Durant les loisirs que lui donnait sa retraite, il écrivit la *Vie de Jean Pic de la Mirandole*, et il traduisit plusieurs épîtres et d'autres ouvrages de cet homme célèbre. On les trouve inscrits comme cadeau de nouvel an, « à sa bien - aimée sœur en Jésus-

Christ, Jayence Leigh. » Cette épitre dédicatoire est
du meilleur style de Morus, et peut donner une idée
de sa piété et de son affection. Il composa aussi, vers
la même époque, un petit volume d'épigrammes et de
poésies fugitives qui obtinrent alors un grand succès,
et qu'on lit encore aujourd'hui avec plaisir. Nous avons
aussi de lui un livre intitulé : *Quatre choses que maître
Thomas Morus écrivit pour passer le temps dans sa
jeunesse.* La première de ces pièces, qui a pour titre:
*Conte drolatique, comme quoi un sergent voulut se
faire passer pour moine*, a, dit-on, suggéré au célèbre
Cowper l'idée de son conte populaire de *John Gilpin.*
Cette œuvre burlesque prouve (ce qu'un lecteur attentif n'aura pas manqué de remarquer en parcourant
les vieux auteurs anglais) que la partie familière et
dialoguée de la langue anglaise, conservée parmi ceux
qui ne recherchent ni le raffinement ni la nouveauté,
a subi fort peu de changements. A cette époque où
la langue anglaise se forma et se fixa, les ouvrages
de Morus ne contribuèrent pas peu à cette importante
révolution. Ben Johnson nous apprend que ses œuvres,
tant en vers qu'en prose, étaient regardées comme des
chefs-d'œuvre d'élégance et de pureté par ses contemporains. On peut citer en première ligne sa pièce
de vers intitulée : *Paroles de la Fortune au peuple,*
non moins remarquable par là beauté du style que
par l'énergie des idées.

CHAPITRE II.

Morus est nommé sous-shérif de Londres. — Il est envoyé en ambassade en Flandre. — Il reçoit l'ordre de la Chevalerie et accepte un emploi.

(1508 — 1517)

Henri VIII monta sur le trône d'Angleterre en 1508; il était, comme on sait, second fils d'Henri VII. Son frère aîné, Arthur, avait épousé, à l'âge de quinze ans, la princesse Catherine d'Espagne, fille de Ferdinand et d'Isabelle.

Les deux jeunes princes avaient reçu une éducation sage et sévère. Leur père s'était appliqué à les rendre forts contre les séductions de la cour et à les faire jouir d'une instruction solide. Henri était, dit-on, destiné à l'Église, et avait reçu en conséquence l'éducation la plus brillante qu'il fût possible de donner à cette époque. Le roi, dit Norbert, considérait son

élévation à la dignité de primat d'Angleterre comme
une position où, sans être à charge à la couronne,
il pourrait donner pleine carrière à son ambition.
Henri avait également reçu de son aïeule, la respectable comtesse de Richmond, les soins les plus
tendres, les conseils les plus pieux, et l'exemple de
toutes les vertus ; mais les crimes dont il se souilla
par la suite montrèrent combien peu il en avait pro-
fité.

Henri VII s'était aliéné, longtemps avant sa mort,
les affections du peuple, et l'avénement de son fils fut
salué comme le commencement d'une ère nouvelle.

Le jeune prince avait presque accompli sa dix-hui-
tième année; il était bien fait de sa personne, d'un
caractère généreux, adroit à tous les exercices du
corps, en un mot, selon le cardinal Pole, il donnait
les plus belles espérances.

Un des premiers actes du jeune monarque fut de
porter devant son conseil la question déjà agitée de son
mariage avec la princesse Catherine, pour laquelle il
avait le plus grand attachement. Aux objections tirées
de la parenté des parties, on opposa l'efficacité de la
dispense papale et la déclaration formelle de Catherine
(qu'elle appuya ensuite de son serment et du certificat
de quelques matrones), que son premier mariage avec
Arthur n'avait jamais été consommé. Cette union fut

donc célébrée avec pompe (24 juin) et avec les cérémonies usitées aux noces des vierges. Catherine était
vêtue de blanc, et les cheveux épars. Le couronnement suivit immédiatement la cérémonie nuptiale; et
ces deux événements furent célébrés par des réjouis-
sances qui occupèrent la cour durant le reste de l'année. Pendant plusieurs années, le roi vanta le bonheur
que lui procurait la possession d'une épouse si accom-
plie; mais les grâces et les vertus de Catherine ne
purent le captiver au point de le détourner des amours
illicites auxquels il s'abandonna bientôt. Cependant
il ne pouvait s'empêcher d'admirer la douce résignation de la reine; et la prudence avec laquelle elle lui
faisait de justes représentations mit pendant quelque
temps un frein à la violence de ses passions.

Douée de toutes les qualités qui font l'ornement
d'une cour, Catherine, sans renoncer aux plaisirs,
pratiquait avec austérité tous les devoirs de la réli-
gion. Sanders rapporte que cette princesse se levait
à minuit pour faire sa prière, et que dès cinq heures
du matin elle quittait sa couche et s'habillait pour la
journée. Elle portait sous ses vêtements royaux l'habit
de l'ordre de Saint-François dont elle faisait partie,
observait rigoureusement les jeûnes imposés par l'É-
glise; et, pendant les vigiles des fêtes de la sainte
Vierge, elle ne prenait pour toute nourriture que du

pain et de l'eau. Elle se confessait deux fois par semaine, entendait la messe tous les jours, et passait
ensuite quelques heures dans sa chapelle à réciter
l'office de la Vierge. Après le dîner, entourée de ses
demoiselles d'honneur, elle consacrait deux heures à
la lecture de la Vie des Saints; elle passait également
en prière, agenouillée sur les dalles nues de sa chapelle, l'heure qui précédait le repas du soir.

Catherine ne se distinguait pas moins par son goût
pour la littérature que par sa piété. « La reine, dit
Érasme, est l'amie des lettres, qu'elle a cultivées avec
succès dès son enfance. » Cet écrivain la dépeint au
duc de Saxe comme très-versée dans les arts d'agrément, et il ajoute : « J'aime tant la piété et l'érudition
de cette illustre princesse, qui sont un reproche vivant de la paresse et de la corruption de nos mœurs,
que je n'éprouve jamais un bonheur plus grand que
celui de lui être agréable en quelque chose. Qu'il est
rare de voir une femme née et élevée au milieu des
délices d'une cour dont la corruption atteint les meilleurs sentiments, mettre son unique jouissance dans
la prière et la lecture du livre divin! »

Morus, alors âgé de trente-cinq ans, reparaît sur
la scène au commencement d'un règne que devaient
illustrer sa grandeur et ses infortunes. Il inaugura
le nouveau règne par un poëme latin sur le couron-

nement ; dans cette œuvre, Morus traça un parallèle peu favorable au dernier monarque, de l'injustice et de l'avarice duquel il avait été victime. Il termine la dédicace par un éloge spirituel adressé à Henri VIII, mais aux dépens de son père : *Vale, princeps illustrissime et, qui novus ac rarus regum titulus est, amatissime* (Adieu, prince le plus illustre, et, ce qui est un titre rare et nouveau pour un roi, prince bien-aimé).

1510. — Peu de temps après l'avénement d'Henri, Morus fut nommé sous-shérif de Londres, mais les biographes ne s'accordent pas entre eux sur la date précise de sa nomination. Cependant sir James Mackintosh donne comme certaine la date du 3 mars 1510.

« Il est évident, dit cet écrivain, que Morus tenait beaucoup à cette charge, soit à cause des émoluments, soit, plutôt, qu'il la regardât comme une marque honorable de la confiance de ses concitoyens. » En effet, il informe Érasme, dans une de ses lettres (1516), qu'il a refusé une forte pension que lui offrait le roi, et qu'il pense même qu'il la refusera toujours, parce que, s'il acceptait cette pension, il pourrait être obligé de renoncer à sa charge, qu'il préfère à toute autre, même plus avantageuse. Si d'un autre côté il conservait son emploi, cette pension pourrait encore devenir pour lui la source de grands désagréments, dans le cas où il s'élèverait quelque différend entre le roi et la cité ; ses concitoyens ne le regarderaient-ils pas en effet, à cause de sa dépendance de la couronne, comme incapable de soutenir leurs droits avec la vigueur et la loyauté nécessaires ?

Érasme nous apprend que cet emploi, quoique peu fatigant, puisque la cour ne siége que le jeudi matin, était considéré comme très-honorable. Aucun de ceux qui avaient précédé Morus n'avait expédié autant d'affaires, ne les avait jugées avec plus d'impartialité et de sagesse: Il refusait souvent les honoraires qu'il était en droit d'exiger des plaideurs, et il s'attira par sa conduite l'estime et l'affection de ses concitoyens. Les devoirs de sa charge ne l'empêchaient cependant pas de se livrer à toute la gaieté de son caractère. On avait fait présent à sa femme d'un fort joli petit chien, qui devint bientôt son favori et l'objet de ses soins. Il se trouva cependant que ce chien appartenait à un mendiant qui vint se plaindre à Morus qu'on lui avait volé l'animal. Morus envoya aussitôt chercher sa femme et le chien ; puis, la faisant placer à l'extrémité supérieure de la salle, il ordonna au mendiant de se tenir à l'autre bout. Il se plaça lui-même sur son siége, et promit de rendre justice à qui de droit. Sur sa demande, tous deux appelèrent alors le chien en même temps, et le petit animal, quittant aussitôt sa maitresse, accourut vers le mendiant, de sorte que lady Morus fut obligée de racheter son favori pour satisfaire son caprice.

La réputation d'Érasme, dont nous avons déjà plusieurs fois cité le nom, commençait à s'étendre, et Morus avait depuis longtemps reconnu son mérite. La liaison passagère qu'ils avaient formée à Oxford était devenue une amitié durable, entretenue par leur fréquente correspondance.

Érasme ayant dans une de ses lettres exprimé à son ami le désir de visiter de nouveau l'Angleterre, Morus lui envoya, pour lui faciliter le voyage, une lettre de change dont une moitié avait été avancée par lui, et l'autre par l'archevêque Warham. A son arrivée à Londres, Érasme demeura quelque temps chez Morus, et ce fut, dit-on, à cette époque, qu'en l'espace d'une semaine il composa son ouvrage bien connu, *Moriæ Encomium* (Éloge de la Folie). Ceci est évidemment une exagération, car environ deux ans auparavant il avait écrit à Morus relativement à cet ouvrage, qu'il dit dans sa préface avoir composé à cheval pour charmer les ennuis de la route, pendant son voyage en Italie. Le fait est qu'il apporta son manuscrit chez Morus, où il y mit la dernière main. Cet ouvrage, rempli d'esprit, eut un succès prodigieux ; il fut lu par des papes, par des rois, des cardinaux, des

évêques, des princes, des barons, et généralement par
tous ceux qui avaient le goût de la littérature. Léon X.,
en parcourant l'ouvrage, fit cette observation :
« Érasme trouve aussi sa place dans le royaume de la
folie. » Le témoignage le plus honorable en sa faveur
était celui de l'illustre personnage auquel il était dé-
dié. Martin Dorpius, ecclésiastique de Louvain, avait
publié quelques observations critiques sur cet ouvrage dont il blâmait l'esprit général, et surtout
quelques passages et quelques expressions. Érasme fit
une réponse apologétique, parfait-modèle de politesse
dans la discussion. Il reconnaît que son ouvrage l'a
exposé à la critique, il regrette même de l'avoir
écrit, et il déclare solennellement que, s'il avait pu
prévoir les troubles qui menaçaient d'agiter l'Église,
il se serait bien gardé de composer un ouvrage aussi
frivole sur des sujets qui étaient devenus tout à coup si
sérieux. Morus vint au secours de son ami ; il adressa à
Dorpius une lettre en termes polis et bienveillants,
dans laquelle il garantit la pureté des intentions
d'Érasme, défendit plusieurs des passages incriminés,
et en expliqua d'autres répréhensibles en apparence.
Dorpius fut satisfait et se réconcilia avec Érasme,
qui, lorsque son ancien antagoniste mourut, célébra
sa mémoire par une épitaphe conçue en termes affectueux et élégants. Il est à remarquer que Morus fut

obligé plus tard d'avoir recours aux mêmes moyens
pour défendre son *Utopie*.

Morus accepta la dédicace de l'ouvrage d'Érasme,
qu'il regardait comme un simple jeu d'esprit, s'ima-
ginant peu que ce livre fût de nature , même longtemps après , à exciter des sentiments contraires à la
foi et aux préceptes qu'il pratiquait , et pour lesquels
il avait une si grande vénération. Nous le verrons plus
tard refuser de s'en rapporter à ses propres écrits et
à ceux de son ami , ouvrages , dit-il , composés dans
des intentions pures , mais dont quelques incendiaires
s'étaient servis pour soulever la multitude ignorante.

Cependant des critiques modernes ont sévèrement
blâmé cette satire. « Rien, dit Leclerc, ne peut excuser
Érasme d'avoir mis dans la bouche de la Folie des paroles qui tournent en ridicule la vraie religion et représentent les honnêtes gens comme des fripons et des
fous. Il n'y a pas de plus grand sot que celui qui
s'érige en médecin des sots. » A dater de la publication
de cet ouvrage , dit Knight , Érasme cessa d'être regardé comme un sincère ami de l'Église , quoique
dans ses *Adages* il fît amende honorable pour le
scandale qu'avait causé cette satire.

En même temps qu'il cultivait les belles-lettres ,
Morus poursuivait sans relâche ses études de droit ,
et il acquit bientôt une grande réputation au barreau.

Son impartialité et son désintéressement pouvaient être proposés comme modèle à tous ceux qui rendaient la justice, et les tentations de l'intérêt et de la corruption, si communes à cette époque, ne purent jamais le détourner de son devoir. Lorsqu'on lui proposait quelque cause à défendre, son premier soin était de s'assurer si la justice était du côté de ceux qui réclamaient son assistance, et lorsque cet examen ne le satisfaisait point, il refusait l'affaire, quels que fussent les avantages qu'elle dût lui rapporter. Il défendait la veuve et l'orphelin sans honoraires, et il s'efforçait toujours, même contre ses intérêts, de concilier les parties adverses.

1512. — Comme nous l'avons déjà vu, Morus avait perdu sa première femme après six années de mariage, et deux ans après sa mort (ce qui nous transporte à l'époque actuelle) il épousa Alice Middleton, femme veuve, qui avait une fille de son premier mari. Elle était plus âgée que lui de sept ans, et n'était ni belle ni jeune, ainsi que Morus l'écrit lui-même à Érasme, *nec bella nec puella.* Son petit-fils rapporte ainsi les curieuses circonstances de ce mariage : « Il contracta cette seconde union, dit-il, afin de donner une nouvelle mère à ses enfants, fort jeunes alors, et dont il était souvent obligé de se séparer. Cette femme, d'un âge déjà mûr, n'était favorisée ni de la nature ni de la for-

tune ; elle avait un fort penchant à l'avarice et à la
vanité. J'ai entendu dire qu'il lui avait d'abord fait
la cour pour un de ses amis, sans aucune intention
de demander sa main pour lui-même ; mais celle-ci
lui ayant adroitement fait comprendre qu'il pourrait
réussir s'il parlait en son propre nom, Morus rapporta
la conversation à son ami, et ayant obtenu son consentement il l'épousa. Sans le concours de ces circonstances, il n'aurait sans doute jamais songé à cette
union, et je pense, en effet, que ni ses attraits ni ses
manières n'étaient faites pour captiver l'amour d'aucun
homme. Cependant elle montra toujours pour ses
enfants l'affection d'une bonne mère, de même que
Morus fut toujours le modèle des pères non-seulement
pour ses propres enfants, mais encore pour sa belle-
fille. » Érasme dit en parlant de ce mariage : « La
femme que Morus a épousée est une ménagère active
et soigneuse, et son mari lui témoigne autant d'égards
et d'affection que si elle était jeune et jolie. Telle est
l'heureuse puissance d'un caractère aimable, qu'il
répand sa douce influence sur tous les êtres qui l'en-
tourent, quelque faibles que soient leurs qualités ou
leurs moyens de plaire. Aucun mari, continue-t-il,
n'a jamais obtenu par la rigueur et la sévérité autant
de preuves de soumission de la part de sa femme,
que Morus en obtient par sa douceur et ses manières

aimables. » Quoiqu'elle fût d'un certain âge et d'un caractère presque intraitable, il la détermina à prendre tous les jours des leçons de musique. Son but, ajoute Roper, était, en lui donnant cette occupation, de la détourner des frivolités du monde, pour lesquelles elle avait un penchant très-prononcé. Peut-être était-ce aussi pour tâcher d'adoucir son caractère, en lui procurant une distraction agréable. La vérité est qu'Alice était malheureusement grondeuse, défaut qui aurait paru insupportable à tout mari moins philosophe que Morus. Mais celui-ci savait toujours conjurer l'orage par quelque plaisanterie ou par un jeu de mots. Cependant la bonne dame reconnaissait quelquefois ses torts, et s'efforçait alors de se corriger, mais le naturel reprenait toujours le dessus. « Pourquoi êtes-vous si gaie, Alice? lui demandait-il un jour qu'il la trouvait plus aimable que de coutume. — C'est, répondit-elle, que je suis allée à confesse et que j'ai laissé toutes mes méchancetés au fond du confessionnal. — Ah! repartit Morus en hochant la tête d'un air d'incrédulité, je crains bien que ce ne soit pour leur ouvrir une nouvelle carrière. »

1513. — Morus s'occupait sans relâche des devoirs de sa charge, et cependant telle était l'activité de son esprit, qu'il trouva le loisir de composer quelques ouvrages historiques qui furent plus tard publiés avec son

Histoire de Richard III. Son petit-fils fait le plus grand éloge de cet ouvrage. « Il est écrit avec un si grand talent, dit-il, que si nos chroniques présentaient moitié autant d'attrait, on ne se lasserait pas de les relire. » Cet éloge est, de fait, confirmé par le succès de ce livre, qui a été réimprimé quatre fois dans le courant du siècle dernier.

1515. — Ce fut à cette époque que commença la vie politique de Morus. Il fut envoyé à Bruges comme ambassadeur, avec Cuthbert Tunstall, alors maître des rôles, et plus tard évêque de Durham, avec plein pouvoir de conclure un traité de commerce entre Henri VIII, roi d'Angleterre, et Charles, prince de Castille. Les biographes de Morus ne sont pas bien d'accord sur la date précise de cette mission, mais les *Actes* de Rymer ne laissent aucun doute à cet égard. Cette collection renferme des lettres patentes données à Westminster le 7 mai 1515, qui nomment Thomas Morus et Cuthbert Tunstall ambassadeurs en Flandre.

Nous trouvons ici pour la première fois le nom de Morus allié à celui d'un des hommes les plus remarquables de son siècle. Wolsey, qui venait d'être revêtu de la pourpre, possédait la première place dans la faveur royale ; rien ne se faisait à la cour sans son avis ou son assentiment. La réputation de Morus était parvenue jusqu'au roi, qui manifesta au cardinal le désir

de voir cet homme remarquable attaché à la cour.
Dans cette occasion du moins le ministre agit avec
loyauté, il fit tout ce qui dépendait de lui pour accomplir le désir de son maître. Il visita Morus, lui
représenta l'importance des services qu'il pouvait
rendre à son pays, et l'assura que la bonté royale le
récompenserait libéralement. Morus ne se souciait cependant pas d'échanger la position indépendante qu'il
s'était créée par son habileté comme avocat, contre la
position si précaire d'un courtisan, et il parvint à faire
admettre ses excuses. Jamais, dit Érasme, aucun
homme ne fit des efforts plus grands pour être admis
à la cour, que Morus en fit pour s'abstenir d'y
paraître. Wolsey parvint cependant à lui faire accepter
la mission dont nous avons parlé plus haut ; c'était
un premier pas. Néanmoins cet homme, dont l'honnêteté était un exemple à son siècle, n'entra qu'avec
dégoût dans la carrière diplomatique ; sa conscience
se trouvait mal à l'aise dans ces négociations où l'ambition et la perfidie se cachaient sous le masque de
l'honneur et de la bonne foi. Lui-même l'écrivait à
son ami Érasme en ces termes : *In negotiis istis princi-
pum haud credas quàm invitus verser ; neque potest
esse quicquam odiosius mihi quàm est ista legatio.*
(Vous ne croiriez pas avec quelle répugnance je me
trouve mêlé à ces affaires de princes ; il n'est rien au

monde de plus odieux pour moi que cette ambassade.)
Pendant son voyage il fit la connaissance de Buslei-
den et d'Ægidius. Le premier, savant et riche ecclésiastique des Pays-Bas, mourut peu de temps après,
léguant sa fortune entière à l'université de Louvain
pour la fondation de chaires de latin, de grec et
d'hébreu. Pierre Ægidius était l'ami d'Érasme; Morus
parle de lui en ces termes : « C'est un homme si instruit
et si modeste, si gai et si affable, que je donnerais de
grand cœur la moitié de ce que je possède pour jouir
sans cesse du plaisir de sa conversation. »

Ce fut à son retour de Flandre que Morus écrivit
l'*Utopie* en latin. Cet ouvrage, qui obtint un succès
prodigieux, excita l'enthousiasme des philosophes et
des savants. Les uns admiraient la hardiesse, l'originalité et la profondeur de la conception ; les autres
louaient particulièrement la pureté et la spirituelle
facilité du style. Guillaume Budée, le patriarche de
la science en France, n'hésite pas à placer l'auteur
de l'*Utopie* au nombre des premières gloires littéraires
de son temps ; il n'avait pas encore paru de création
plus originale, plus brillante, et l'on ne pouvait rien
lire ni de plus fortement pensé ni de plus facilement
écrit. Érasme, dans une lettre à Jean Froben, rend
également hommage au talent de son ami. « Jusqu'ici,
dit-il, tout ce que j'ai lu de mon cher Morus me plai-

sait infiniment, néanmoins je me défiais un peu de mon jugement, à cause de l'étroite amitié qui nous unit. Aujourd'hui que les savants n'ont qu'une voix pour appuyer mon suffrage, et que même ils admirent plus vivement que moi le génie divin de cet homme, non parce qu'ils l'aiment davantage, mais parce qu'ils ont plus de lumières, en vérité je m'applaudis de mon opinion, et je ne craindrai pas à l'avenir de déclarer ouvertement ce que je sens.... Que n'eût pas produit cette nature merveilleusement heureuse, continue-t-il, si l'Italie avait pu la polir et la former? que n'eût pas fait un pareil génie, s'il s'était voué tout entier au culte des muses, s'il avait mûri jusqu'à l'état de fruit parfait? Jeune encore, il écrivit en se jouant des épigrammes, et la plupart même il les composa dans son enfance. Outre les devoirs du mariage, les soins domestiques, l'exercice d'une fonction publique et des flots de procès, il est absorbé par tant d'affaires, et les plus importantes du royaume, que vous serez étonné qu'il ait le temps de songer à des livres.. »

1516. — L'archevêque Warham, grand chancelier d'Angleterre, avait souvent sollicité la permission de quitter sa charge, pour se livrer à l'exercice de ses fonc-tions épiscopales; et le roi, ayant enfin accepté sa démission, proposa les sceaux au cardinal Wolsey, qui se rendit aux désirs de son souverain après avoir

refusé plusieurs fois, soit par une affectation de modestie, soit qu'il jugeât cet emploi incompatible avec
ses autres devoirs. L'habileté que Morus avait déployée dans la mission qu'il venait de remplir ne fit
qu'augmenter le désir qu'avait le roi de l'attacher à
sa personne. Henri aimait l'esprit et l'instruction, et
il ne pouvait par conséquent se montrer indifférent
à la profonde érudition d'un homme dont il connaissait les talents. Il chargea de nouveau Wolsey de
vaincre les scrupules de Morus ; mais il eut autant
de peine à le faire consentir alors à entrer à son
service, qu'il en éprouva plus tard pour le soumettre
à ses volontés dans un cas de conscience. En effet, un
des traits les plus saillants du caractère de cet homme
extraordinaire était une indépendance et une fermeté
qu'il poussait souvent jusqu'à l'obstination.

Son esprit franc et original détestait toute contrainte,
il vivait avec les grands sans se plier en rien aux manières des courtisans. Plusieurs passages de son *Utopie*
nous montrent l'idée qu'il se faisait de la cour et des
grands ; il fait dire à son héros Raphaël Hythlodée :
« Ma condition serait plus heureuse, dites-vous, si
j'entrais au service d'un prince ! et comment ce qui
répugne à mon sentiment et à mon caractère pourrait-
il faire mon bonheur ? Maintenant je suis libre, je vis
comme je veux, et je doute que beaucoup de ceux qui

revêtent la poupre puissent en dire autant. Assez de gens ambitionnent les faveurs du trône, les rois ne s'apercevront pas du vide si moi et deux ou trois de ma trempe nous manquons parmi les courtisans..... Le sacrifice de mon repos ne contribuerait nullement au bien de la chose publique. D'abord les princes ne songent qu'à la guerre (art qui m'est inconnu et que je n'ai aucune envie de connaître). Ils négligent les arts bienfaisants de la paix. S'agit-il de conquérir de nouveaux royaumes, tout moyen leur est bon : le sacré et le profane, le crime et le sang ne les arrètent pas. En revanche ils s'occupent fort peu de bien adminis- trer les États soumis à leur domination. Quant aux conseils des rois, voici quelle est à peu près leur com- position. Les uns se taisent par ineptie, ils auraient eux-mèmes grand besoin d'être conseillés. D'autres sont capables, et le savent ; mais ils partagent tou- jours l'avis du préopinant qui est le plus en faveur, applaudissant avec transports aux plates sottises qu'il lui plaît de débiter ; ces vils parasites n'ont qu'un seul but, c'est de gagner, par une basse et criminelle flatterie, la protection du premier favori. Les autres semblent esclaves de leur amour-propre, et ils n'écoutent que leur propre avis ; ce qui n'est pas étonnant, car la nature inspire à chacun de caresser avec amour les produits de son invention. C'est ainsi que le corbeau sourit à sa couvée et le singe à ses petits. Qu'arrive-t-il donc au sein de ces conseils où règnent l'envie, la vanité et l'intérêt ? Quelqu'un cherche-t-il à appuyer une opinion raisonnable, tous les auditeurs en sont comme étourdis ; leur amour-propre s'alarme comme s'ils allaient perdre leur réputation de sagesse et passer pour des sots. Ils se creusent la cervelle jusqu'à ce qu'ils aient trouvé un argument contradictoire... Supposons un instant que je sois ministre d'un roi, voici que je lui propose les mesures les plus salutaires ; je m'efforce d'arracher de son cœur et de son empire tous les germes du mal. Vous croyez qu'il ne me chassera pas de sa cour ou ne m'abandonnera pas à la risée de ses courtisans. Si j'avais la hardiesse d'émettre cette opinion, que les hommes ont fait les rois pour les hommes, et non pas pour les rois eux-mêmes ; qu'ils ont mis des chefs à leur tête pour vivre à l'abri de la violence et de l'insulte ; que le devoir le plus sacré du prince est de songer au bonheur du peuple avant de songer au sien propre, comme un berger fidèle doit se dévouer pour son troupeau et le mener dans les plus gras pâturages ; croyez-vous que prêcher une telle morale à des hommes qui, par intérêt et par système, inclinent à des principes diamétralement opposés, ce ne serait pas conter une histoire à des sourds ?... Les grands

et les politiques du jour sont remplis d'erreurs et de
préjugés ; comment voulez-vous renverser brusquement leurs croyances, et leur faire entrer du premier
coup dans la tête et dans le cœur la vérité et la justice ? Non, non, il m'arriverait qu'en voulant guérir
la folie des autres, je tomberais moi-même en démence
avec eux. Le grand Platon invite les sages à s'éloigner
de la direction des affaires publiques, et il appuie son
conseil de cette belle comparaison : Quand les sages
voient la foule répandue dans les rues et sur les places
pendant une longue et forte pluie, ils crient à cette
multitude insensée de rentrer au logis pour se mettre
à couvert; et si leur voix n'est pas entendue, ils ne
descendent pas dans la rue pour se mouiller inutilement avec tout le monde; ils restent chez eux et se
contentent d'être seuls à l'abri, puisqu'ils ne peuvent
guérir la folie des autres. »

On doit avouer que Henri fit preuve de courage et
de générosité en persistant à garder dans son conseil
et à attacher à sa personne un homme qui écrivait
avec tant de hardiesse sur la politique et la religion.
L'*Utopie* fut même très-bien accueillie par le roi et par
le cardinal Wolsey, et le crédit et la fortune de Morus
ne firent qu'aller croissant.

1517. — Comme il n'y avait pas alors de meilleure
place vacante, Henri créa Morus maître des requêtes;

puis un mois était à peine écoulé, qu'il lui conféra l'ordre de la chevalerie et le nomma conseiller privé. Quelque temps après, la mort de Weston laissant vacante la charge de trésorier de l'Échiquier, le roi, sans être sollicité, la donna à l'homme dont il estimait si haut les services.

Voilà donc Morus enlevé à la tranquillité de sa condition médiocre et aux douceurs de la vie privée, pour être lancé dans le tourbillon de la carrière politique. Dans cette circonstance, il agit en effet plutôt par soumission envers le roi que par goût des honneurs et des richesses. La droiture et la simplicité de son cœur lui inspiraient naturellement de la répugnance pour les intrigues et les flatteries d'une cour corrompue. Peut-être aussi prévoyait-il les vices de son royal protecteur et le peu de durée de sa faveur. Malgré l'accroissement de sa fortune, il conserva toujours la pureté et la modestie de sa vie privée, et montra cette force de caractère qui ne l'abandonna jamais, même au milieu des épreuves les plus terribles que l'homme puisse supporter.

Mais, avant de le suivre sur le nouveau théâtre de sa gloire et de ses malheurs, qu'il nous soit permis de jeter un regard dans l'intérieur de sa paisible retraite de Chelsea, dont ses contemporains nous ont laissé de si touchants tableaux.

Morus laissait derrière lui ses plus heureuses années : en effet, lorsque par ses talents il se créait une position honorable et lucrative, il trouvait encore le loisir de s'occuper de littérature et de passer des moments agréables avec quelques amis choisis. La bonté de son cœur et son enjouement naturel répandaient le bonheur sur sa famille, dont tous les membres réunis sous son toit patriarcal vivaient dans la plus parfaite union.

CHAPITRE III.

Morus au milieu de sa famille.

(1512--1517.)

Après avoir considéré les hommes dans leur vie publique, il est intéressant de les suivre dans les détails les plus intimes de la vie privée, et de voir comment ceux qui exercent une si grande influence sur les destinées du genre humain se conduisent dans les circonstances de la vie communes aux grands et aux petits. On nous a souvent représenté Morus au milieu de sa famille, et jamais homme n'y parut sous des couleurs plus vives et plus agréables.

Suivant Mackintosh, l'exercice de sa profession d'avocat et les émoluments de sa place de sous-shérif lui procuraient un revenu de 5,000 livres. Il fit l'acquisition d'un château et de terres à Chelsea, sur les bords de la Tamise; cette propriété, située à trois milles de Londres, lui permettait de remplir exactement les services de sa charge. Érasme, qui rendait de fréquentes visites à Morus, nous dépeint son château comme n'étant « ni médiocre, ni propre à exciter l'envie, et cependant d'assez belle apparence [1]. »

Sa maison hospitalière était ouverte à tout le monde, on aurait pu lui appliquer ces paroles adressées à un grand ami de l'humanité : « Il me semble vous voir assis près de la grille de notre demeure; semblable à ces vénérables patriarches de l'antiquité, invitant le voyageur fatigué à entrer sous votre toit pour se reposer et se rafraîchir. »

Pour rendre son habitation plus commode, il fit construire à l'extrémité de son jardin une chapelle, une bibliothèque et une galerie qu'on appela le bâtiment neuf; c'était là qu'il employait à l'étude et à l'accomplissement de ses devoirs religieux tout le temps qu'il pouvait dérober aux exigences de sa position, et que, pour ainsi dire, il secouait la poussière des affaires mondaines, dont l'âme est si facilement souillée.

---

[1] Le vieux château était situé à l'extrémité septentrionale de Beaufort-Row et s'étendait à l'ouest à la distance d'environ cent toises du fleuve. Le docteur King, recteur de Chelsea, qui écrivait en 1717, nous apprend que quatre maisons se sont disputé l'honneur d'avoir été la demeure de Thomas Morus.

Il ajouta aussi une chapelle à l'église de Chelsea,
et la décora d'un beau service d'autel en argent,
disant d'un air moitié enjoué, moitié prophétique :
« Les hommes vertueux donnent ces sortes de choses,
et les méchants les dérobent. » Il meubla une maison
peu éloignée de la sienne pour y admettre les gens
âgés ou infirmes de sa paroisse, et il consacra à leur
entretien une partie de son revenu : c'était à sa fille
préférée, Marguerite, qu'il déléguait le soin de pour-
voir à leurs besoins.

Rien, dit Rawell, ne lui causait plus de plaisir que
de rendre service à ses voisins et de les aider de ses
conseils et de sa bourse. On ne lui demandait jamais
en vain des consolations ou des secours, et son plus
grand bonheur était de réconcilier ceux que des différends ou des querelles avaient divisés. Il cherchait les
malheureux dans les lieux déserts et écartés, et avait
coutume de dire : « L'homme qui, condamné à l'exil
et sans espoir de revoir jamais sa patrie, refuserait
néanmoins de faire transporter ses biens dans sa nouvelle résidence, de crainte d'en avoir besoin pendant
le peu de jours qu'il a encore à rester où il est, cet
homme-là serait à coup sûr un fou. Ils ont donc également perdu l'esprit, ceux qui tiennent leur bourse
fermée et se détournent à la vue du pauvre, tant ils
ont peur de manquer d'argent pendant le court séjour

qu'ils doivent faire ici bas? Envoyez d'avance vos biens au ciel, où vous devez partir demain peut-être, et là vous en recueillerez les intérêts. » Aussi invitait-il souvent ses voisins pauvres à s'asseoir à sa table, où il les traitait avec la plus grande cordialité.

La demeure de Morus était le rendez-vous continuel des hommes les plus distingués de son temps; il avait beaucoup d'amis, et tous lui étaient sincèrement attachés. « Personne, dit Érasme, ne se lie plus facilement et ne montre plus d'égards pour ceux qu'il a reçus dans son intimité. Si parmi eux il en aperçoit un qui ait des défauts incurables, il cesse peu à peu de le voir, mais ne rompt jamais avec lui brusquement et d'une manière blessante. Ennemi mortel du jeu et de ces amusements stupides auxquels s'adonnent ceux que l'ennui de leur paresse dévore, il passe ses heures de loisir au milieu d'un cercle choisi, où son affabilité, la politesse de ses manières et la vivacité de son esprit répandent une douce gaieté autour de lui. Morus, en un mot, est le parfait modèle de l'amitié. »

Érasme s'étend avec complaisance sur les vertus domestiques et l'heureux intérieur de son illustre ami. « Avec quelle affabilité, dit-il, il gouverne sa maison, où jamais ne s'élèvent la moindre querelle ni le moindre différend! Jamais il n'usa de violence envers ses domestiques, jamais il ne leur adressa le moindre reproche blessant. S'il se trouvait parfois obligé de les réprimander, c'était toujours d'un ton si doux et si paternel, que ses réprimandes mêmes augmentaient leur affection pour sa personne. Il est l'arbitre de tous les différends, et nul ne s'adresse à lui sans se retirer satisfait. Tel est le bonheur singulier qui semble attaché à sa maison, que tous ceux qui ont vécu sous son toit rentrent dans le monde avec un esprit plus sain et des mœurs plus pures. Jamais la moindre tache ne souilla la réputation des heureux habitants de sa demeure; on pourrait s'y croire dans la république de Platon. Mais je ferais injure à sa maison en la comparant à l'École de ce philosophe, où l'on ne faisait que discuter sur des questions abstraites et quelquefois sur des vertus morales. On apprend la religion chez Morus, et les vertus chrétiennes y sont mises en pratique. Chacun, chez lui, sans distinction de sexe, s'adonne à des études libérales et à des lectures utiles, mais la piété sert de base à toutes les actions : on n'entend là aucune querelle, aucune parole de colère. Personne n'y est oisif; tous remplissent leur devoir avec empressement, et le bon ordre y est maintenu par la seule force de la bonté; chacun s'occupe de la tâche qui lui est assignée, et tous pourtant paraissent aussi joyeux que s'ils n'avaient pour but que leur plaisir. Assurément une telle maison peut être appelée l'école pratique de la religion chrétienne. »

Quant à Morus lui-même, telle était la douceur de son caractère, que son gendre Roper, qui vécut avec lui pendant seize ans, assure que jamais, pendant ce long espace de temps, il ne vit le moindre nuage sur son front, il n'entendit sa voix s'élever au diapason de la colère. Sa fille de prédilection, Marguerite Gigys, déclare qu'elle commettait souvent ou du moins prétendait avoir commis une faute pour s'attirer une réprimande, tant l'accent de son père était alors doux et affectueux. S'il survenait dans la famille quelque petite contestation dont la vivacité de mistriss Morus était ordinairement cause, il savait y mettre un terme avec sa bonne humeur habituelle: il avait même si bien réussi à dompter le caractère intraitable de sa femme, que la conduite de celle-ci envers ses enfants lui mérita leur amour et leur respect. La meilleure preuve qu'on puisse en donner, c'est le long séjour qu'ils firent chez leur père après leur mariage. On rapporte que le goût des sciences et des arts était si grand chez Morus, que, lorsqu'un domestique venait à montrer de l'inclination soit pour la musique, soit pour toute autre partie des arts, on ne manquait pas de l'y encourager. C'est ainsi que ce grand homme parvint à établir la plus exacte discipline et une pureté de mœurs dont ce pays offrait

alors peu d'exemples, parmi les nombreux domestiques que son rang l'obligeait de garder à son service.
Il y avait dans son château de Chelsea une bibliothèque bien garnie et un appartement rempli d'instruments d'astronomie et de musique, art pour lequel
Morus avait toujours eu beaucoup de goût; de plus,
dans son jardin vaste, et bien disposé pour l'utile et
l'agréable, il avait abandonné à chacun de ses serviteurs, pour prévenir la paresse par l'appât des
bénéfices, une portion de terrain qu'ils cultivaient
eux-mêmes, et dont il leur laissait le produit.

Venait-on lui rapporter quelque propos tenu contre
lui ou contre d'autres, il cherchait toujours à lui
donner la tournure la moins défavorable, ou, s'il ne
pouvait parvenir à en justifier l'auteur, il cherchait
à l'excuser comme ayant agi sans mauvaise intention.
Il avait établi dans sa maison un usage excellent qui
devrait être employé de nos jours. Afin de prévenir
pendant les repas toute espèce de conversation futile
devant les enfants et les domestiques, il faisait lire
à haute voix des livres instructifs qui pouvaient servir
de texte à des entretiens raisonnables et amusants.
Quand la lecture était terminée, il adressait des questions aux uns ou aux autres, afin de savoir si on avait
compris tel ou tel passage. Cela excitait tout le monde
à être attentif et donnait lieu à des conversations in-

times assaisonnées ordinairement de quelques plaisanteries. On a conservé plus d'un de ses bons mots;
mais qui pourrait, dit Érasme, se rappeler toutes les
choses spirituelles et les mots piquants qui lui échap-
paient tous les jours ?

S'il venait à entendre à table quelqu'un médire de
son voisin, il l'interrompait par quelque observation
telle que celle-ci : « Vous dites, Monsieur, que vous
n'aimez pas le genre de ma salle à manger; quant
à moi, je trouve, sauf votre respect, qu'elle est assez
commode et bien construite. »

Bien qu'il s'occupât peu de sa personne et de ses
propres intérêts, il eut toujours les plus grands égards
pour ceux des autres, et il ne laissa échapper aucune
occasion de faire une observation convenable ou de
donner un avis utile.

Dans sa sollicitude pour sa famille, il n'oublia pas
le plus important des devoirs. Ayant l'habitude de se
lever de très-bonne heure, il exigeait que les gens de sa
maison fissent de même; puis il les rassemblait tous
pour la prière, qu'il récitait lui-même. Pendant la
Semaine sainte on lisait en commun la Passion d'un
des Évangélistes, et de temps en temps Morus en
expliquait le texte sous forme de commentaire.

« Le sommeil ressemble tellement à la mort, dit
un des Pères de l'Église, que je n'ose m'y livrer sans

avoir fait ma prière. » Convaincu de cette vérité, Morus se rendait tous les soirs, à la même heure, avec toute sa famille, à la chapelle, et faisait lui-même la prière, à laquelle chacun se joignait de cœur.

« Avant d'entreprendre une affaire importante, dit Roper, comme par exemple lorsqu'il fut nommé membre du conseil privé, lorsqu'il fut envoyé en ambassade, qu'il fut nommé orateur de la chambre ou lord chancelier, il eut toujours soin de s'y préparer par la confession et de recevoir d'abord avec piété la sainte Eucharistie, se fiant plus à la grâce de Dieu qu'à son esprit, à son jugement, ou à son expérience personnelle. Roper ajoute qu'un jour, pendant qu'il entendait la messe, le roi l'ayant envoyé chercher pour une affaire importante, Morus refusa de quitter sa place jusqu'à ce que l'office divin fût terminé. On l'entendit s'écrier en sortant de la chapelle : « Servons Dieu d'abord, le tour du roi viendra assez tôt ensuite. » Henri, disons-le à sa louange, se montra satisfait de la piété et de l'indépendance de son ministre.

Il témoignait le plus grand respect pour les lieux saints, et rien ne pouvait l'engager à s'y entretenir d'affaires profanes, quelque importantes et quelque pressées qu'elles fussent d'ailleurs.

Il faisait souvent des pèlerinages, mais toujours à

pied ; chose rare alors , car les gens de basse classe même allaient à cheval. Il assistait aussi à la procession des Rogations ; et un jour que, selon l'usage, la procession devait aller jusqu'à l'extrémité la plus éloignée de la paroisse, on le pria, par égard pour son rang et sa haute dignité, de monter à cheval ; mais il répondit : « A Dieu ne plaise que je suive mon maître à cheval quand il va à pied. »

Et pour témoigner plus vivement encore, dit Roper, son respect pour la majesté de Dieu, il se plaçait au milieu du chœur, même lorsqu'il fut chancelier, et y chantait au lutrin, revêtu d'une chape. Le duc de Norfolk, étant venu, un jour de fête, dîner avec lui à Chelsea, le surprit dans cette occupation. En retournant chez lui bras dessus bras dessous après la messe, il lui dit : « Bon Dieu! Monseigneur, vous êtes-vous donc fait chantre de paroisse ? Vous déshonorez le roi et votre charge. — Non, non, répliqua Morus en souriant. Le roi votre maître et le mien ne peut être offensé de ce que je serve ainsi notre maître à tous. Il n'y a là aucun déshonneur pour ma charge. » Et il lui cita alors l'exemple du roi de France Robert.

Tel était, dit l'auteur anonyme de la Vie de Morus, l'intérêt qu'il portait à la gloire et à la magnificence de la maison du Seigneur, que toutes les fois qu'il voyait un bel homme, il s'écriait : « Quel dommage

que cet homme ne soit pas prêtre ! il aurait si bonne
mine à l'autel ! »

Il ne montrait pas moins de sollicitude pour le
salut de l'âme de ses enfants. Son petit-fils nous en
donne entre autres l'exemple suivant. William Roper,
dans sa jeunesse, se livrait aux austérités avec une
grande exagération. Ainsi qu'il arrive malheureusement quelquefois, cette ardeur s'étant éteinte, il se
prit de dégoût pour les jeûnes ordonnés par l'Église
et pour les pratiques de la religion. C'était alors le
siècle des opinions nouvelles, et une doctrine venait de
naître qui semblait plus en harmonie avec la faiblesse
de notre nature, dont elle favorisait les penchants.
Le sentier doux et facile promis à leurs partisans par
les apôtres de la *Nouvelle Science*, comme ils affec-
taient de l'appeler, était spacieux et séduisant. Roper
s'adonna à la lecture des nombreux ouvrages publiés
en Hollande et répandus à profusion par les réfugiés
en Angleterre. Cette nouvelle doctrine était contagieuse, et il ne tarda pas à en ressentir les effets :
l'esprit de prosélytisme s'empara de lui. Il devint
véhément dans ses opinions, dit Crésaire, et ardent
à les inculquer dans l'esprit des autres; il ne cessait
de répéter qu'un chemin qui menait droit au ciel venait d'être découvert; nul n'avait besoin de recourir
aux prières des saints ou de ses semblables; mais

l'oreille de Dieu était ouverte à la prière de chacun et sa miséricorde prête à pardonner à celui qui l'invoquérait avec foi. Dans son enthousiasme, il vint un jour trouver Morus, le priant, puisqu'il possédait la faveur du roi, de lui obtenir l'autorisation de prêcher ce que l'Esprit lui avait enseigné ; car il était fermement convaincu qu'il était envoyé par Dieu pour changer le monde. Ne voyant pas pourquoi une pareille mission lui aurait été confiée, mais connaissant bien son travers, sir Thomas, avec plus de pitié que de colère, lui répondit en souriant : « Ne suffit-il pas, mon cher fils Roper, que nous, qui sommes vos amis, sachions que vous êtes fou, sans qu'il soit nécessaire de le proclamer ainsi hautement ? » Puis il discuta souvent avec lui sur des matières religieuses sans produire, du moins en apparence, aucun effet. Enfin il s'aperçut avec douleur qu'ébloui par la nouvelle lumière, il était incapable de toute discussion raisonnable, et que son entêtement aveugle semblait augmenter chaque jour. Convaincu alors, selon le langage d'un ancien, qu'il est des doutes obstinés et des oppositions violentes qu'on ne saurait vaincre que par la prière, Morus lui dit d'un ton grave : « Je vois avec un profond chagrin, mon fils Roper, que la controverse ne peut te faire aucun bien ; à dater de ce moment je ne discuterai plus avec toi, mais je

prierai Dieu en ta faveur, et puisse sa grâce te toucher un jour. » Peu après, Morus, ayant rencontré
mistriss Roper, lui dit d'un air triste : « Meg, j'ai
enduré longtemps les folies de ton mari; j'ai raisonné
et discuté avec lui, et lui ai donné mes pauvres conseils
paternels; mais je m'aperçois que rien de tout cela ne
saurait le rappeler à lui. C'est pourquoi, Meg, ainsi
que je lui ai dit à lui-même, je cesserai des discussions inutiles; cependant je ne l'abandonnerai point
et je prierai Dieu pour lui. » L'ayant ainsi confié à la
garde du Ciel, il se sépara de lui et ne cessa d'offrir
à son intention ses ferventes prières au pied du trône
de la miséricorde divine. « Peu de temps après, continue Crésaire, mon oncle, pénétré des lumières de la
grâce, commença à déserter ses hérésies, et, comme
saint Augustin inspiré par les prières de Monique, il
se convertit tout à fait, et se montra jusqu'à sa mort
le zélé défenseur de la foi. Ses aumônes et les sommes
qu'il consacra à des œuvres charitables étaient si considérables, qu'elles semblaient devoir surpasser ses
revenus. L'emploi lucratif qu'il remplit pendant les
dernières années de sa vie lui permit de dépenser en
aumônes plus de cinq cents livres sterling par an. »
Dans ce siècle moins crédule, on sourira en entendant
le reste de l'histoire. « Après la mort de mon oncle,
continue Crésaire, j'ai entendu raconter par plusieurs

de ses domestiques que, pendant les trois ou quatre jours qui précédèrent l'inhumation de son cadavre, on entendit chaque jour, pendant un quart d'heure, une musique délicieuse qui semblait plutôt un concert d'anges que le son de voix humaines ; ce qui prouvait combien cette âme était agréable à Dieu. ».

Dans l'éducation de ses enfants, Morus semble avoir cherché à rendre agréable l'étude sérieuse de la science. Il s'applique surtout à orner l'esprit de ses filles et à les rendre dignes de devenir les compagnes des hommes les plus distingués. Ses vues sur les avantages de l'étude, en ce qui regarde la culture du caractère des femmes, prouvent plus que tout le reste combien il était supérieur à son siècle. Les mœurs de la cour, une des plus frivoles qui furent jamais, ne favorisaient guère le développement d'une instruction solide chez le beau sexe, et Morus eut peut-être le mérite d'être le premier à combattre la contagion de l'exemple. Grâce à lui, les femmes de sa famille acquirent une instruction solide. Il est certain qu'à dater de cette époque il semble s'être introduit en Angleterre des idées plus élevées sur la portée du caractère des femmes. Les princesses Marie et Élisabeth reçurent une éducation soignée : elles pouvaient lire les poëtes grecs et latins les plus difficiles ; elles écrivaient et parlaient en latin avec facilité. Deux autres dames du même siècle, Anne Asken et l'infortunée Jeanne Gray, étaient douées d'une érudition plus grande encore. Dans quelques cas ces études comprenaient même les Pères grecs et les latins. C'était déjà un pas immense à cette époque, de faire de la femme autre chose qu'un objet de plaisir ou qu'une servante.

On trouve une description charmante de l'*École de sir Thomas*, nom sous lequel on désignait ordinairement son académie domestique, dans les lettres d'Érasme, et celles de Morus lui-même à ses enfants, lorsqu'il était éloigné d'eux, en donnent une idée plus exacte encore. L'école se composait de ses cinq enfants, de la fille de sa seconde femme, de mistriss Alice Alingham et d'une orpheline qui épousa son ami le docteur Clément et qui fut généreusement élevée avec ses propres filles, partageant avec elles son amour et ses soins. Plus tard, lors du mariage de ses enfants, Morus, voyant qu'une famille si tendrement unie ne pouvait supporter l'idée d'une séparation, réussit à les réunir tous dans sa maison de Chelsea, ainsi que onze petits-enfants, fruits de ces mariages. Deux ou trois lettres de Morus à ses enfants pendant les absences auxquelles le forçaient ses *devoirs* de courtisan, ont été heureusement conservées ; les voici :

« *Thomas Morus envoie ses salutations à toute son école.* — Vous voyez l'ingénieux moyen que j'emploie pour vous saluer tous à la fois en épargnant le temps et le papier qu'il m'aurait fallu perdre nécessairement si j'avais voulu saluer chacun par son nom, chose superflue, car vous m'êtes tous si chers que je ne puis oublier aucun de vous. Cependant ce qui redouble mon affection pour vous, c'est que vous partagez avec moi l'amour des sciences; cette communauté de goûts semble m'unir à vous plus intimement que les liens du sang. Je suis très content que M. Drue soit revenu sain et sauf, à cause de l'estime que j'ai pour lui. Si mon amour pour vous n'était pas extrême, je vous envierais le bonheur d'avoir des maîtres si érudits. J'apprends que M. Richolas est aussi près de vous et qu'il vous a enseigné beaucoup d'astronomie. Est-il vrai que vous connaissiez non-seulement l'étoile polaire, le Chien et autres, mais encore (vous êtes donc des astronomes consommés?) que vous puissiez distinguer la lune du soleil? Cultivez donc cette science nouvelle et admirable qui vous permet de vous élever jusqu'aux étoiles, et tandis que vous les contemplez, que vos pensées soient dirigées au ciel comme vos yeux, surtout dans ce saint temps de carême, etc., etc.

Adieu, mes chers enfants. Fait à la cour, ce 23 mars 1516. »

« *Thomas Morus à ses bons et bien-aimés enfants*

et à Marguerite Gigys qu'il compte au nombre des siens, salut. — Le négociant de Bristol m'a remis vos lettres le lendemain du jour où il les a reçues, et elles m'ont fait un plaisir extrême. Car tout ce qui sort de votre atelier, quelque imparfait que ce puisse être, m'est plus agréable que les œuvres des autres, quelque séduisantes qu'elles soient, tant votre écriture a le secret de m'émouvoir. Mais, à part cela ; vos lettres trouvent en elles-mêmes le talent de plaire, pleines qu'elles sont d'esprit et de phrases d'un pur latin. Toutes m'ont fait plaisir ; j'avoue pourtant qu'il en est une que je préfère, c'est celle de mon fils Jean, parce qu'elle est plus longue d'abord, et puis parce qu'il me semble s'être appliqué davantage. Non-seulement il traite convenablement son sujet et s'exprime avec élégance, il lutte encore de plaisanterie avec moi, et me rétorque mes arguments avec esprit et ; ce qui est mieux, avec modération. Il montre ici qu'il n'ignore pas que c'est avec son père qu'il plaisante, et il fait tant d'efforts pour lui plaire, qu'il est bien sûr de ne pas l'offenser. Dorénavant j'attends des lettres de vous tous les jours. Je n'accepterai aucune des excuses que vous me donnez, savoir, que vous n'avez pas eu le temps, que le messager est parti trop vite ou que vous ne savez à quel propos m'écrire. Jean, lui, ne se sert pas de pareils subterfuges, et rien ne peut vous empêcher de m'écrire, tandis que mille raisons vous y doivent engager. Pourquoi en attribuer la faute au messager, quand vous pouvez le prévenir en tenant vos lettres prêtes et cachetées deux jours à l'avance? Et comment se fait-il que vous manquiez de sujets pour m'écrire, lorsque vous savez que je suis charmé d'avoir des détails sur vos études et sur vos jeux? Il vous est donc facile de me causer le plaisir le plus vif; lorsque vous n'aurez rien à m'apprendre, vous m'écrirez le plus longuement possible à propos de ces riens. Cela vous sera d'autant plus facile que vous êtes femmes et bavardes et savez bâtir toute une longue histoire sur un rien. Pourtant je vais vous donner un avis: que vous m'écriviez sur des sujets sérieux ou sur des choses sans importance, faites-le avec soin et attention, en y réfléchissant d'avance. Il ne serait pas mal, non plus, d'écrire d'abord votre lettre en anglais, car alors il sera plus facile de la traduire en latin, l'esprit, délivré de la peine d'inventer, trouvant plus facilement les termes choisis et l'expression propre. Bien que je m'en rapporte à vous sur ce point, je vous recommande surtout de relire avec soin votre brouillon avant de le mettre au net, examinant d'abord la phrase entière, puis la repassant en détail, ce qui vous mettra à même de découvrir s'il vous est échappé quelques solécismes. Lorsque

vous les aurez corrigés, que votre lettre sera mise au
net, relisez-la de nouveau, car ces mêmes erreurs que
vous aviez effacées peuvent se glisser dans la mise au
net. En agissant avec ce soin persévérant, les choses
les plus insignifiantes vous paraîtront sérieuses ; car,
de même que ce qu'il y a de plus agréable peut être
gâté par la négligence, de même ce qui est désagréable en soi peut, à force de soins, paraître plein
de grâce et d'agrément. Adieu, mes enfants bien-
aimés. Fait à la cour, le 3 septembre 1516. »

« *Thomas Morus à ses très-chères filles Marguerite,
Élisabeth et Cécile, et à Marguerite Gigys, qui ne lui
est pas moins chère, salut.*

« Je ne saurais vous exprimer, mes filles bien-aimées,
le plaisir que m'ont causé vos charmantes lettres. Je
suis heureux d'apprendre que, malgré tous vos changements de résidence, vous ne négligiez aucun de vos
exercices habituels, la déclamation, la poésie et la
logique. Vous me prouvez votre amour en vous adon-
nant pendant mon absence aux choses que j'aime à
vous voir cultiver lorsque je suis auprès de vous.
Votre esprit et votre cœur contribuent à me rendre
heureux, et je ferai en sorte que mon retour puisse
être profitable à vous toutes. Soyez bien persuadées
qu'au milieu des études et de la fatigue des affaires,
il n'est pas pour moi de récréation aussi douce que de

lire quelques-unes de vos œuvres. Elles me prouvent
la vérité de ce que votre tendre maître m'écrit avec
tant d'affection; car si vos propres lettres ne m'eussent clairement montré le désir sérieux que vous avez
de vous instruire, j'aurais pu penser que son épître
était plus bienveillante que sincère. Mais ce qui me
porte à le croire quand il me vante au delà de toute
expression vos discussions spirituelles et scientifiques,
c'est la manière dont vous m'écrivez vous-mêmes; et
en vérité je brûle d'être de retour pour mettre ma
science aux prises avec la vôtre; car si je suis difficile
à persuader, ma joie est grande quand je vois que les
éloges que vous donne votre maître sont mérités. J'espère que vous le surpasserez bientôt, sinon en logique,
du moins, comme toutes les femmes, en ne cédant pas
sur le sujet de la discussion. Adieu, mes chères filles. »

Roper rapporte qu'il lui arrivait quelquefois d'entrer dans l'appartement où elles travaillaient pour les
exhorter à l'assiduité. « Mes enfants, leur disait-il,
rappelez-vous que la vertu et l'instruction sont la
viande et que le jeu n'est que la sauce. »

Érasme, admirant l'érudition de ces jeunes personnes, représentait à son ami quel affreux malheur
ce serait si, après avoir travaillé avec tant d'ardeur à
l'éducation de créatures si accomplies, il venait à les
perdre. « Si elles doivent mourir, repartit Morus, je

préfère qu'elles meurent instruites qu'ignorantes. »
Une telle réponse, ajoute Érasme, me rappelle les
paroles de Phocion. Condamné à mourir, il portait le
poison à ses lèvres. Sa femme s'écria : « Hélas ! tu
meurs innocent. — Eh quoi ! répondit-il, préfèrerais-
tu que je mourusse coupable? » On dit que la première
femme de Morus, ayant eu trois filles, faisait des vœux
ardents pour avoir un fils. Sa prière fut enfin exaucée,
et le chevalier avait coutume de dire qu'elle avait
prié si longtemps pour avoir un petit garçon, qu'elle
avait fini par en avoir un qui resterait petit garçon
toute sa vie. Ces paroles, par lesquelles il entendait
probablement faire allusion à la légèreté du jeune
homme, ont été interprétées trop à la lettre par
M. Cayley et par d'autres, qui y trouvent la preuve
d'une faiblesse d'intelligence; et le pauvre Jean a été
classé sans cérémonie parmi les *heroum filii*[1].

Parmi les magnifiques portraits, peints d'après les
dessins de Holbein, dans la collection des rois d'Angleterre, publiée par Chambersaire, se trouve celui
du fils de Morus. L'éditeur observe que l'opinion ac-
créditée sur le peu d'intelligence de ce jeune homme
se trouve démentie par cette tête pleine d'expression

---

[1] Buffon n'avait qu'un fils, qui pour l'intelligence était tout l'opposé de son père, et Rivarol, bel esprit de l'époque, remarque que
c'était le plus mauvais chapitre de l'histoire naturelle de son père.

et par l'attitude dans laquelle le fidèle artiste l'a représenté. Il tient un livre à la main et paraît profondément plongé dans l'étude. Nous avons d'ailleurs le
témoignage d'Érasme, qui le dépeint comme un jeune
homme de la plus belle espérance; une lettre qu'il lui
adressait, et qui reste encore, est pleine d'expressions
d'estime et de respect; en 1531, il lui dédia une traduction d'Aristote, comme, quelques années plus tard,
Grynœus lui dédia celle de Platon.

Jean Morus épousa l'unique héritière d'une famille
ancienne et respectable de Barnborough dans le comté
d'York. Le révérend Joseph Hunter a prouvé que la
Vie de sir Thomas Morus, attribuée d'abord à son
arrière-petit-fils, Thomas Morus, est due à Jean-
Crésaire Morus, second fils de celui dont il est question plus haut. Sa fille cadette, Gertrude, a fait aussi
un ouvrage intitulé : *Exercices spirituels*, dont on
parle avec éloge. Il fut imprimé à Paris, en 1658,
avec portrait de l'auteur, et est devenu d'une grande
rareté.

Comme exemple du badinage que Morus employait
parfois, nous donnons cet extrait d'une lettre à sa fille
Marguerite. « Ma bien-aimée Marguerite, vous demandez de l'argent à votre père sans crainte et sans
honte, et ce qu'il y a de pis, c'est que la lettre par
laquelle vous m'adressez cette demande est conçue de

telle sorte que je ne puis vous refuser. En effet, si je n'écoutais que mon cœur, je serais disposé à vous récompenser d'une telle épître plus généreusement que ne le fit Alexandre envers Choritas, à qui il donna un philippe d'or pour chaque ligne; je vous donnerais, moi, pour chaque syllabe deux onces de l'or le plus pur. Vous trouverez ci-inclus ce que vous me demandez. Je voulais vous envoyer plus, mais j'aime à avoir la monnaie de ma pièce; de même que je donne avec plaisir, de même il m'est doux que l'on me demande, et je veux être enjôlé par mes filles, et surtout par vous, Meg, qui m'êtes si chère par vos vertus et votre instruction. C'est pourquoi, si vous tenez à rendre heureux votre père, dépensez au plus vite et convenablement, comme toujours, cette somme, et hâtez-vous de m'en redemander d'autres d'une manière aussi gracieuse. Adieu, mon enfant bien-aimée. »

Plusieurs lettres de Morus à sa fille Marguerite prouvent l'importance qu'il attachait à son instruction, et si les éloges qu'il lui prodigue pouvaient paraître exagérés, du moins il l'encourageait ainsi à persévérer dans la bonne voie, que le goût de l'époque semblait abandonner. La presse de Caxton avait répandu dans le pays un grand nombre de romans, dont quelques-uns étaient traduits de l'italien. Les ouvrages de Chaucer commençaient à être en vogue, et on trouve des citations de cet auteur dans les lettres de Marguerite. Tindal, l'adversaire de Morus, fait les réflexions suivantes sur cette passion pour la lecture des romans : « Il est certain que ce n'est pas par égard pour le salut de leur âme qu'on défend aux laïques la lecture des saintes Écritures, puisqu'on leur permet celle de *Robin Hood*, de *Berys*, d'*Hampton*, d'*Hercule*, d'*Hector*, de *Troylus*, et de mille histoires et fables remplies de scènes d'amour et de débauche propres à corrompre l'esprit de la jeunesse. » Comme on ne trouve dans les écrits de Morus aucune allusion à ces livres populaires, nous sommes porté à croire, sans doute avec raison, qu'outre son goût naturel pour les études classiques, un des motifs pour lesquels il insistait sur celle des langues anciennes, c'est qu'elles pourraient être substituées à ce genre de littérature. Tel était l'intérieur de Morus à Chelsea. Dans les moments d'épreuve qui suivirent cette heureuse époque, Marguerite trouve un triste plaisir à rappeler le souvenir des jours qui s'écoulaient si doucement près du foyer domestique. « Quelle autre consolation, mon très-cher père, écrivait-elle, pensez-vous que nous puissions avoir pendant votre absence, que le souvenir de votre manière de vivre au milieu de nous, de votre conversation édifiante, de vos bons exemples et de vos salutaires conseils ? » Qui pourrait suspecter un pareil éloge? — Morus entretenait avec plusieurs de ses amis sur le continent une correspondance en latin, seul langage épistolaire alors en usage. Mais il n'écrivait à personne plus régulièrement et plus librement qu'à Érasme. Celui-ci fait voir par ses réponses quel prix il attachait à son affection : il l'appelle *suavissime Moro*, *carissime Moro*, *mellitissime Moro*.

Lors du retour de son ami sur le continent, Morus reçut en présent, de sa part, son portrait peint par Holbein, et présenté par le peintre lui-même avec une lettre d'envoi. Morus saisit la première occasion qui s'offrit de faire connaître au roi, avec son originalité habituelle, le talent du peintre. Il pria Holbein d'apporter ses meilleurs tableaux, et les fit disposer dans son salon sous le point de vue le plus avantageux. Il invita ensuite le roi à une fête. Son plan réussit parfaitement : Henri, frappé de la beauté de ces tableaux, demanda avec empressement si l'artiste vivait encore, ajoutant qu'il obtiendrait en ce cas ses services, à quelque prix que ce fût. Holbein était près de là; Morus, l'ayant pris par la main, le présenta au roi. Ce grand peintre fut honoré de la protection du souverain, et reçut des commandes considérables de la noblesse et des hommes les plus riches et les plus distingués, comme l'attestent encore les diverses galeries de tableaux que possède l'Angleterre. Parmi ses ouvrages, un des plus remarquables représente Morus et sa famille ; une copie en fut envoyée par sir Thomas à Érasme, en remerciement du cadeau qu'il en avait reçu. « Je ne saurais vous exprimer, écrit Érasme à Marguerite, avec quel ravissement je contemple le tableau de votre famille peint avec tant de talent par Holbein. Je ne pourrais, même si je me trouvais au milieu des modèles, en avoir une idée plus exacte : je vous vois tous devant moi, mais aucun n'est plus ressemblant que vous : dans vos traits respirent ces perfections de l'esprit et ces vertus domestiques qui vous ont rendue l'ornement de votre pays et de votre siècle. »

Ce tableau est divisé en deux groupes. Sur le premier plan de l'un d'eux se voient, à genoux, Marguerite et Cécile, filles de Morus, et Alice, leur belle-mère. Au centre du deuxième groupe, Morus et son père sont assis, et debout à leurs côtés se tiennent Jean et Harris, serviteurs favoris de Morus. Derrière Morus et son père, Anne Crésaire, âgée de quinze ans et que l'on suppose mariée nouvellement au fils de Morus, se tient également debout. Élisabeth, seconde fille de sir Thomas, et Marguerite Gigys sont debout aussi, le doigt tendu vers un livre ouvert, sur le plan le plus avancé du second groupe. Un violon suspendu à la muraille à côté de Morus semble indiquer son goût pour la musique.

Cette toile est conservée avec un soin religieux au prieuré de Nossel, du comté d'York, château appartenant à M. Charles Wynn, qui descend directement de Crésaire Morus. Le révérend Frognull Debden, dans son intéressant *Tour bibliographique* (1838), parle en ces termes de la peinture et du château : « Le prieuré de Nossel est un ancien et superbe édifice construit en pierres, et auquel on arrive par un large escalier également en pierres. Nous vîmes dans les appartements du rez-de-chaussée deux grands siéges ou fauteuils en bois, du temps d'Élisabeth ou de Jacques, qui indiquaient chez le propriétaire le goût bien entendu des meubles antiques. M. Wynn entra et me conduisit bientôt vers mon bon vieil ami sir Thomas Morus. Je restai quelques moments en contemplation devant le tableau : sa fraîcheur et son état de parfaite conservation surpassaient toutes mes espérances. Le propriétaire paraissait jouir en secret de ma surprise ; il le pouvait, car on ne saurait voir une œuvre plus admirable et plus digne d'intérêt. L'Angleterre ne possède rien de supérieur à ce tableau, comme peu de caractères peuvent soutenir la comparaison avec celui de l'homme qui en occupe la première place. Quels caractères, quelles anecdotes rappelle cette œuvre inappréciable ! j'ai entendu dire qu'on en avait refusé cinq mille guinées. » La copie que Morus envoya à Érasme se trouve dans une salle de l'hôtel de ville à Bâle, où il est conservé précieusement.

Le lecteur qui connaît les mœurs de l'époque ne sera pas surpris d'apprendre qu'au nombre des domestiques de Morus se trouvait un de ces personnages que l'on distinguait par le nom de fous. Le roi Henri avait aussi un de ces fous ou bouffons chargé du soin de charmer ses ennuis, et qui occupe un rang distingué dans la chronique scandaleuse du temps. Will Somers joua un rôle dans plusieurs occasions remarquables, et Ellis, dans ses lettres, a tracé son portrait à côté de celui de son royal maître. Il était permis aux prélats mêmes, malgré la gravité de leur ministère, d'avoir de pareils personnages, et l'anecdote suivante peut donner une idée de l'importance que Wolsey attachait à son fou, qui, dans sa disgrâce, lui donna des preuves de dévouement capables de faire honte à la plupart des courtisans.

Après avoir rendu au roi tous ses biens et ses immenses richesses, Wolsey quitta Londres et se retira à sa maison de campagne d'Esher. Comme il cheminait à cheval, plongé dans un abattement profond, on vit accourir au grand galop un cavalier qu'on ne tarda pas à reconnaître : c'était sir John Norris, chambellan du roi. Sir John, ayant rejoint Wolsey, lui présenta un anneau que le roi avait retiré, lui dit-il,

de son propre doigt et l'avait chargé de remettre à
Sa Grâce, pour l'inviter à prendre bon courage; car
il n'avait jamais été plus avant dans les faveurs de
Sa Majesté. Cette nouvelle inattendue bouleversa tellement Wolsey, qu'il se précipita à bas de son cheval,
se mit à genoux, ôta son bonnet et rendit grâces au
Ciel; puis, sir John prenant congé de lui, il le remercia, disant que s'il était souverain d'un royaume, il
considèrerait le don de la moitié de ses États comme
une faible récompense des heureuses nouvelles dont il
avait été porteur. « Mais, mon bon monsieur Norris,
ajouta-t-il, vous savez qu'il ne me reste que les vêtements que j'ai sur le dos; veuillez donc, je vous prie,
accepter cette faible marque de ma reconnaissance; »
et il lui présenta une chaine d'or à laquelle était suspendue une croix du même métal; contenant un morceau de la vraie croix. « Quant à mon souverain, con-
tinua-t-il, je l'aime plus que moi-même; je l'ai servi
aussi fidèlement que j'ai pu, et je regrette de n'avoir
à lui envoyer maintenant aucun gage qui soit digne
de lui être offert. Mais attendez; voici Patth, mon
fou, qui chevauche à mes côtés; je vous supplie de
le mener à la cour et de le donner à Sa Majesté; je
puis vous assurer que, pour l'amusement d'un gentilhomme, il vaut mille livres sterling. »

Mais Patth sentant redoubler son affection pour son

maître, lorsqu'on lui ordonna de le quitter, déclara
résolument qu'il ne bougerait pas; et l'on fut obligé de
le faire enlever par six vigoureux gardes du corps qui
le portèrent au roi : celui-ci le reçut avec grand plaisir.

Le fou de Morus se nommait Harry Patterson. Marguerite Roper rapporte que, l'ayant rencontré un jour,
il lui demanda où était son maître : sur sa réponse qu'il
était encore à la Tour à cause de son refus de prêter
serment, il parut fort en colère contre Morus et s'écria:
« Qu'est-ce qui l'empêche de jurer? Pourquoi montre-
t-il tant de répugnance à le faire? J'ai bien prêté serment, moi! »

Ces personnages, on le sait, se permettaient parfois
des libertés que de tout autre on n'aurait pas sup-
portées. Le roi dînait un jour à Windsor, chez le cardinal Wolsey, dans la cour de la chapelle, à l'époque
où le ministre faisait construire son admirable tombeau. Un grand nombre de pauvres se tenait à la grille,
espérant recevoir des aumônes après le repas. Will
Somers, le fou, venant à passer, ils le prirent pour un
grand personnage et le saluèrent avec respect, ce qui
le flatta infiniment. Rentrant aussitôt : « Henri, dit-il,
prête-moi dix livres. — Pourquoi faire? répondit le
roi. — Pour payer trois ou quatre des créanciers du
cardinal qui sont venus chercher leur argent, et à qui
j'ai donné ma parole. — Avec plaisir, Will, reprit le roi.

— Des créanciers à moi! s'écria le cardinal; je consens que Votre Majesté me fasse trancher la tête si quelqu'un peut avec justice me demander de l'argent. — En vérité? repartit Will. Eh bien, prête-moi dix livres, et si je ne les emploie pas à payer tes dettes je t'en rendrai vingt. — C'est convenu, dit le roi. — J'y consens de bon cœur, dit le cardinal, car je suis certain de ne devoir rien à personne. » Il prêta donc dix livres à Will : celui-ci se rendit à la grille, distribua l'argent aux pauvres et revint avec le sac vide. « Voici ton sac, dit-il, tes créanciers sont satisfaits, et j'ai dégagé ma parole. — A qui as-tu donné cet argent? dit le roi; est-ce au brasseur ou au boulanger? — Ni à l'un ni à l'autre, Henri, répondit Will. Mais, cardinal, réponds : à qui dois-tu ton âme? — A Dieu, répondit Wolsey. — A qui dois-tu ta fortune? — Aux pauvres. — Prends son enjeu, Henri, s'écria le fou : confession publique! pénitence publique! Fais-lui trancher la tête; car c'est aux pauvres qui étaient à la grille que j'ai payé sa dette, et il ne peut la nier. Ou si ton cœur de pierre ne veut pas l'avouer, Wolsey, sauve ta tête en reniant ta parole, et prête-la-moi; je veux être pendu si je te la rends. »

CHAPITRE IV.

Morus à la cour. Il apaise une émeute populaire. Il est nommé chancelier de l'Échiquier. Il défend Henri contre Luther. Il est nommé orateur de la chambre des Communes.

Voyons maintenant Morus dans sa vie publique. Il avait résolu, dit Érasme, de s'en tenir à la position qu'il s'était faite ; mais comme il avait réussi dans plusieurs missions à l'étranger, le refus d'une pension ne découragea pas le roi. Henri ne se montra satisfait que lorsqu'il eut attiré Morus à la cour. Mais écoutons le nouveau courtisan décrire lui-même ses impressions dans une lettre adressée à l'évêque Fisher et conservée par Stapleton. « Ce n'est qu'avec la plus grande répugnance que je suis venu à la cour, comme personne ne l'ignore, et comme le roi me le rappelle lui-même en plaisantant, et maintenant je m'y trouve aussi mal à l'aise que se trouve à cheval celui qui n'y a jamais

monté. Pourtant notre prince, dont je suis loin d'être
le favori, est si affable et si gracieux envers tous, que
chacun, quelque méfiant qu'il puisse êlre, se figure
qu'il en est aimé. Je ne suis ni assez heureux pour mériter des témoignages aussi favorables, ni assez présomptueux pour m'en flatter. Toutefois, grâce à l'impression que produisent sur moi les vertus et l'érudition
de Sa Majesté, son application dans l'étude de toutes
les sciences en rapport avec son illustre rang et les
progrès remarquables qu'il y fait chaque jour, la vie
commence à me paraître moins insupportable. » Sans
doute la nouveauté de sa position et les preuves évidentes de la faveur du roi devaient produire de l'effet
même sur le jugement d'un homme tel que Morus; mais
il n'était pas le seul qui eût alors cette opinion favorable
de la cour d'Henri. En parlant de cette cour, Érasme
s'exprime en ces termes: « Sa réputation se répand au
loin, car elle se compose d'un roi doué de toutes les
qualités dignes de son rang, d'une reine qui ne lui est
inférieure en rien, et d'un grand nombre de sujets estimables, savants et modestes. » Dans une lettre écrite
de Londres au précepteur de l'archiduc Ferdinand, il
dit encore : « Comme vous, je souhaite souvent que
notre cour puisse prendre pour modèle celle de la
Grande-Bretagne, qui abonde en savants de toute espèce; ils se rassemblent autour de la table du roi : là,

on discute sur des sujets littéraires ou philosophiques, comme l'éducation du prince, les méthodes les plus favorables à l'étude, etc. En un mot, telle est la société que l'on trouve au palais, qu'il n'est pas d'académie avec laquelle elle ne soutînt avec honneur la comparaison. » On ne doit pas oublier qu'une partie de ces éloges a pour objet le père et la vertueuse mère de Henri VIII.

Une émeute qui éclata dans la Cité de Londres rendit bientôt nécessaires les services actifs de Morus. Depuis plusieurs années les ouvriers anglais se montraient jaloux des artisans étrangers qui, tant à la ville qu'à la campagne, avaient accaparé la plus grande partie des affaires commerciales et industrielles. Le mécontentement était arrivé à son comble. Un certain nombre de citoyens, ayant à leur tête un nommé Lincoln, courtier, s'adressèrent au docteur Bell, célèbre prédicateur, afin qu'il fît en chaire un exposé de leurs griefs et prêchât en faveur du peuple contre les artisans étrangers. Séduit par l'espoir de se rendre populaire, l'ecclésiastique eut la faiblesse de consentir. Ayant pris pour texte ces paroles : « Le ciel appartient au Seigneur, mais il a donné la terre aux enfants des hommes, » il voulut démontrer que le sol qu'ils habitaient, appartenant aux Anglais, les Anglais, comme les oiseaux qui défendent leur nid, devaient s'unir comme des frères, et, dans

Charpentier del.

Rouargue sc.

Thomas Morus appaise une émeute.

leur amour pour la patrie., chasser sans retard des
étrangers usurpateurs. Convaincus par ce raisonnement, que leur intérêt les portait à croire, les apprentis
et la populace commencèrent à se montrer plus hardis
dans la manifestation de leur haine contre ce qui n'était
pas Anglais, et les étrangers furent insultés dans les
rues. Il fut arrêté que le 1er mai, à l'heure où les citoyens
de quelque importance quittent les affaires et se répandent dans les alentours de Londres, tous les étrangers
qui se trouvaient dans la ville seraient massacrés. Ce
complot échoua, grâce à la vigilance de Morus.

De concert avec les aldermen de la Cité, il fit publier un édit portant défense à tous les citoyens de sortir le 1er mai après neuf heures, en leur ordonnant de
garder leurs portes closes et d'empêcher leurs domestiques de quitter la maison. Quelques jours après, l'im-
prudence d'un des aldermen fit éclater de nouveau le
mécontentement. Des gens du peuple s'assemblèrent au
nombre de plusieurs mille, et forcèrent les portes des
prisons du Compter et de Newgate, où étaient enfer-
més plusieurs individus coupables d'actes de violence envers les étrangers. Leur nombre s'accroissant
d'heure en heure, la situation devenait vraiment alar-
mante : Morus alors, qui était fort aimé dans la Cité,
comptant sur son influence, se porta à la rencontre de
cette foule exaspérée. Il allait les décider à rentrer chez

eux, lorsque quelques malintentionnés ayant jeté des pierres à l'un des gens de sa suite, le désordre fut à son comble; il fallut avoir recours à la force armée, qui dispersa bientôt cette masse sans ordre d'hommes, de femmes et d'enfants. Treize cents perturbateurs furent arrêtés, quatre cents furent condamnés, et des ordres furent donnés pour l'exécution immédiate de treize d'entre eux; cependant il n'y eut que Lincoln, le principal moteur, qui subit son jugement; on mit les autres en liberté, grâce aux vives instances de la reine, de Marie de France et de Marguerite d'Écosse, sœur du roi. Dans cette circonstance, le cabinet du roi offrit le spectacle de trois reines sollicitant le pardon du roi en faveur d'une populace furieuse. Il est probable que cette grâce fut due en partie à l'influence de Morus et de Wolsey, à qui Henri ne savait alors rien refuser.

C'est encore vers cette époque, d'après Wood, l'annaliste, que Morus écrivit à l'université d'Oxford cette lettre qui prouve si bien son goût pour la science et l'étude de la langue grecque. Il s'était élevé une espèce de guerre civile entre les partisans de cette langue, regardés comme des innovateurs en matière d'éducation, et le corps plus nombreux des vieillards et des hommes qui s'étaient déjà fait une réputation et qui ne voulaient pas paraître plus sages que leurs pères. Cette excitation avait encore une autre cause : l'esprit public avait été mis en fermentation par les principes de la réforme qui venait de prendre naissance. Tout ce qui était nouveau était reçu avec défiance comme pouvant avoir quelque rapport avec ces principes. Une de ces factions, ennemie des Grecs, se donnait le titre de Troyens et avait un Priam, un Hector, un Pâris, et ce pédantisme eut du moins le bon effet d'inspirer à Morus la résolution de combattre la barbarie avec laquelle on prétendait exclure de l'éducation de la jeunesse l'étude des plus brillantes productions de l'esprit humain. Nous allons donner l'analyse de cette lettre, non-seulement à cause de l'élégance du style et des résultats importants qu'elle produisit, mais encore parce que les biographes qui ont écrit avant nous, à l'exception de Fuddes, en ont à peine parlé. Elle commence ainsi : *Thomas Morus aux révérends Pères procureurs et aux autres membres du sénat à Oxford.* Après s'être excusé de ce qu'un homme comme lui, qui devait avoir si peu de prétentions à la science (*homuncio doctrinâ minùs quàm mediocri*), avait la présomption d'oser s'adresser aux vénérables Pères chargés de l'éducation nationale, il continue en ces termes : « Quoique j'aie d'abord éprouvé une sorte d'épouvante à l'idée de m'adresser à votre vénérable corporation, je me suis rassuré par cette pensée, que les ignorants seuls sont capables de nous détourner d'une tentative honorable. Je n'ai pu me résoudre à garder le silence sur un sujet où l'intérêt de la vérité me commandait de parler. Lors de mon séjour à Londres, j'ai appris qu'il se tramait une espèce de complot au sein de ma vieille *Alma mater* contre une des études les plus chères à moi et à mes amis. » Il fait ensuite la description de la lutte entre les deux partis, qui, après un grand nombre d'escarmouches particulières, en étaient venus enfin à une guerre ouverte et générale. « Les adversaires de la nouvelle étude prennent le nom de Troyens, et, par dérision, donnent au parti qui leur est opposé celui de Grecs. Ceux-ci s'honorent de ce titre, et, pleins d'amour pour la langue d'Homère et de Platon, ils se préparent à la défendre. Les chefs des deux partis se donnent les noms des héros de l'Iliade et ne se bornent plus à une guerre de paroles; des coups sérieux ont été portés; les choses en sont venues au point de menacer la prospérité de ce sanctuaire des muses. Au premier abord j'étais disposé à ne considérer cette querelle que comme une simple folie de jeunesse; mais il y a quelque temps, lorsque j'accompagnais le roi à Abingdon, j'appris que les choses étaient arrivées à un point extrême. Un homme surtout s'était fait remarquer, homme fort sage à ses propres yeux, plein de sens et de gaieté, s'il faut

en croire son parti, mais regardé comme un fou par
tous les gens estimables et vertueux. Cet homme oublia son devoir, le lieu où il se trouvait et le saint
temps du carême, au point de se permettre du haut
de la chaire une attaque directe contre les Grecs, et
non-seulement contre les Grecs, mais encore contre
tous les arts liberaux. Que pensera-t-on à l'étranger
de l'Université d'Angleterre? Que pensera-t-on quand
on apprendra que la chaire de vérité est devenue
un théâtre de bacchanales; que, loin d'édifier les
auditeurs pieux par des maximes de l'Évangile, ce
bavard insensé n'a cherché qu'à divertir les impies
par ses grimaces; cet homme qui sait à peine épeler
le latin, qui en fait d'arts libéraux est un ignorant,
et qui, quant au grec, n'en sait pas même une
syllabe? οὐδὲ γρὺ. Mais le déclamateur, dans son zèle,
ne s'en est pas tenu là : il s'écriait à haute voix que
tous les partisans de la littérature grecque étaient
des hérétiques, que ceux qui la professaient étaient
des démons incarnés, et que tous ceux qui écoutaient
leurs leçons étaient sur la voie de la perdition éternelle! Assurément il serait bon pour un homme dont
l'esprit est si échauffé et dont l'humeur est si irri-
table, qu'on le tînt renfermé pendant quelques mois,
afin qu'il pût se refroidir par le jeûne et la prière. »

Morus fait ensuite un brillant panégyrique de la

littérature grecque, illustrée non - seulement par les poëtes, par les historiens et par les philosophes de la Grèce, mais encore par les premiers orateurs chrétiens et par les propagateurs des oracles sacrés de l'Église grecque. « Voudraient-ils, s'écrie-t-il, restreindre la théologie, cette auguste reine des cieux, aux étroites limites de l'étude scolastique et lui défendre de s'étendre dans les vastes domaines de la science, de pénétrer dans les cellules d'un Cyprien, d'un Jérôme, d'un Augustin, d'un Ambroise, d'un Bède, et dans les retraites d'un Nazianze, d'un Basile, d'un Chrysostôme? » Il s'efforce d'exciter dans l'Université le sentiment de ce qu'elle doit à la littérature grecque en touchant une corde délicate : les progrès qu'on avait faits déjà dans cette étude à l'université rivale de Cambridge. Il en appelle au bon Warham, au cardinal d'York, *litterarum promotor et ipse litteratissimus*, et enfin au roi, qui de tous les princes vivants avait le plus de culture et d'érudition. Il termine en conjurant les chefs de l'Université de faire usage de leur autorité pour anéantir une faction si nuisible aux intérêts de la science et si bien faite pour exciter au dehors le mépris et la dérision. « Vous comprenez, ajoute-t-il, combien cette manifestation de votre zèle sera avantageuse pour la cause des lettres et agréable à notre illustre prince et aux très-révérends Pères que

j'ai nommés plus haut. Et s'il m'était permis, en dernier lieu, de me nommer moi-même, qui ai puisé le
courage de m'adresser à vous dans l'affection que je
vous porte autant que dans mon amour pour les lettres,
j'ajouterais que vous m'attacheriez à vous par les liens
les plus solides, et que si vous veniez à avoir besoin de
mes services, ils vous sont offerts de bon cœur, en quoi
que ce puisse être. Que Dieu conserve votre illustre
Université, et qu'il la fasse prospérer de jour en jour
davantage, tant par l'exercice de toutes les vertus que
par la culture des sciences et des arts! C'est la fervente
prière de *Thomas Morus, chevalier*, à Abengdon, ce
4 avril. »

Suivant Stapleton, Morus faisait de cette lettre un
exercice pour ses élèves; il la leur donnait d'abord à
traduire du latin en anglais, puis de l'anglais en latin.
Quant à la querelle dont on vient de parler, Érasme
dit qu'on décida le roi à s'en mêler, et, pour nous
servir de ses expressions peu flatteuses pour quelques-
uns, qu'*on imposa silence à la canaille.*

Cependant Morus s'élevait chaque jour davantage
dans la faveur du roi; il fut créé en 1520 trésorier
de l'Échiquier, et il occupa un poste semblable, sous
quelques rapports, à celui de chancelier de l'Échiquier, qui aujourd'hui, lors de sa nomination, prend
le titre de sous-trésorier de l'Échiquier.

Ce fut pendant le cours de cette année que François Ier exprima le désir d'une entrevue avec Henri VIII. La ville d'Ardres ayant été choisie comme lieu du rendez-vous, de magnifiques préparatifs furent faits pour la réception des hôtes royaux, et le 7 juin les deux monarques s'y rencontrèrent à cheval. Lorsqu'ils furent en présence, ils mirent pied à terre, et s'étant embrassés ils entrèrent en se tenant sous le bras dans le riche pavillon préparé pour les recevoir. Morus fut chargé d'adresser aux deux souverains une harangue dans laquelle il les félicita de cette entrevue amicale, présage d'un heureux avenir. Enfin sa position à la cour fait faire à Érasme l'observation suivante: « On a réussi à attirer Morus au palais, et le roi permet rarement au philosophe de le quitter; car s'il s'agit d'affaires sérieuses, qui pourrait donner de meilleurs conseils? et si l'esprit du souverain a besoin d'être récréé par une conversation agréable, quel plus aimable compagnon pourrait-il trouver? »

Roper, témoin oculaire de tous ces événements, les rapporte avec simplicité. « Ce fut ainsi, dit-il, que le roi lui donna peu à peu de l'avancement, et lui conserva cette faveur extraordinaire pendant vingt ans que Morus consacra à le servir fidèlement. Il arrivait souvent que le roi, les jours de fête, après avoir assisté au service divin, le faisait appeler pour s'entretenir avec lui,

soit de l'astronomie, de la géométrie, de la théologie
ou d'autres sciences, soit de ses affaires particulières.
Parfois il le faisait rester la nuit auprès de sa personne
pour observer ensemble le cours et les divers mouvements des astres. Comme Morus était d'une humeur
fort agréable, le roi et la reine, après le souper du
conseil, à l'heure où Leurs Majestés se mettaient à table,
se plaisaient à le faire venir pour se distraire avec lui;
mais quand il s'aperçut que le charme de sa conversation l'empêchait d'obtenir, même une fois par mois,
la permission d'aller voir sa famille (dont la société
était ce qu'il désirait le plus), il résolut, tant il était
contrarié de l'atteinte portée à sa liberté, de dissimuler
sa gaieté naturelle, et y réussit au point qu'à dater de
ce moment le roi l'envoya moins souvent chercher [1].

Le goût qu'avait montré le roi pour la société de
Morus eût été digne d'éloges, si sa conduite ultérieure
n'eût donné la preuve de sa profonde dépravation.
Jusque dans la faveur de Henri il y avait quelque
chose de tyrannique, et son amitié même était absolue
et arbitraire. Oubliant sa liaison intime avec un homme

---

[1] Il faut tout le respect qu'on doit au témoignage de Roper, obser-
vateur attentif des moindres détails, pour ajouter foi à cette dernière
assertion. Il serait plus naturel de penser que si Morus perdit un peu
de son aimable gaieté, ce ne fut pas par calcul, mais parce qu'il
était retenu loin des siens.

comme Morus, et malgré toutes les lois de l'humanité
et de la justice, il donna plus tard le singulier et peut-
être l'unique exemple d'une froide colère que ne put
adoucir le souvenir d'études et de plaisirs goûtés en
commun. Morus, du reste, même au moment où il
semblait jouir de toute la faveur du roi, n'était pas
tellement aveuglé par la bonté de son caractère, qu'il
ne soupçonnât la nature de ces caresses de bête féroce.
Écoutons Roper : « Quand je voyais le roi se promener
avec lui des heures entières, le bras passé autour de
son cou, j'éprouvais le plaisir le plus vif, et j'exprimais
ensuite à sir Thomas l'idée que je me faisais du ravissement que ces entretiens familiers avec le roi devaient
lui causer; car je n'avais jamais vu Sa Majesté en user
de la sorte avec personne, excepté une seule fois avec
le cardinal Wolsey. — Oui, grâce au ciel, mon fils, répondit-il, le roi me traite avec autant de faveur qu'aucun autre de ses sujets; mais je ne dois pas m'en enor-
gueillir; car, s'il lui fallait ma tête pour acquérir un
seul château en France, dans le cas d'une guerre avec
ce pays, je suis bien sûr qu'elle serait sacrifiée. »

De 1517 à 1522, Morus fut chargé de plusieurs
missions à Bruges et à Calais, dans le but de négocier
avec François Ier, qu'Henri VIII et Wolsey avaient
intérêt à se rendre favorable. Il serait impossible de
découvrir la date précise de ces derniers voyages, à

moins d'avoir quelques données positives touchant le
but des négociations auxquelles il prit part, et ce
sujet serait en tout cas dépourvu d'intérêt pour la
plupart des lecteurs. Il paraît que Wolsey nommait de
temps en temps des commissaires pour la conduite de
ses affaires personnelles plutôt que dans l'intérêt de
son maître. Ces commissaires étaient envoyés à Calais,
où ils pouvaient recevoir plus promptement des instructions de Londres, et où l'on dirigeait avec plus de
facilité les négociations et les échanges avec Bruxelles
et Paris. Les manœuvres secrètes du gouvernement
anglais se dérobaient ainsi aisément à l'œil jaloux de
chacune de ces cours. Morus fit, au moins une fois,
partie de ces commissions. Érasme, à ce propos, écrit en
ces termes à Pierre Giles (15 novembre 1518): « Morus
est encore à Calais et s'y ennuie beaucoup : ses dépenses sont considérables, et la mission dont on l'a
chargé lui est odieuse : telles sont les récompenses que
les rois réservent à leurs favoris. » Deux ans plus tard,
Morus lui-même écrit à Érasme avec plus d'amertume
encore à propos de son séjour dans cette ville et *de ses
occupations.* « J'approuve, dit-il, la résolution que
vous avez prise de ne jamais vous mêler des petites intrigues des princes; intrigues dont vous devez souhaiter, puisque vous avez de l'affection pour moi, de me
voir débarrassé tout à fait. Vous ne sauriez croire avec

quel chagrin je me vois forcé d'y prendre part, et combien une pareille mission m'est désagréable. Je suis,
pour ainsi dire, exilé dans ce petit port de mer, où
l'air et le sol me sont également odieux. Ennemi comme
je le suis par nature de toute querelle, quelque profit
qu'on en attende, vous pouvez juger quel dégoût celle-
ci m'inspire, quand rien de bon n'en peut résulter. »

La société d'Érasme, dont Morus espérait jouir
bientôt, devait faire diversion aux fatigues de la repré-
sentation, aux querelles d'amour-propre, et aux fraudes
mesquines dont il était témoin à ce congrès de rois.
En 1521, Wolsey visita deux fois Calais pendant le
séjour qu'y fit Morus, qui paraissait alors occuper le
premier rang après le cardinal dans les bonnes grâces
du roi. En 1522, l'empereur Charles V fit un voyage
en Angleterre, et fut reçu par Henri VIII avec beaucoup de magnificence. A la distance d'environ un mille
de la grille de Saint-Georges, on éleva une tente de
drap d'or, où Morus, pendant que les deux princes s'y
reposaient, prononça, en termes choisis, un discours
où il félicitait les deux princes de l'amitié et de l'affection qui les unissaient ; des fêtes brillantes eurent lieu
à cette occasion. Nous ne devons pas manquer de rapporter, dit le chroniqueur de l'époque, comment les
citoyens, en habits de fête, étaient rangés en deçà des
barrières à gauche des rois, et les membres du clergé

à droite, revêtus de riches chapes et balançant les encensoirs pendant le passage des princes. Les rues étaient tendues de tapisseries de draps d'or, d'argent et de velours, et presque toutes les maisons étaient remplies de musiciens. Au-dessus de chaque rue, on lisait ces deux vers, écrits en lettres d'or :

CAROLUS, HENRICUS, VIVANT DEFENSOR UTERQUE,
HENRICUS FIDEI, CAROLUS ECCLESIÆ.

Cependant l'esprit public était en fermentation, et la révolution, nouvelle, inouïe, qui s'accomplissait dans le nord de l'Allemagne agitait déjà l'Angleterre : deux partis opposés se formaient, les catholiques et les luthériens, et ce mot *protestant* devint un cri de guerre plus puissant qu'aucun de ceux inventés par les hommes.

Les motifs qui portèrent Luther à protester n'étaient d'abord qu'une pure affaire d'intérêt. Le pape Léon X, ayant besoin d'argent pour terminer la magnifique basilique de Saint-Pierre, commencée par son prédécesseur Jules, publia des indulgences qui comprenaient les provinces septentrionales de l'Allemagne. On confia le prélèvement des contributions à un moine dominicain, ce qui excita l'envie de l'ordre des Augustins, dont Luther faisait partie. C'était un homme d'un esprit ardent et aux préventions violentes ; il éprouva le ressentiment le plus vif à la nouvelle des fonctions lucratives accordées à un ordre rival. *Hinc illæ lacrymæ.* De là toutes les passions engendrées par l'esprit de corps, qui seul exerçait en ce moment son influence sur ce moine emporté. Il publia une thèse pleine de déclamations hardies contre la rapacité de la cour de Rome, mais s'attaquant surtout aux collecteurs dominicains, à leur avarice et à leurs concussions. Jusque-là il n'y avait pas grand danger pour l'Église, et Léon X, ayant eu connaissance de cette dispute, n'y prêta qu'une médiocre attention, disant que ce n'était qu'une querelle de moines. Luther lui-même, redoutant les conséquences des injures qu'il s'était permises contre la cour de Rome, jugea prudent d'adresser au souverain Pontife une lettre pleine de soumission, qu'il terminait ainsi : « C'est pourquoi, mon très-saint Père, je me prosterne à vos pieds avec tout ce que je possède : ma vie et ma mort sont entre vos mains. Avouez-moi ou me reniez, approuvez-moi ou me condamnez, selon votre bon plaisir : j'obéirai à votre voix comme à celle du Christ qui préside et parle en votre personne. » Tous les regards étaient alors dirigés vers Luther ; sa position avait grandi, il avait essayé ses armes et senti sa force, et le parti dont il s'était porté le champion l'encourageait à tenter de nouveaux efforts. L'épée une fois tirée, le guerrier a quelque peine à la

remettre au fourreau. Une ardeur, dont la vanité était
le premier mobile, s'empara alors du réformateur, qui,
après avoir attaqué les boulevards de l'Église, porta
ses coups audacieux sur le sanctuaire lui-même.

Réprimandé d'abord avec douceur, il n'en tint pas
compte ; enfin, en 1520, le pape Léon X lança une bulle
par laquelle il condamnait comme coupables d'hérésie
certaines opinions contenues dans les écrits de Luther ;
il accordait à celui-ci un délai raisonnable afin qu'il
rétractât ses erreurs, et le déclarait excommunié si, à
l'expiration de ce terme, il persistait dans son obstination. Mais le succès et l'impunité avaient appris au réformateur à braver cette autorité devant laquelle il trem-
blait autrefois ; il en appela avec audace du chef de
l'Église, qu'il qualifia d'apostat, d'antechrist, de blas-
phémateur de la parole divine, à un concile général ;
puis, ayant fait dresser un bûcher hors des murs de
Wittemberg, il livra aux flammes, avec beaucoup de
solennité, les livres de la loi canonique, les écrits de
ses adversaires, et la bulle que le pape avait lancée
contre lui, s'écriant d'un ton qui parut à quelques-
uns l'effet de l'aliénation mentale : « Soyez voués aux
flammes éternelles, vous qui avez troublé la sainteté
éternelle. »

Mais, pour en revenir à Morus, s'il n'avait pas le
don de seconde vue, il avait le regard attentif du phi-

lòsophe, èt, dans les événements qui approchaient, et
dont on voyait déjà les ombres, il prévoyait les nouvelles convulsions dont le pays était menacé. Il y a
quelque chose d'élevé et de solennel dans l'expression
de ses pressentiments : « J'aperçois les signes avant-
coureurs du mal qui s'approche, de même qu'avant
une violente tempête on voit la mer se gonfler et
s'agiter d'une manière extraordinaire, quoique le
vent ne souffle pas. »

Un jour, pendant une de ses promenades favorites
avec son gendre Roper sur les bords de la Tamise, la
conversation tomba sur un sujet cher à tous les nobles
cœurs, la patrie. Roper, à l'occasion d'une fête qui
venait d'avoir lieu et où s'étaient manifestés les sentiments populaires, se mit à vanter à son père le bonheur d'un royaume qui possédait un prince si zélé catholique, qu'aucun hérétique n'osait s'y montrer; un
clergé si instruit et si vertueux, une noblesse si grave
dans sa conduite et si saine d'esprit, et des sujets aussi
affectueux que soumis, tous s'accordant dans leur foi
et dans leur devoir comme s'ils n'avaient qu'un cœur
et qu'une âme. Lorsqu'il s'arrêta, il vit Morus plongé
dans une de ces rêveries qui lui étaient habituelles.
Après quelques moments de silence, Morus se tourna
vers Roper, et lui serrant le bras : « Mon fils, dit-il,
vous avez raison : tout ce que vous venez de dire

est en effet la vérité. » Puis passant en revue les différentes classes du royaume, il renchérit encore sur les éloges de Roper : « Et pourtant, mon fils, ajouta-t-il, fasse Dieu que quelques-uns d'entre nous, quelle que soit la hauteur où nous soyons assis sur la montagne, foulant aux pieds comme des fourmis les ennemis de la foi, ne soient pas témoins du jour où nous serons bien aises d'entrer en arrangement avec eux et de leur donner l'autorisation de bâtir leurs églises, afin de pouvoir nous-mêmes nous livrer avec sécurité à la pratique des devoirs de notre religion. » Roper s'efforça, par une foule d'arguments, de prouver à son beau-père que rien ne pouvait justifier ces sombres pronostics. « Eh bien! reprit Morus, je prie Dieu qu'aucun de nous ne puisse être témoin de ces malheurs. »

« Mais, dit Crésaire, qui rapporte cette conversation, comme il ne donnait aucune raison à l'appui de ces tristes prévisions, mon oncle lui dit avec tant soit peu de vivacité : « Bon Dieu! Monsieur, vous me dites cela comme si tout était désespéré. » J'en demande pardon à Dieu, me dit plus tard mon oncle, mais ce sont les propres paroles dont je me servis. Sir Thomas, voyant qu'il se mettait en colère, reprit son ton enjoué, et lui frappant sur l'épaule.. « Eh bien! mon fils Roper, dit-il, cela n'arrivera pas, cela n'arrivera pas!... » Cependant, continue Crésaire, mon oncle Roper devait voir lui-même se réaliser cette prédiction : il vivait encore dans la quinzième année du règne d'Élisabeth, lorsque la religion fût bouleversée sans espoir de remède. »

Cependant on reçut officiellement en Angleterre des rapports circonstanciés touchant les événements qui avaient eu lieu en Allemagne. Wolsey, qui, en sa qualité de légat du saint-siége, devait s'opposer à ces nouvelles doctrines, se rendit en grande pompe à Saint-Paul, accompagné des autres prélats et des ambassadeurs du pape et de l'Empereur.

Fisher fit un sermon devant l'église, et les ouvrages de Luther, condamnés par le souverain Pontife, furent livrés aux flammes en présence d'un grand concours de spectateurs. Henri, qui devait à son éducation le goût de l'étude de la théologie, résolût, avec cet esprit chevaleresque par lequel il se fit remarquer pendant les premières années de sa vie, d'entrer en personne dans l'arène de la controverse. Ceci se passait au mois de mai, et au mois d'octobre de la même année ce projet avait reçu son exécution. *Défense des sept Sacrements contre Martin Luther, publié par Henri, huitième du nom, roi d'Angleterre et de France, et seigneur d'Irlande;* tel est le titre que porte son ouvrage. Il fut publié à Londres en 1521, à Anvers en 1522, et à Rome en 1543. Henri prétendit en être l'auteur, mais on crut généralement alors qu'il avait été retouché par le cardinal et par l'évêque de Rochester. On pense aussi que Morus y contribua, mais, il le dit lui-même, il ne fit qu'en distribuer et en coordonner les divers matériaux. Clarke, doyen de Windsor, fut chargé de porter à Rome l'ouvrage du roi, et le soumit, en plein consistoire, au jugement et à l'approbation du pape; assurant que son maître, de même qu'il avait réfuté avec la plume les erreurs de Luther, de même, en cas de besoin, était prêt à tenir l'épée pour combattre les partisans de l'hérésiarque. Léon, par une bulle authentique, récompensa le champion de l'orthodoxie en lui conférant le titre de *défenseur de la foi.*

Au mois de juillet de l'année suivante, Luther répondit au roi avec une *intempérance de déclamation,* pour nous servir de l'expression de Pingard, qui scandalisa même ses amis et causa la plus grande joie à ses adversaires. Henri se plaignit à l'électeur; les princes allemands considérèrent l'ouvrage comme une insulte faite aux têtes couronnées, et à l'instante requête de Christian; roi de Danemark, Luther consentit à écrire une lettre d'excuses. Voici comment Hallam, dont personne ne peut mettre en doute l'impartialité, fait le récit de cette circonstance : « Luther, ivre d'orgueil, et se considérant comme un personnage plus important qu'aucun souverain, traita Henri VIII, dans la réponse qu'il fit à son ouvrage, avec la brutalité qui faisait le fonds de son caractère. Il est vrai que quelques années plus tard il jugea convenable d'écrire une lettre d'excuses à propos des termes dont il s'était servi à l'égard du roi; mais cette lettre, singulier mélange de bassesse et d'arrogance, n'excita que le mépris de Henri, qui la rendit publique en la faisant suivre d'un commentaire sévère. La lettre de Luther porte la date de Wittemberg, le 1er septembre 1525. Après avoir déclaré qu'il avait écrit contre le roi avec sottise et précipitation (ce qui était vrai), il ajoute : « Ce fut à l'instigation de gens qui étaient loin d'être bien disposés envers Votre Majesté. » Ceci était évidemment un mensonge; car quel homme à Wittemberg, en 1521, pouvait avoir quelque intérêt à ce qu'Henri VIII fût l'objet d'une attaque aussi insultante? Puis il se livre aux déclamations les plus absurdes contre Wolsey, qu'il appelle «un monstre, l'abomination publique de Dieu et des hommes, ce cardinal d'York, la véritable peste de votre royaume. » C'était faire choix d'un style singulier en écrivant à un roi dont il voulait regagner les bonnes grâces, car Wolsey possédait plus que tout autre l'affection d'Henri.

« Ensuite, reprenant le ton de l'humilité, il ajoute : « Je suis maintenant si honteux de m'être laissé entraîner à de telles invectives contre un si grand prince, que j'ose à peine lever les yeux en présence de Votre Majesté, moi surtout, qui ne suis qu'ordure, moi, misérable ver de terre, digne du blâme et du mépris de tous, etc. » De tout ce que Luther a dit ou écrit, on ne saurait rien voir de plus absurde que cette lettre qui ferait croire à quelque dérangement dans son esprit, d'ailleurs très-remarquable. »

Bien que Morus n'eût pris aucune part au livre du roi son maître, il n'était guère probable qu'un esprit aussi actif que le sien resterait en repos lorsqu'il se présentait une occasion si favorable de déployer son zèle et de combattre pour la foi de ses pères. Nous trouvons, en effet, que dès le commencement de l'année suivante il publia une réponse à l'attaque de Luther contre le roi, sous le titre de *Vindicatio Henrici VIII à calumniis Lutheri*. « Comme Luther, dit Crésaire, jouait, pour ainsi dire, le rôle d'un valet insolent envers le roi, Morus se servit de ses propres armes pour le battre; mais ce style léger paraissant incompatible avec la gravité des fonctions dont il était revêtu, il se servit du pseudonyme de *Gulielmus Rosseus*. » Dans cet ouvrage, Morus ne se borna pas à réfuter les arguments et à imiter le ton blâmable de son adversaire, mais il justifia la remarque de l'évêque Atterbury, qui disait que ces deux combattants avaient on ne peut mieux réussi à se dire des injures en bon latin. A propos de ces tristes discussions, d'Arnère, petit-fils de Morus, s'écrie : « Il n'est personne qui n'ait éprouvé une grande satisfaction à voir de quelle manière il traite Luther; » puis il fait une longue citation latine d'un des passages les plus violents de sa réplique. Ce fut, selon Rustell, dans le courant de la même année, que Morus composa son traité sur ces paroles de l'Évangile : *Souviens-toi de la mort, et tu ne pécheras jamais.* C'est un ouvrage d'un mérite remarquable, et dans lequel Morus a déployé toute la vigueur de son style.

1523. Cette année, par l'ordre positif du roi, Morus fut élu orateur de la chambre des Communes. En vain il prétexta de son incapacité, son excuse ne fut pas admise. On ne trouve dans les rôles du parlement que peu de détails à ce sujet; mais ce que nous apprend Roper nous a paru propre à combler cette lacune. On peut supposer que les discours de Morus ont été copiés par son gendre sur ses propres manuscrits. « Puisque je vois, très-redouté souverain, que votre bon plaisir n'est pas d'annuler cette élection et d'en faire nommer un autre à ma place; mais que vous y avez donné votre royal assentiment par la bouche de notre très-révérend père en Dieu, le légat, chancelier de Votre Majesté, et que vous avez décidé dans votre bonté que j'étais digne et capable

de remplir ces fonctions, quoiqu'elles soient bien au-
dessus de mes forces, je suis prêt, plutôt que de vous
voir accuser votre chambre des Communes d'avoir fait
un mauvais choix, à me conformer avec soumission
aux ordres et au bon plaisir de Votre Majesté. Je vous
supplie donc, Sire, avec le plus profond respect, de
me permettre d'adresser à Votre Majesté deux humbles
prières : la première me touche personnellement, la
seconde a rapport à votre chambre des Communes.
Quant à moi, très-gracieux souverain, s'il m'arrivait
à l'avenir de commettre une erreur en quelque chose
que ce soit, au nom de votre chambre des Communes,
il sera déclaré en votre présence que c'est moi qui me
suis trompé ; c'est là mon désir ; et si, faute de talents
oratoires, je venais, en les énonçant mal, à pervertir
ou à tronquer les instructions que j'aurais reçues,
qu'il plaise à votre très-haute Majesté de m'accorder
la permission de retourner à la chambre, pour me
concerter de nouveau avec les membres de l'assemblée,
et prendre leur avis touchant les choses que je dois
émettre en leur nom devant votre royale Grâce. Voici,
très-excellent prince, ma seconde requête : parmi
les membres de vos communes assemblés en parlement par vos ordres, et suivant l'usage établi, beaucoup sont choisis au sein de la chambre même pour
s'occuper des affaires publiques et délibérer en parti-

culier. Quoique, d'après l'opinion pleine de sagesse
exprimée par Votre Majesté dans ses états, on ait eu
grand soin de n'envoyer au parlement que les hommes
les plus recommandables de chaque quartier, et quoiqu'il n'y ait aucun doute que cette assemblée ne soit
réellement composée d'hommes sages, intègres et habiles en politique; néanmoins, très-victorieux prince,
comme, parmi tant d'hommes recommandables par leur
sagesse, tous ne le sont pas également, et que même,
s'ils sont égaux en sagesse, ils ne le sont pas par l'éloquence; car si le langage le plus choisi peut exprimer les
choses les plus absurdes, souvent aussi les expressions les
plus rudes peuvent renfermer les meilleurs avis; enfin,
comme dans des circonstances d'une haute importance
l'homme est souvent si occupé du sujet, qu'il étudie
bien plus le fonds que la forme, de sorte qu'il
peut arriver à l'homme le plus éloquent et le plus sage
d'avoir un jour à regretter ses expressions; par toutes
ces raisons, très-gracieux souverain, et considérant
en outre que dans votre parlement on ne traite que
des affaires d'une haute importance touchant votre
royaume et les intérêts particuliers de Votre Majesté;
et qu'un grand nombre de vos fidèles députés pourraient éprouver quelque hésitation à faire connaître
leur opinion à cet égard, à moins qu'ils ne fussent dé-
livrés de toute crainte touchant la manière dont il

plairait à Votre Majesté d'accueillir les expressions
qu'ils pourraient employer, bien que l'affabilité et la
clémence bien connues de Votre Majesté donnent à
chacun le plus grand espoir; telle est cependant la
gravité du sujet et la crainte pleine de respect que
Votre Majesté inspire, que vos timides sujets ne seront complétement rassurés que lorsqu'il vous plaira,
Sire, de dissiper toutes les appréhensions par une
déclaration formelle, et de donner à vos communes ici
assemblées l'autorisation de dire hardiment leur avis
sur quelque sujet que ce soit, selon leur conscience,
sans crainte d'encourir votre terrible déplaisir. Que
Votre Majesté daigne donc, dans sa bonté infinie,
prendre tout en bonne part, et interpréter nos paroles, quelque grossières qu'elles puissent paraître,
comme dictées par un zèle bien entendu pour les intérêts du royaume et pour l'honneur de Votre Majesté,
dont la prospérité et la conservation sont l'objet des
vœux les plus ardents et des prières les plus ferventes de
tous les fidèles et affectionnés sujets de Votre Majesté. »

A ce discours, le cardinal, en sa qualité de chancelier, répondit que Sa Majesté, vu la longue expérience
qu'elle avait de ses services, savait à quoi s'en tenir au
sujet de son esprit, de son aptitude et de sa prudence;
que par conséquent il pensait que les communes ne
pouvaient faire un meilleur choix.

Morus, dans ce discours, voulut sans doute critiquer la hauteur avec laquelle Henri VIII traitait le parlement, et, sous le voile du respect le plus profond, adresser au souverain un reproche indirect, mais sensible, de la contrainte imposée à la liberté des discussions. Considéré sous ce point de vue, le discours offre la preuve d'une grande habileté et d'un tact remarquable chez l'orateur. En effet, ce n'était qu'en se pliant pour ainsi dire à l'humeur hautaine du roi, qu'on pouvait se permettre de critiquer sa conduite avec quelque chance de succès.

La conduite de Morus dans le parlement fut honorable et énergique, et soulevant dès lors des questions d'économie politique que l'on a vu développer de nos jours, il montra toute la force de son esprit. Ainsi le gouvernement ayant sollicité des subsides pour soutenir la guerre contre l'empereur Charles V, la chambre, tout en reconnaissant l'urgence de cette mesure, hésitait à les accorder, alléguant que, comme ces subsides devaient être payés en numéraire et non en marchandise, tout l'argent comptant se trouverait épuisé et que la nation pourrait tomber dans un état de barbarie. Morus fit voir le ridicule de cette supposition; il dit qu'on ne devait pas considérer cet argent comme perdu ni dissipé, mais seulement comme passé entre les mains de leurs parents et de leurs compatriotes.

« Et d'ailleurs, ajoute-t-il, pourquoi s'effrayer de cette pénurie d'argent, puisque d'après le cours naturel des choses établi dans le monde il doit y avoir une circulation continuelle de tout ce qui est nécessaire à l'espèce humaine? ainsi vos marchandises pourront toujours être échangées pour de l'argent, et vos propres marchands seront tout aussi satisfaits d'accepter votre blé ou vos bestiaux que vous pourriez l'être de recevoir ce qu'ils sont à même de vous fournir. »

Les détails suivants que nous trouvons dans Roper sont assez singuliers, et, comme le dit Mackintosh, paraissent incompatibles avec les rapports intimes qui existaient à cette époque entre l'orateur de la chambre et le gouvernement. Dans ce parlement, le cardinal Wolsey se montrait très-irrité de ce que tout ce qui s'y disait ou s'y faisait était aussitôt répété dans les lieux publics. Or, une demande de subsides très-considérable ayant été faite, le cardinal, dans la crainte que le projet ne fût pas adopté par la chambre des Communes, résolut, pour le soutenir, d'assister en personne aux débats. Une longue discussion avait eu lieu avant son arrivée, pour savoir s'il était plus convenable qu'il vînt avec une suite de quelques seigneurs seulement, ou bien avec le cortége vraiment royal qui l'accompagnait d'ordinaire, et-le plus grand nombre penchaient en faveur de la première opinion ; Morus

alors, prenant la parole, s'exprima en ces termes :
« Messieurs, puisque, ainsi que vous devez vous le rappeler, nous avons été accusés naguère de légèreté par
Mgr le cardinal à propos de certaines choses répétées
hors de cette enceinte, il vaudrait mieux, à mon avis,
le recevoir avec toute sa suite, ses massiers, ses hallebardes, ses porte-haches, son chapeau et le grand
sceau, afin que dans le cas où il nous adresserait le
même reproche, nous puissions dorénavant rejeter
plus hardiment le blâme sur ceux que Sa Grâce amène
ici avec lui. » La chambre s'étant rendue unanimement
à cet avis, le cardinal fut reçu en conséquence. Wolsey, dans un discours solennel, essaya par un grand
nombre d'arguments, de prouver combien il était important d'accorder les subsides demandés sans y faire
la moindre réduction. Personne n'ayant répondu,
il continua en ces termes : « Messieurs, il se trouve
parmi vous beaucoup d'hommes sages et instruits, et
comme le roi lui-même m'a envoyé vers vous, dans
votre propre intérêt comme dans celui du royaume,
je pense qu'il serait convenable que vous me fissiez une
réponse. » Le silence continuant, il interpella M. Morney, depuis lord Morney. Point de réponse. La même
question, adressée à plusieurs autres qui passaient pour
les plus sages de l'assemblée, n'en tira aucun de son
silence, car tous étaient convenus d'avance de confier

la parole à l'orateur de la chambre. « Messieurs, dit
enfin Wolsey, à moins que, comme cela est probable,
il ne soit d'usage à la chambre, dans de telles circonstances, de confier la parole à votre orateur choisi à
cet effet pour sa prudence et sa sagesse, ce silence paraîtrait bien obstiné. » Il s'adressa ensuite à l'orateur,
en lui demandant réponse. Celui-ci, après avoir d'abord
sollicité à genoux, et du ton le plus humble, le pardon
du cardinal touchant le silence que la chambre avait
gardé, et qu'il attribua à la crainte respectueuse inspirée par un si grand personnage, capable d'intimider
les plus sages et les plus érudits du royaume; après
s'être efforcé de démontrer qu'il n'était ni expédient
ni compatible avec les anciennes franchises de la
chambre de faire une réponse, conclut que, quant à
lui, bien que tous les membres présents eussent donné
la preuve, en le chosissant pour orateur, de la confiance qu'ils lui accordaient, il ne pouvait prendre sur
lui, dans une affaire d'une si haute importance (à moins
qu'il ne pût résumer à lui seul les sentiments de tous
ses collègues), de faire une réponse à Sa Grâce. Le
cardinal, mécontent de ce que Morus ne s'était pas en
tous points conformé à ses volontés, se leva brusquement et quitta la chambre des Communes.

« Cet incident, dit Mackintosh, montre l'indépendance et la fermeté pleine de dignité du caractère de

Morus; il prouve aussi que l'orateur n'ignorait pas la
puissance que la chambre des Communes avait acquise;
puissance fondée sur l'argent, qui croissait dans
Londres de jour en jour, et ne pouvait être détruite
que par un déploiement intempestif d'autorité en
excitant trop tôt la couronne à la résistance. » C'est un
exemple entre tant d'autres du progrès de l'influence
des parlements, malgré leur soumission tout apparente; il nous apprend à juger l'esprit des contemporains de Morus autrement que d'après l'humilité de
leur langage.

Quelque temps après la fin de la session, Wolsey,
se trouvant avec Morus dans sa galerie de Whitehall,
lui dit : « Je donnerais tout au monde, M. Morus,
pour que vous eussiez été à Rome lorsque j'ai eu l'idée
de vous faire nommer orateur de la chambre. — N'en
déplaise à Votre Grâce, répondit Morus, c'eût été un
grand bonheur pour moi, car alors j'aurais vu une
ville que depuis bien longtemps j'ai le plus vif désir de
connaître. » Puis il changea la conversation, en disant
qu'il préférerait la galerie où il se trouvait à celle du
cardinal à Hampton-Court. Il prévint peut-être par ce
moyen une vive discussion; mais il est certain, ainsi
que le remarque Érasme dans une de ses lettres, que
le cardinal était jaloux des talents de Morus, et qu'il
le craignait plus qu'il ne l'aimait. Il en donna bien-

tôt la preuve, car il s'efforça de persuader au roi
d'envoyer Morus en Espagne, en qualité d'ambassadeur. Pour y parvenir, il ne cessait de faire l'éloge
du talent et de la sagesse de son rival, et de l'aptitude qui le rendait propre à amener un arrangement
entre le roi d'Angleterre et l'Empereur. Henri, d'après
les insinuations du cardinal, en parla à Morus, qui,
sachant combien le climat de l'Espagne était nuisible à sa santé, et soupçonnant peut-être Wolsey de
desseins sinistres, conjura Henri de ne pas exposer à
une mort certaine le plus fidèle de ses serviteurs. Le
roi, qui soupçonnait également Wolsey d'être guidé
par la jalousie, lui répondit : « Ce n'est pas notre intention, M. Morus, de vous faire le moindre mal; au
contraire, nous sommes tout disposés à vous être
agréable; nous vous emploierons donc à autre chose. »
Morus pouvait se vanter de n'avoir jamais demandé
au roi la moindre faveur pour lui-même, et ce fut sans
aucune sollicitation de sa part qu'il fut nommé, le 25
décembre 1525, chancelier du duché de Lancastre,
en remplacement de sir Antoine Wenyfrild : c'était
une charge aussi honorable que lucrative, que Morus
occupa pendant près de trois ans.

Quelques faits prouvent évidemment que Wolsey
nourrissait contre Morus des sentiments d'inimitié; nous
en citerons un rapporté par Roper. Le cardinal, ayant

dressé les articles d'un traité de paix entre l'Angleterre et la France, demanda l'avis de Morus à ce sujet,
et le pria instamment de lui dire s'il s'y trouvait quelque chose qui ne convînt pas. Morus, pensant qu'il
parlait sincèrement, lui déclara avec franchise son opinion, et lui indiqua quelques changements à faire.
Mais le cardinal manifesta tout à coup une violente
colère et s'écria : « Par la messe, tu es le plus imbécile du conseil. — Dieu soit loué, répondit Morus
avec sang-froid et en souriant, de ce que le roi notre
maître ne compte en son conseil qu'un seul imbécile. »

C'est peut-être à cet incident que Morus fait allusion dans son ouvrage intitulé *Consolation dans le
malheur (Comfort in tribulation)*. « Certain prélat,
dit-il, demandait inopinément à ses convives comment ils trouvaient son dernier sermon; et comme il
attendait plein d'anxiété les éloges qu'il croyait dus à
son éloquence, celui qui n'en parlait pas aussi favora-
blement qu'il le désirait ne recevait que de médiocres
remerciements. »

Morus eut à plusieurs reprises le courage de s'opposer, dans le conseil, à l'orgueilleux cardinal, comme
il l'avait fait déjà au parlement. C'est sans doute à
une de ces circonstances que se rapporte l'anecdote
suivante racontée par Morus lui-même dans une de
ses lettres. Il s'agit du projet conçu par le cardinal

pour que l'Angleterre fît les frais de la guerre que
l'Empereur avait déclarée à la France. « Bien des gens,
dit-il, pensaient que nous devions garder le silence et
les laisser agir à leur guise. Mᵍʳ le cardinal cita à cette
occasion la fable des sages et des fous. Les premiers,
pour ne pas être mouillés par la pluie qui les devait
rendre tous fous, se cachèrent dans des caves; mais,
lorsque après en être sortis, ils voulurent faire prévaloir
la sagesse de leurs avis, les fous se réunissant tous contre
eux les forcèrent d'obéir à leur volonté. De même,
continua Sa Grâce, si nous étions assez faibles pour
garder le silence pendant que les imbéciles discutent, ils
feraient plus tard cause commune contre nous et nous
dicteraient la loi. Cette fable, ajoute Morus, coûta
beaucoup d'argent au roi et au royaume. »

Cependant, en dépit de ces luttes accidentelles, on
est heureux de pouvoir affirmer qu'il n'existait chez
Morus ni cette amertume, ni cette soif de vengeance
que Mackintosh pense avoir découverte dans la conduite de ces hommes éminents. Les papiers d'État, documents que nous aurons souvent occasion de citer,
nous en fournissent la preuve.

Wolsey au roi Henri VIII.

« Sire, après avoir reçu l'hommage de mes très-
humbles respects, il plaira peut-être à Votre Majesté

d'apprendre que j'ai donné connaissance à sir Thomas, porteur de la présente, de plusieurs documents, pour qu'il les soumette en mon nom à Votre Majesté, et je vous supplie en même temps d'entendre le rapport qu'il doit vous en faire. Comme il est d'usage, Sire, que les orateurs du parlement, en récompense de leur activité et des peines qu'ils se sont données, reçoivent, malgré le peu de durée de la session, outre les 100 livres sterling qui leur sont accordées d'ordinaire, une gratification de 100 livres pour les dépenses de leur maison et les autres charges qu'ils ont à supporter pendant la durée de leurs fonctions, je pense, Sire, que, vu le zèle et l'activité déployés par sir Thomas Morus en faveur de tous les projets présentés par Votre Majesté au parlement, tant dans l'affaire des subsides qui ont été adoptés sans opposition, que dans d'autres circonstances, il mérite mieux que qui que ce soit ladite gratification; c'est pourquoi, aussitôt que vous m'aurez fait connaître votre bon plaisir à ce sujet, je m'empresserai de lui faire avancer cette somme. J'ajouterai que je suis d'autant plus porté à rappeler ses services à Votre Majesté, qu'il n'est jamais disposé à parler ni à solliciter pour sa propre cause. De votre château de Hampton-Court, le 24 août, de la main de votre très-humble chapelain, T. Car^is Ebor. »

A cette époque, Wolsey était parvenu à l'apogée de
la puissance et de la gloire. Il était archevêque d'York,
évêque de Durham, abbé de Saint-Allorn, cardinal-
légat *à latere* (à vie), lord chancelier d'Angleterre,
premier ministre, lord gardien de la cassette particulière du roi, et grand aumônier de la reine. Cependant il aspirait à une dignité plus élevée encore, et
qui l'aurait fait marcher de pair avec les souverains.
Mais cette année-là même fut témoin de son désappointement. Le 19 novembre 1524, son compétiteur,
Jules de Médicis, fut élevé au siége pontifical par le
vote unanime du conclave, sous le titre de Clément VII.

Celui-ci désirant s'assurer l'amitié et l'obéissance du
roi d'Angleterre, envoya bientôt à Londres un ambassadeur porteur d'un cadeau magnifique, dont les
chroniques du temps donnent une description pom-
peuse. C'était une rose bénite, ou plutôt un rosier,
envoyé au roi comme gage de l'affection du pontife, et
qui lui fut remis après une messe solennelle, célébrée
par le cardinal, le jour de la fête de la Nativité de la
sainte Vierge. Voici la description qu'on en fait.
C'était un arbrisseau d'or pur, avec des branches, des
feuilles et des fleurs imitant des roses, planté dans un
pot d'or, contenant, au lieu de terre, de la poudre d'or,
et soutenu par un trépied de forme antique et d'un

travail classique. La rose supérieure était entourée d'un cercle brillant de saphirs. Le goût qu'avait Henri pour la magnificence lui fit agréer ce présent, qui lui devint encore plus cher lorsque le pape lui eut envoyé la confirmation du titre de *défenseur de la foi*. Wolsey reçut une bague d'un grand prix que le pontife avait portée, et qu'il lui envoya en lui exprimant le regret de ne pouvoir la placer lui-même au doigt de Son Éminence.

D'après ces démonstrations extraordinaires de cordialité et d'affection, et l'indignation que semblaient inspirer au cardinal et à son royal maître les progrès des opinions de Luther, qui commençaient à infester les universités et à faire impression sur le peuple, on était sans doute loin de s'attendre à la révolution subite et étrange qui devait bientôt changer les destinées de l'Angleterre.

CHAPITRE V.

Le divorce. Mission de Morus en France. Morus devient controversiste.
La suette. Ambassade aux Pays-Bas.

(1525—1529)

Comme l'histoire de Morus est désormais intimement liée au divorce de Henri VIII, page honteuse
des annales d'Angleterre, il est indispensable de jeter
en passant un coup d'œil sur les progrès de cette
affaire. Nous nous contenterons de quelques citations
empruntées à des documents dignes de foi, et en particulier à ceux que nous a fournis la publication des
papiers d'État[1].

« Chose étrange ! les passions licencieuses de Henri
(nous citons Mackintosh) le ramenèrent à l'étude de
la théologie, et principalement à celle de la question

---

[1] Pour l'histoire complète du divorce, voyez Lingard.

8

touchant le pouvoir qu'a le pape de ne pas se conformer à la loi lévitique ; question qui devait déjà avoir
été un sujet de discussion lors de son mariage avec
la veuve de son frère. Des scrupules auxquels il eût à
peine songé autrefois empruntèrent alors à sa passion
une nouvelle gravité. A force d'examiner la question,
il est probable que sa passion finit par triompher de
toute autre influence. Cette question était en elle-mème
sujette à controverse : des hommes intègres et érudits
différaient d'opinion à cet égard, et elle offrait, pour
ne pas dire plus, ample matière à erreur. Le caractère
du roi était plutôt corrompu que vicieux par nature,
et il est probable que les obstacles opposés à sa passion auraient fini par en triompher, s'il n'était parvenu
à se persuader à lui-même que ses goûts pouvaient,
par le moyen d'un divorce, s'accorder avec le texte de
la loi.

Sa conduite porte l'empreinte de ce mélange de présomption et de formalisme qu'on remarque souvent chez
ceux dont l'immoralité trouve une alliée perfide dans
une conscience abusée. Henri n'ignorait pas que des
difficultés s'étaient autrefois élevées, lors de son mariage avec Catherine ; mais la question avait été résolue
par la décision unanime de son conseil, et près de vingt
ans s'étaient écoulés sans que la légitimité de leur
union eût été révoquée en doute. Tout à coup le roi

conçut l'idée de soumettre ce sujet à un nouvel examen;
la conscience tourmentée par de tardifs scrupules, il
trouva affreux de songer qu'il avait pu vivre dans un
commerce incestueux avec la veuve de son frère. L'éveil
une fois donné à ces craintes délicates, il s'en ouvrit à
Wolsey et à d'autres, qui pouvaient lui donner de salutaires conseils. Les faits suivants pourront expliquer
comment ces scrupules naquirent si soudainement.

Parmi les demoiselles d'honneur de la reine, se trouvait une jeune fille de bonne famille, distinguée par ses
talents et par des attraits qui devaient devenir mortels à l'honneur et à la foi de Henri. On ne connaît
pas au juste la date de son commerce adultère avec
Anne Boleyn, mais voici ce que nous avons pu recueil-
lir de plus exact.

En 1525, lorsqu'elle remplissait les fonctions de
demoiselle d'honneur auprès de la reine Catherine,
elle reçut les offres de mariage de la part de Percy,
fils du comte de Northumberland, qui fut accepté comme fiancé. Mais Wolsey reçut ordre de séparer les deux amants, et Northumberland, après une
réprimande sévère, força son fils d'épouser Marie,
fille du comte de Shrewsbury. Ce fut là sans doute le
premier indice qui révéla à Anne l'impression qu'a-
vaient faite ses charmes sur l'esprit du monarque.
Un présent considérable qu'elle ne tarda pas à rece

voir, et l'élévation de son père au rang de vicomte Rochford, ne lui laissèrent bientôt plus de doutes.

La passion dominante de Wolsey était celle des intrigues politiques, et il comprit sur-le-champ quelles seraient les conséquences d'un divorce. Catherine une fois éloignée, il pourrait amener une alliance entre Henri et la fille du roi de France, ce qui favoriserait son élévation au trône pontifical, grand but de son ambition. Qu'on se figure donc son dépit et son désappointement lorsqu'il apprit le fait étourdissant de la passion de Henri; d'un seul coup d'œil il vit la puissance à laquelle atteindraient les Boleyn et leurs partisans par l'élévation d'Anne. Il se jeta aux genoux du roi, et le supplia instamment de renoncer à un dessein si indigne de sa naissance; mais ayant sans doute réfléchi au caractère impétueux de son maître, il se hâta de faire amende honorable pour son indiscrétion. Non-seulement il devint le partisan d'une mesure qu'il ne pouvait empêcher, mais il travailla avec une activité et un zèle redoublés à expier le crime d'avoir osé contredire le bon plaisir de son souverain. Sachant que Morus s'était appliqué à l'étude de la théologie, il devait naturellement conjecturer que le roi serait curieux de savoir son opinion sur son *affaire secrète*, comme on l'appelait. Les premières ouvertures faites à Morus à ce sujet sont rappelées dans une de ses lettres à Cromwell.

Nous en citerons une partie. « A l'époque de mon séjour d'outre-mer (lors de l'ambassade des Pays-Bas), je me rendis, suivant mon devoir, auprès de Sa Grâce le roi, qui était alors à Hampton-Court; comme il se promenait avec moi dans la galerie, il s'ouvrit tout à coup à moi sur sa grande affaire, et m'apprit que l'on s'apercevait alors que son mariage était non-seulement contraire aux lois positives de l'Église et à la loi écrite de Dieu, mais encore tellement en opposition aux lois de la nature, que l'Église ne pouvait en aucune manière accorder des dispenses dans un cas pareil. Il est vrai qu'avant mon voyage d'outre-mer j'avais entendu certaines allégations contre la bulle de dispense : on citait le texte de la loi lévitique pour prouver que la prohibition était *de jure divino*, mais cependant je pensais alors qu'on espérait s'appuyer principalement sur certaines erreurs contenues dans la bulle, et par suite desquelles cette bulle ne pouvait suffire selon la loi. Je vous répète ceci, afin que vous sachiez que la première fois que j'entendis agiter cette question, c'était, comme j'ai commencé par vous le dire, lorsque Sa Grâce le roi plaça la Bible ouverte devant moi et lut les paroles sur lesquelles s'appuyait Son Altesse, ainsi que plusieurs autres personnes érudites. Le roi me demanda ce que j'en pensais moi-même; alors, n'ayant pas la présomption de croire que l'opinion de mon pauvre esprit sur un sujet d'une si haute importance pût avoir quelque influence sur Son Altesse, j'exprimai cependant, comme je le devais d'après ses ordres, ce que je pensais de ces paroles de la Bible. Sur quoi Son Altesse, acceptant avec bonté ma réponse spontanée, m'ordonna de m'entendre avec l'évêque Fox, alors aumônier de Sa Grâce, et de lire avec lui un livre qu'on était en train de composer sur ce sujet. Je lus donc ce livre, et j'en dis mon avis au roi. En prince prudent, il assembla à Hampton-Court bon nombre d'hommes très-savants, qui convinrent d'une certaine forme dans laquelle le livre devait être fait; puis il fut lu au palais d'York en présence de plusieurs évêques et d'un grand nombre d'hommes érudits. »

Vers la fin de cette année mourut Richard Weny-field, chancelier du duché de Lancastre. Cette place importante dépendait de la couronne, et le roi, sans en être sollicité, la donna à Thomas Morus.

1527. Pendant l'été de cette année, Wolsey partit pour sa magnifique ambassade en France, et Morus et d'autres officiers d'État lui furent adjoints.

L'objet ostensible de cette mission était de conclure un traité pour délivrer de sa captivité le pape Clément VII, et pour le remettre en possession des biens de l'Église; mais le but secret était de préparer les voies au divorce. Morus, quoique choisi pour accompagner le cardinal, ne fut pas mis, heureusement pour lui, dans la confidence de ce secret d'État, et revint avec Wolsey en Angleterre, vers la fin de septembre. Il est à regretter qu'il ne nous ait laissé aucune relation de ce voyage. Ses impressions à la vue du nouveau pays qu'on lui fit connaire auraient été sans doute aussi instructives qu'intéressantes. Quelques vers latins, adressés à Wolsey, sont le seul souvenir qui nous reste de son séjour en France. Engagé dans une conversation avec le cardinal, il n'avait pas remarqué l'entrée d'une dame française de haut rang, et exprime l'embarras où le met l'impossibilité de s'excuser en français auprès de la noble dame.

> Ut miserum est non posse loqui! nam cuncta fatetur
>   Qui sermonis inops nulla negare potest:
> Nunc mihi sermonis quia non est copia galli,
>   Quæ sola est Dominæ patria lingua meæ,
> Omnibus absolvar, non excusabimur uni,
>   Judice quà, causa statque caditque mea [1].

A son retour, Morus consacra ses loisirs à la controverse. L'évêque Tunstalt lui permit de lire des livres hérétiques et l'exhorta à imiter le grand exemple

[1] « Qu'il est malheureux de ne pouvoir s'exprimer! Celui qui ne peut répondre semble tout avouer. Il en est ainsi de moi, parce que je ne sais pas parler le français, langue maternelle de Madame. Je suis absous par tous, excepté par un seul, et c'est précisément ce juge qui doit décider de ma cause. »

qui lui avait été donné par son royal maître. Il y fut
aussi encouragé par la conduite de son ami Érasme,
qui, après avoir résisté à bien des sollicitations, était
enfin rentré dans la lice contre Luther, et venait de
faire paraître sa dissertation *De libero arbitrio* (du
libre arbître). Cet ouvrage était écrit avec simplicité
et modération, et cependant la réponse du coryphée de
la réforme, intitulée par opposition : *De servo arbitrio*,
futriche en railleries et en invectives. Irrité, Érasme
répliqua par un traité plein de vigueur et d'esprit,
sous le titre *Hyperaspistos* (le guerrier couvert de son
bouclier).

Dans un écrit qui parut quelques années plus tard,
Morus donne les raisons qui l'ont engagé à entrer
dans l'arène de la controverse. « Quelques-uns ont demandé pourquoi, étant laïque et n'ayant pas professé
l'étude des saintes Écritures, je me mêle de ces matières,
au lieu de les laisser au clergé. D'abord, en ce qui
touche la science, si ces matières étaient peu claires, si
elles prêtaient beaucoup au doute et à la discussion,
soit par leur nature, soit par l'habileté de Tindall et de
ses partisans, il est probable qu'alors je les laisserais
débattre par des ecclésiastiques et par des hommes
d'érudition. Mais, au contraire, ces matières sont si
claires, et la vérité en ressort si évidente, elles sont
mises tellement hors de discussion par toute l'Église

de Jésus-Christ, que je ne paraîtrais ni sensé ni chrétien, si j'accordais à un hérétique assez d'autorité pour me juger incapable de lui répondre sur des points où ma conviction est inébranlable. Et d'ailleurs, n'ai-je pas été moi-même quelque peu à l'école? n'ai-je pas consacré autant d'années qu'eux à l'étude et sous des maîtres aussi habiles que les leurs? Bien plus, je ne vois pas que ces sujets aient été si bien traités par Tindall et les plus forts de ses partisans, que non-seulement un homme instruit, mais une femme ignorante ne puisse, avec de l'esprit naturel, être parfaitement capable de leur répondre. Car, Dieu merci, je ne trouve en eux qu'impudence honteuse et sarcasme insensé; ils tournent les Évangiles sens dessus dessous, et les arrangent de manière à en faire un sujet de plaisanterie, de mépris et d'outrages, non-seulement contre tous les états de la terre, mais encore contre les élus du ciel, les mystères de Dieu et surtout ceux du saint sacrement de l'autel.

« Ainsi ces insensés semblent ne s'attacher qu'à nous fatiguer par leurs bavardages importuns et à nous accabler sous le poids de leurs paroles. Mais si j'écris, ce n'est pas tant pour débattre et disputer avec eux, que pour avertir les amis de la foi de la perversité de leurs livres. De plus, voyant l'intention du roi à ce sujet, sachant avec quelle efficacité il a combattu lui-même pour la foi catholique dont il a mérité le titre honorable de défenseur, j'ai jugé qu'étant son indigne chancelier, je devais suivre l'exemple de sa noble Grâce, et, autant que me le permettent mon humble esprit et ma faible instruction, combattre à mon tour les mauvaises doctrines publiées dans ces livres pernicieux. En effet, j'y suis obligé en vertu de ma charge et de mon serment, et non-seulement par la raison, mais encore par les ordonnances et les statuts mêmes. Les auteurs de ces livres ont l'esprit si pervers, qu'ils se vantent et se glorifient quand leurs misérables écrits sont cause de la mort d'un homme. Non-seulement ces hommes affirment qu'il est contraire à l'Évangile du Christ qu'aucun hérétique soit persécuté et puni, et surtout par des peines corporelles; mais quelques-uns voudraient aussi sauvegarder ici-bas le vol, le meurtre, la trahison et toute espèce de crimes, et cependant à l'heure qu'il est, contrairement à leurs propres doctrines évangéliques, ces mêmes apôtres ne cessent de poursuivre en Allemagne et de punir par tous les moyens possibles, par la confiscation, par l'amende, par la prison, par la mort, ceux de leurs pères qui ne pensent pas exactement comme eux, et leurs différentes sectes sont si nombreuses, qu'on ne pourrait les nommer toutes. Ils agissent ainsi forcément contre leurs doctrines, parce qu'ils ont su par expérience qu'une secte ne peut habiter longtemps avec l'autre sans en venir à des querelles et sans chercher sa ruine. Voyez, par exemple, les anciens donatistes d'Afrique, les ariens de la Grèce, les hussites en Bohême, les wiclefites en Angleterre, et maintenant les luthériens en Allemagne, et enfin les zwingliens; ont-ils fait autre chose que tuer et détruire? L'histoire des temps passés et celle de nos jours nous donnent le même enseignement, et maintenant je me propose de prouver que ces méchants hérétiques se montrent parmi nous sous le faux visage de la véritable foi chrétienne; et, avec l'aide de Dieu, je leur arracherai ce masque peint de riantes couleurs, et leurs difformités paraîtront à nu. Mais comme Dieu est mon soutien, je ne trouve pas le travail d'écrire aussi désagréable et aussi pénible que l'ennuyeuse lecture de leurs livres blasphématoires. Et plût au Ciel que tous mes travaux fussent finis, afin que le souvenir même de leurs erreurs pestilentielles fût effacé du cœur de tous les Anglais, que leurs livres abominables fussent brûlés, que les miens disparussent avec eux, et que le nom, enfin, de ces sujets de disputes déplorables fût enseveli à jamais dans l'oubli... Mais un si grand nombre de ces livres pernicieux paraît tous les jours, et les hommes sont si curieux de ces nouvelles marchandises, que les amis de la vérité doivent mettre la main à l'œuvre.

Les propagateurs de l'erreur sont toujours plus actifs que les défenseurs de la vérité, et tandis que les disciples du Christ sont endormis, les méchants sèment l'ivraie sans relâche, etc., etc. »

Bientôt après parut son dialogue touchant les hérésies et les affaires de religion, principalement dirigé contre les erreurs de Tindall, homme qu'il représente comme tellement gonflé d'orgueil, de malice et d'envie, que c'est plus qu'un miracle que sa peau ne crève pas; et cependant, avant de trahir la foi, il semblait avoir l'âme plus douce et plus simple. Cette composition est longue et étudiée; elle porte l'empreinte de la logique passionnée et des personnalités amères qui caractérisaient l'époque. Elle est égayée cependant par de nombreux traits d'esprit et par des anecdotes de circonstances. Nous en citerons quelques passages.

FINDAL. — Quel bien me fait la croyance au purgatoire?

MORUS. — En bonne foi, pas le moindre bien, tant que vous n'y croyez pas plus que vous ne le faites; mais assurément, si vous y croyiez fermement, vous pourriez être délivré du purgatoire, et, bien plus, éloigné de l'enfer. Vous autres, hommes de la nouvelle science, comme vous l'appelez, vous vous vantez d'avoir détruit l'hypocrisie. Cela peut être; mais je suis convaincu que vous avez mis l'impudence à sa place.

Thomas Morus fait ensuite allusion aux calomnies répandues habituellement contre les catholiques. « Un pèlerin et son compagnon étaient venus de Londres à York, et comme les voyageurs sont témoins de choses étranges, le plus âgé déclara qu'il avait vu un oiseau qui couvrait avec ses ailes tout le cimetière de Saint-Paul. Le lendemain, l'histoire avait un peu changé de forme; il n'avait pas vu l'oiseau; mais il en avait beaucoup entendu parler. Lorsque l'on questionna son compagnon, il répondit qu'il ne pouvait pas garantir la vérité de l'histoire, et que même la chose lui paraissait peu vraisemblable. Quant à lui, il n'avait vu que l'œuf pondu par cet oiseau, aussi pesant que c'était à peine si dix hommes, avec des leviers, pouvaient réussir à le remuer.... Mon adversaire, dit-il ailleurs, voudrait bien parler tout seul, et cependant il me blâme de ne me pas étendre assez sur certains points. Ce qui se passe entre lui et moi me rappelle ce qui se passa entre une religieuse et son frère. Cette dame, d'une grande vertu, appartenait depuis longtemps à un Ordre très-sévère, et avait rarement vu son frère, homme vertueux aussi qui avait été, dans une université fort éloignée, prendre ses degrés de docteur en théologie. A son retour, il alla voir sa sœur, dont il estimait beaucoup le caractère. Elle vient à la grille, celle du parloir, je crois, et après avoir échangé le mot d'ordre sacré, comme il est d'usage en ces lieux, ils se prirent l'un l'autre par le bout du doigt, car il leur était impossible de passer la main entière. Puis la dame commença à adresser à son frère un long sermon sur les misères de ce monde, sur la faiblesse de la chair et les ruses subtiles de l'esprit malin; elle lui donna certainement d'excellents conseils, mais trop longuement, sans doute, sur la manière dont il devait vivre et maîtriser son corps pour sauver son âme. Enfin elle termina en lui disant: « En vérité, frère, je m'étonne un peu que vous, qui avez étudié si longtemps, qui êtes docteur, et si profondément versé dans la loi de Dieu, vous ne me fassiez pas, dans votre charité, quelque exhortation utile, à moi qui suis votre sœur, et une pauvre âme ignorante, pendant une entrevue qui se présente si rarement; car je ne doute pas que vous ne puissiez me dire beaucoup de bonnes choses. — En vérité, ma bonne sœur, lui répondit son frère, c'est vous qui en êtes cause; car votre langue n'a jamais cessé d'aller depuis le commencement de notre entrevue, et elle a dit assez pour nous deux! »

« Une de vos parentes, dit un des interlocuteurs dans son *Dialogue sur les Tribulations* (je ne la nommerai pas), avait un mari qui trouvait beaucoup de plaisir dans la société d'un honnête voisin, et lui faisait de fréquentes visites, de sorte qu'il était souvent

absent de chez lui à l'heure des repas. Un jour que sa
femme dînait avec lui chez ce voisin, elle querella
gaiement celui-ci pour la bonne chère qu'il faisait
faire à son époux, qu'elle ne pouvait plus retenir à la
maison. « Par ma foi, Madame, répliqua l'autre, dont
l'humeur était fort joviale, il n'y a qu'une chose qui
lui plaise dans ma société, servez-la-lui également, et
il ne vous quittera jamais.—Quelle belle chose cela peut-
il être? dit notre cousine.—Ma foi, Madame, votre mari
aime beaucoup à parler, et lorsqu'il est assis à côté de
moi, je lui laisse toutes les paroles.—Toutes les paroles!
Est-ce là tout? Je veux bien qu'il ait toutes les paroles.
Il les a toujours toutes à la maison, mais alors je les
dis toutes moi-même. »

1528. Cette année, le pays fut attaqué pour la seconde fois par la maladie connue sous le nom de la
suette, qui, parue d'abord sous le règne précédent,
en 1485, avait exercé de grands ravages; mais l'expérience avait appris à en combattre les progrès. A la
cour, la maladie se déclara d'abord parmi les femmes
d'Anne Boleyn. Par ordre du roi, la favorite fut immédiatement transportée dans le château de son père,
dans le duché de Kent; mais elle emporta les germes
du mal avec elle et faillit y succomber. Plusieurs personnes moururent dans le palais du cardinal, qui,
effrayé, quitta sa famille et resta caché pour tout le

monde, excepté pour le roi. Henri lui-même, voyant la contagion gagner les gentilshommes de sa chambre, changea fréquemment de résidence, se déroba à toute communication avec des étrangers, et, oubliant son *affaire secrète*, se joignit à la reine dans ses exercices de religion, se confessant tous les jours et communiant tous les dimanches et fêtes.

La maladie régnante exerça ses ravages dans la famille de Thomas Morus, et une vie qui lui était bien chère, celle de Marguerite Roper, fut menacée pendant quelque temps. Les soins des médecins les plus expérimentés de l'époque avaient été infructueux ; elle était tombée dans un état de léthargie dont aucun effort ne pouvait la tirer. Dans cette extrémité, son père, comme celui qui l'aimait le plus, chercha dans l'aide de Dieu un remède à ce mal qu'on désespérait de guérir. Il se rendit donc à sa chapelle particulière, et là, à genoux, et versant d'abondantes larmes, il supplia le Dieu tout-puissant, si telle était sa sainte volonté, d'exaucer son humble prière en faveur de l'enfant qu'il aimait si tendrement.

Dieu écouta le pieux et tendre père, et quand Morus retourna à la chambre de sa fille, il la trouva tout à fait réveillée de sa léthargie, et à dater de ce jour elle commença à se rétablir. On entendit dire plus tard à sir Thomas que « si c'eût été la volonté de Dieu de la retirer à lui dans sa miséricorde, il avait pris la résolution de ne jamais se mêler à l'avenir d'aucune affaire mondaine. » Tels étaient, continue Crésaire, à qui nous empruntons ce récit, son amour paternel et sa vive affection pour ce diamant de sa famille qui réfléchissait plus que tous les autres les vertus de son père.

« Quoique, poursuit-il avec un orgueil pardonnable à un membre d'une telle famille, le moins parfait de tous les autres eût pu rivaliser avec qui que ce fût du même âge, soit par son instruction, soit par ses excellentes qualités et sa piété sans affectation; car ils avaient été élevés dès leur enfance avec les soins les plus assidus, et rien ne leur avait manqué, ni l'exemple des vertus les plus grandes, ni les leçons des professeurs les plus savants et les plus zélés. »

Cependant l'absence d'Anne Boleyn, l'impression religieuse produite sur l'esprit d'Henri par l'apparition de la maladie, et la bonne harmonie qui en était résultée entre lui et sa femme, faisaient espérer à tous les hommes vertueux qu'il avait changé d'idées et renoncé à son projet de divorce. Mais vers la fin de l'été la maladie diminua de violence, et des dépêches de Gardiner furent reçues de Rome, annonçant le départ du cardinal Compeggio avec la bulle *décrétale*. Les espérances d'Henri commencèrent à renaître; les anciennes relations, qui n'avaient été interrompues que

9

momentanément, furent rétablies, et Anne revint à la cour. Elle n'ignorait pas les dangers de l'absence et le risque qu'elle courait de perdre du terrain dans la faveur de son amant. Elle redoubla donc d'artifices pour accroître l'empire qu'elle exerçait sur lui, et sachant que l'influence de Wolsey était la base la plus solide sur laquelle elle pût fonder ses espérances, elle n'épargna rien pour le disposer en sa faveur. Ses lettres au cardinal, dans cette circonstance, sont parvenues jusqu'à nous et peuvent être considérées comme des modèles parfaits de cajoleries.

Dans la première elle dit : « De la manière la plus humble que puisse penser mon pauvre cœur, je remercie votre Grâce de son aimable lettre et de son riche et beau présent, dont je me reconnais indigne si vous ne venez à mon secours. Mais ce généreux appui, je l'ai obtenu jusqu'à présent, et, plus que toute autre créature, je dois aimer et servir votre Grâce tous les jours de ma vie. Je vous supplie de ne jamais douter que je puisse m'écarter de cette pensée tant qu'un souffle m'animera. Quant aux craintes de votre Grâce au sujet de la maladie de la suette, je remercie le Seigneur de ce que ceux pour lesquels je priais, c'est-à-dire le roi et vous, y ont échappé heureusement.

« Je désire beaucoup l'arrivée du légat, et, si c'est le bon plaisir de Dieu, je le supplie d'amener prompte-

ment cette affaire à bonne fin , et alors j'espère, Monseigneur, vous récompenser en partie des grandes
peines que vous vous êtes données pour moi. En attendant, je vous prie d'accepter ma bonne volonté, à
défaut de mon pouvoir; c'est de vous que je l'attends,
ce pouvoir. J'en atteste Dieu, et le prie de vous conserver longtemps la vie et les honneurs. »

Dans une deuxième lettre elle dit : « Je sais toutes
les peines et tous les soins que vous avez pris pour
moi, je ne pourrai jamais les récompenser autrement
que par l'amitié que j'ai pour vous, plus que pour
qui que ce soit au monde, après Sa Grâce le roi. » Et
ailleurs : « Je vous assure que, lorsque cette affaire aura
réussi, vous me trouverez reconnaissante; je dois, en
attendant, rester votre obligée. Voyez ce que je puis
pour vous, et vous me trouverez alors la femme la plus
disposée du monde à vous servir, et, sauf le bon plaisir du roi, je puis vous promettre de tout mon cœur
une chose que vous aurez en entier : c'est mon amitié
sincère et sans arrière-pensée pendant toute ma vie. »
Nous verrons plus tard avec quelle religieuse exactitude elle tint toutes ces chaleureuses promesses.

1529. Morus fut envoyé de nouveau dans les Pays-
Bas, chargé d'une mission de la même nature que celle
de l'année précédente. Il paraît s'être acquitté des
fonctions importantes qui lui furent confiées, de ma-

nière à satisfaire le roi. Selon Roper : « Sir Thomas se comporta dignement, procurant dans cette ligue bien plus d'avantages au royaume que le roi et son conseil ne croyaient à cette époque pouvoir en obtenir. En considération de ces services, lorsque Morus fut fait chancelier, le duc de Norfolk reçut l'ordre de déclarer publiquement combien l'Angleterre lui était redevable. On raconte que durant le séjour de sir Thomas à Bruges, un individu présomptueux avait fait répandre le bruit qu'il répondrait à toute question qui lui serait proposée sur quelle science que ce fût. Morus proposa celle-ci : *Utrum averia capta in Withermaniâ sint irre-plegiabilia*, ajoutant qu'il y avait une personne de la suite de l'envoyé d'Angleterre qui pourrait soutenir cette thèse contre lui. Ces termes techniques de droit embarrassèrent tellement le vantard, qu'il fut forcé de s'évader au milieu des huées de l'auditoire. A son retour de Bruges, sans s'arrêter à Chelsea pour voir sa famille, il se rendit directement auprès du roi, qui tenait alors sa cour à Woodstock. C'est là qu'il apprit qu'une partie de sa maison et toutes ses granges pleines de blé étaient devenues la proie des flammes, par la négligence d'un de ses voisins qui transportait le blé, et que plusieurs des granges de ce voisin avaient été également réduites en cendres. Il écrivit alors la lettre suivante, qui caractérise si bien sa bonté naturelle.

« Madame Alice, je me recommande à vous du plus profond de mon cœur. J'ai appris de mon fils Heron la perte de nos granges et de celles de notre voisin, avec tout le blé qu'elles contenaient. Quoique (sauf le bon plaisir de Dieu) ce soit grande pitié que tant de blé perdu, cependant, comme il lui a plu de nous envoyer un tel accident, nous devons être non-seulement contents, mais ravis de cette chance. C'est lui qui nous avait donné tout ce que nous avons perdu, et puisqu'il l'a repris, bénissons sa volonté. Ne regrettons jamais cette perte, mais acceptons-la avec courage, et remercions-le sincèrement, aussi bien dans l'adversité que dans le bonheur. Et peut-être avons-nous plus de raisons de le remercier de nos pertes que de nos gains, car sa sagesse voit mieux que nous-mêmes ce qui peut nous convenir. C'est pourquoi je vous prie d'avoir bon courage et de mener avec vous toute la maison à l'église, pour y remercier Dieu de ce qu'il nous avait donné, de ce qu'il nous a repris et de ce qu'il nous a laissé. Il peut l'augmenter quand il voudra; et s'il lui plait de nous en laisser encore moins, que sa sainte volonté soit faite. Recherchez activement ce que mes pauvres voisins ont perdu et dites-leur de n'en avoir aucun souci; car, quand même il ne me resterait pas une cuiller, aucun d'eux ne souffrira d'un malheur arrivé par hasard dans ma maison. Consultez-vous

avec vos amis sur le meilleur moyen de faire provision
de blé pour notre maison et de semences pour l'année
prochaine, si nous pensons qu'il soit encore convenable de garder encore la terre. Quelle que soit votre
décision, je pense néanmoins qu'il ne serait pas pour
le mieux d'y renoncer ainsi tout à coup, et de renvoyer
les gens de notre ferme avant d'avoir reçu quelques
avis à ce sujet.

« Cependant, si nous en avons maintenant plus qu'il
ne nous en faut, et qu'ils puissent trouver d'autres
maîtres, vous pouvez leur donner congé ; mais je ne
voudrais pas qu'aucun d'eux fût renvoyé tout d'un
coup, sans savoir où aller. A mon arrivée ici, je croyais
n'avoir autre chose à faire que de rester près de Sa
Majesté ; mais maintenant, à cause de cet accident,
je pense que j'obtiendrai la permission d'aller vous
voir à Chelsea ; nous nous consulterons alors sur toutes
choses, et nous verrons ce qu'il est le plus convenable
de faire. Je vous souhaite à vous et à tous nos enfants
la meilleure santé possible. A Woodstock, le 3e jour
de septembre, de la main de Thomas Morus. »

CHAPITRE VI.

Progrès du divorce. Disgrâce de Wolsey. Morus est nommé chancelier.
Élévation de Cromwell. Morus donne sa démission de chancelier. Lord
Andley le remplace.

Suite de l'affaire du divorce. Arrivée du cardinal Compeggio, légat du Pape. Son
entrevue et celle de Wolsey avec Catherine. Anne revient à la Cour et insiste
sur l'éloignement de Catherine. Elle réussit à l'obtenir et règne absolument à la
Cour. Ouverture de la commission du légat. Le roi et la reine sont sommés de
comparaître devant la Cour. Appel de Catherine. Dispute pendant une des séances.
Réserve prudente de Morus. Départ de Compeggio. Insulte faite à Wolsey. Sa
disgrâce. Morus est élevé à la dignité de chancelier. Honneurs qui lui sont rendus
et son discours à cette occasion. Réformes faites par lui dans la cour de la Chancellerie. Sa manière d'expédier les affaires. Anecdotes touchant sa charge de
chancelier. Son respect pour son vieux père. Il est consulté par le roi relativement à ses scrupules. Il élude la question. Les deux Universités d'Angleterre se
déclarent en faveur du divorce. Les Universités étrangères sont à ce sujet divisées
d'opinion. Élévation de Cromwell. Il suggère au roi l'idée de se faire le chef de
l'Église. Bill établissant sa suprématie. Morus annonce à la chambre des Communes la décision des Universités. Mort du père de Morus, et affection filiale de
celui-ci. Morus sent que les devoirs de sa charge sont en opposition avec sa conscience et se décide à donner sa démission. Le roi refuse pendant quelque temps
d'accepter la remise des sceaux, mais cède enfin aux instances de Morus. Lord
Andley lui succède.

(1529—1552)

Nous sommes arrivés à une des parties les plus intéressantes de l'histoire de Morus.

Un nouveau et plus grand théâtre est ouvert à ses talents et au triomphe de ses principes.

Le 25 octobre 1529, le roi lui remit le grand sceau à Greenwich et lui confia la charge de lord chancelier, dignité la plus haute qui puisse être conférée à un sujet. Les événements qui se passaient à la cour nous expliqueront comment il parvint à cette position élevée.

Vers la fin du mois d'août, nous avons vu Anne Boleyn de retour auprès du roi, à Greenwich; au commencement d'octobre de l'année suivante, le cardinal Compeggio, légat de Rome, arriva en Angleterre. L'historien de la cour raconte ainsi la réception qui lui fut faite : « Vers les trois heures de relevée, le 29 juillet, le légat fit son entrée dans la ville, et tout le clergé de Londres alla à sa rencontre jusqu'à Southwark, avec des croix, des encensoirs et des chapes, et l'encensait avec beaucoup de respect. Le maire et les aldermen, ainsi que toutes les corporations de la cité, en habits de cérémonie, garnissaient les rues pour lui faire honneur, et sir Thomas Morus lui fit une courte harangue au nom de la Cité. Avant l'arrivée du légat, le roi avait, par décence, éloigné de la cour Anne Boleyn. Catherine, autant que possible, avait jusqu'ici fermé les yeux sur la conduite du roi, ou du moins elle cachait avec soin ses sentiments; car nous la voyons vivre avec Henri dans les mêmes

termes que si aucune contestation ne s'était élevée
entre eux. Pour nous servir des paroles de l'évêque de
Bayonne : « A les voir ensemble, on aurait pu croire
que rien n'était arrivé, et même à cette heure (15 octobre 1528) ils n'ont qu'un lit et qu'une table. » Le
peuple est pour la reine, et déclare que, quelque personne que le roi épouse, l'époux de la princesse Marie
sera l'héritier du trône. »

Après l'introduction d'usage, Compeggio fit une
visite à la reine, d'abord seul, puis en compagnie de
Wolsey et de quatre autres prélats. Cavendish a décrit
cette scène avec sa fidélité ordinaire. « Lorsque Catherine fut informée qu'ils l'attendaient dans la salle de
réception, elle quitta son occupation favorite, le travail à l'aiguille, et se rendant en toute hâte auprès
d'eux, elle s'écria : « Mon Dieu, milords, que je suis
fâchée de vous avoir fait attendre! Que souhaitez-vous
de moi?—S'il plaît à Votre Grâce, dit Wolsey, d'entrer
dans votre appartement particulier, nous vous dirons
pourquoi nous venons.— Milord, répondit la reine, si
vous avez quelque chose à dire, parlez ouvertement
devant tous ces gens, car je ne crains rien de ce que
vous pouvez alléguer contre moi ; car je voudrais, au
contraire, que le monde entier pût le voir et l'entendre.
C'est pourquoi je vous prie de découvrir franchement
votre pensée. » Le cardinal lui adressa la parole en latin.

« Non, mon bon seigneur, interrompit Catherine, parlez en anglais, je vous prie, bien que je comprenne
un peu le latin. » Wolsey commença alors à expliquer
le motif de sa visite. « Milords, dit la reine, je vous
remercie de votre bonne volonté, mais je ne puis si
promptement répondre à votre demande. J'étais as-
sise à l'ouvrage, au milieu de mes demoiselles, ne
m'attendant pas du tout à une pareille affaire; il faut
une mûre délibération et une tête meilleure que la
mienne pour faire une réponse à des hommes aussi
nobles et aussi sages que vous. J'ai besoin de bons
conseils dans une affaire qui me touche de si près;
mais quant à l'amitié ou aux conseils que je puis trouver en Angleterre, je n'en tirerai pas grand avantage.
Par conséquent, milords, ceux en qui je me propose
de mettre ma confiance ne sont pas ici, ils sont en Espagne, dans ma patrie. Hélas! milords, continua cette
reine délaissée, je suis une pauvre femme, manquant
de l'esprit et du jugement nécessaires pour répondre
dans une affaire de cette importance à des hommes
d'une sagesse aussi reconnue; c'est pourquoi je vous
prie d'être bons et impartiaux pour moi, car mes amis
sont loin de moi, et je serai contente d'entendre aussi
votre avis. » Là-dessus, dit Cavendish, qui dans cette
entrevue accompagnait Wolsey, elle prit Monseigneur
par la main et le conduisit avec l'autre cardinal dans

son appartement particulier, où ils eurent une longue
conférence. Nous, dans l'autre chambre, nous pou-
vions quelquefois entendre la reine parler très-haut,
mais il était impossible de comprendre ce qu'elle disait. ». Les cardinaux se rendirent de là auprès du roi,
et l'informèrent du résultat de leur mission, qui paraît
n'avoir eu que peu de succès.

Les apparences ayant été sauvées par la retraite tem-
poraire d'Anne, Henri, peu après Noël, la rappela à
la cour. L'évêque de Bayonne avait prédit, dans une
de ses lettres, que la passion du roi se dissiperait pendant son absence. Dans une lettre adressée plus tard
au ministre français, il dit : « Je reconnais que j'étais
un mauvais devin ; et maintenant, pour vous dire franchement ma façon de penser, *le roi est engagé si avant,*
qu'il n'y a qu'un miracle qui puisse le sauver. « Mais
Anne connaissait dès lors son pouvoir, et elle se décida
à en faire usage. Elle feignit d'être blessée de la manière dont on l'avait traitée ; la lettre et l'invitation du
roi furent reçues avec mépris, et la seule condition à
laquelle elle consentit à revenir fut que sa rivale,
comme elle appelait modestement Catherine, serait
éloignée de la cour, où elle était décidée à se mettre
au premier rang. Les prévisions de l'évêque de Bayonne
se trouvèrent justifiées, et l'arrogante Anne eut gain
de cause. « Enfin, dit l'évêque, Mlle de *Boulun* était

revenue, et le roi avait fait meubler magnifiquement
pour elle de riches appartements contigus aux siens,
où il se tint tous les jours un lever plus nombreux
qu'aucun de ceux tenus par la reine depuis longtemps.
Le roi célébra les fêtes de Noël à Greenwich avec
beaucoup de solennité; mais tout le monde, ajoute
Hall, disait qu'il n'y avait pas de gaieté à ces fêtes,
parce que la reine était absente. Voici qui prouve bien
la solennité dérisoire qui présida à cette affaire : Un
des ambassadeurs anglais reçut l'ordre de déclarer officiellement que « jamais prince n'avait été plus content et plus satisfait de sa femme que le roi ne l'avait
été de Catherine; que nul n'avait plus aimé, chéri
et honoré une femme que le roi son maître ne
l'avait chérie, aimée, honorée, et qu'il la voudrait
encore de tout son cœur et de toute son âme garder
pour épouse, si la sainte loi de Dieu le permettait. »
(*Halle.*, page 182). Il est rare de voir réunies tant
d'hypocrisie et tant d'audace.

Vers cette époque, Catherine adressa au pape une
lettre pathétique, dans laquelle elle l'informait de son
exil de la cour, et elle implorait sa protection. Clément répondit par une épître à Henri, où, pour la
dernière fois, il essaya d'éveiller dans son âme un
sentiment de décence, sinon de justice et de religion ;
il dépeignit en termes énergiques l'horreur que sa

conduite inspirait dans toute la chrétienté. « Il avait
été informé, disait-il, qu'il avait changé dernièrement
de conduite à l'égard de la reine d'Angleterre : autrefois il vivait avec elle dans son palais et la traitait
pendant leurs contestations avec le respect dù à une
épouse et à une reine; mais maintenant le bruit courait qu'il l'avait éloignée de sa personne et de sa cour,
et qu'il l'avait même bannie de la ville, prenant à sa
place une certaine dame du nom d'Anne, avec laquelle
il vivait, et à laquelle il avait transporté l'amour et
l'affection dus à la reine seule. » Clément déclarait
qu'il ne pouvait croire à cette manière d'agir. « Car,
disait-il, que peut-il y avoir de plus contraire à la
nature, ou de moins compatible avec la loyauté, que
d'implorer d'un côté, par vos lettres et vos ambassadeurs, notre assistance pour décider dans votre cause,
et, de l'autre, de la préjuger et de la décider vous-
même par vos actes? Hélas! que nous devions peu nous
attendre à trouver ce mépris pour l'autorité de l'Église
dans celui qui a défendu avec tant d'habileté notre
très-sainte foi par la force de ses arguments et la
puissance de son épée! C'était une chose misérable,
continuait-il, que cette seule action, si les rapports
qui lui étaient parvenus étaient vrais, répandît une
éternelle souillure sur la gloire de la vie passée de
Henri; et c'était pour cette raison que, ne pouvant

laisser passer sous silence une affaire si grave, il avait voulu lui adresser les remontrances d'un père affectueux, avant d'être forcé d'agir contre lui avec la sévérité et l'impartialité d'un juge. » En terminant, le pontife l'exhortait à songer au respect qu'il devait au Saint-Siége, à penser à son propre salut, et par conséquent à changer de manière de vivre, à rappeler la reine outragée et à congédier sa rivale. Mais Henri était trop aveuglé par sa passion pour écouter les conseils de cette lettre paternelle. Au contraire, en éveillant la fureur de la femme dont la conduite y était hautement blâmée, cette lettre ne servit qu'à précipiter les mesures qui séparèrent enfin l'Angleterre de la communion du Saint-Siége. — Il est visible, d'après les lettres du roi à Anne, que, bien que la conduite de celle-ci eût été en plusieurs circonstances très-équivoque, elle avait jusqu'à présent conservé la réputation d'une honnête femme. L'expression du vieux Tuller est qu'elle était rusée dans sa chasteté. Mais dans une lettre de l'évêque de Bayonne, du 15 juin suivant, nous lisons : « Je pense que depuis quelque temps le roi et Mlle Anne ont vécu plus intimement qu'à l'ordinaire ; il faut que les ministres expédient ici promptement les choses, ou bien certaines marques de cette intimité qu'il sera impossible de cacher gâteront tout. »

Il est curieux de voir comment l'historien de la cour raconte cette histoire : « L'empereur, dit Hall, regretta bientôt que la reine fût divorcée ; et sûrement la plupart des laïques d'Angleterre, qui ne connaissaient pas la loi de Dieu, murmurèrent hautement de tout cela, d'autant plus qu'il y avait à la cour une dame appelée Anne Boleyn, que le roi favorisait beaucoup, *en toute honnêteté,* et certes, pas autrement, comme tout le monde en eut la preuve plus tard. Pour cette raison, les demoiselles de la reine, les dames et les domestiques parlaient beaucoup et disaient qu'elle captivait tellement le roi et l'engageait dans de telles amours, que ce n'était qu'à cause d'elle qu'il divorçait avec la reine. Tels étaient les sots propos du peuple, propos contraires à la vérité !! » (*Chroniques*, p. 759.)

Le vieux Hall trouva sans doute qu'il avait une tâche difficile à remplir, et lui, qui est proverbialement prolixe dans toutes les autres circonstances, est extraordinairement bref dans celle-ci. La brièveté, dit-on, est l'âme de l'esprit, et maître Hall pensa qu'elle pouvait bien être aussi celle de la prudence.

Sur ces entrefaites, Gardiner, l'envoyé du roi, avait été rappelé de Rome, et les légats purent exécuter leur commission. La cour fut ouverte le 18 juin, et le roi et la reine furent sommés de comparaître. La reine obéit, mais protesta contre les juges et en appela au pape. A la session suivante, Henri s'assit avec ses insignes à la droite des cardinaux, et répondit en due forme à l'appel de son nom. Catherine était à leur gauche, et aussitôt qu'on l'eut appelée elle se leva de son siége et renouvela sa protestation sur trois points. Elle était étrangère, ses juges tenaient dans le royaume des bénéfices conférés par son adversaire, et enfin elle avait de bonnes raisons de croire que justice ne pouvait être obtenue d'une cour ainsi constituée. Sur le refus des cardinaux d'admettre son appel, elle se leva une seconde fois, passa devant eux accompagnée de ses dames, se jeta aux pieds du roi, et lui dit en mauvais anglais : « Sire, je vous conjure par l'amour qui a existé entre nous, et par l'amour de Dieu, de me faire rendre droit et justice. Prenez quelque pitié de moi, car je suis une pauvre femme et une étrangère, née hors de vos États. Je n'ai pas ici un seul ami assuré, bien moins encore un conseil impartial, et j'ai recours à vous, comme au chef de la justice dans ce royaume. Hélas! sire, en quoi vous ai-je offensé? en quoi ai-je encouru votre déplaisir? Ai-je jamais comploté quelque chose contre votre volonté, pour que vous me rejetiez loin de vous? Je prends Dieu et tout l'univers à témoin que j'ai toujours été pour vous une femme fidèle, humble et obéissante, toujours subordonnée à vos désirs, et je n'ai rien dit ni fait qui y fût contraire, me montrant toujours contente et satisfaite de toutes choses qui vous pouvaient être agréables, qu'elles fussent importantes ou non. Je n'ai jamais, ni par des paroles, ni par l'expression de mon visage, témoigné l'ombre du mécontentement. J'ai aimé tous ceux que vous aimiez, pour l'amour de vous seul, que j'eusse ou non des raisons pour le faire, qu'ils fussent mes amis ou mes ennemis. Je suis depuis vingt ans votre fidèle épouse, et par moi vous avez eu plusieurs enfants, quoique, à l'exception de ma fille, il ait plu à Dieu de les retirer de ce monde. Et quand vous m'é-pousâtes, je prends Dieu pour juge que j'étais vierge, et sur ce point j'en appelle à votre conscience. Si, d'après la loi, il existe quelque accusation que vous puissiez diriger contre moi ; si j'ai manqué d'honnêteté, si j'ai mérité d'être bannie et éloignée de vous, je suis prête à partir, quoique à ma grande honte et à mon grand déshonneur ; mais s'il n'y en a pas, je vous conjure de me laisser dans mon ancienne position et de me faire rendre justice. Le roi votre père était pendant son règne en si haute réputation de sagesse dans l'univers entier, que les hommes lui avaient donné le titre de second Salomon ; et mon père, Ferdinand, est considéré comme un des princes les plus sages qui aient régné en Espagne. On ne doit donc pas douter qu'ils réunirent autour d'eux d'aussi sages conseillers que leur haute prudence le jugea convenable. Il me semble aussi qu'il y avait à cette époque des hommes aussi sages, aussi savants et aussi judicieux qu'aujourd'hui. Eh bien! tous ces hommes jugèrent alors notre mariage bon et légitime. Il est donc bien surprenant que de nouvelles imputations se soient élevées contre moi, qui n'ai jamais eu que des intentions honnêtes. Vous m'ordonnez de me soumettre à l'ordre et au jugement de cette nouvelle cour, où il vous est facile de me faire beaucoup de mal si vous le voulez, car vous pouvez me condamner faute de réponse suffisante, moi qui n'ai d'autres conseillers que ceux qui me sont assignés sans que je connaisse ni leur sagesse, ni leur savoir. Vous devez considérer que vos sujets ne peuvent être des conseillers impartiaux pour moi; ils ont été choisis dans votre propre conseil, ces juges et ces défenseurs; ils ont participé à vos délibérations, et la crainte les rendrait esclaves de la volonté de leur maître. C'est pourquoi je vous supplie très-humblement, au nom de la charité et pour l'amour de Dieu qui est le juge vraiment équitable, de m'épargner la honte de ce nouveau jugement, jusqu'à ce que j'aie appris quelle marche mes amis d'Espagne me conseilleront de suivre; mais si vous ne voulez pas m'accorder cette faveur impartiale, que votre volonté soit faite, et à Dieu je remets ma cause. »

Après avoir ainsi parlé, la reine fondit en larmes, et, au lieu de retourner à sa place, quitta la cour, après avoir fait une profonde révérence au roi. Un officier reçut ordre de la rappeler, et il la somma à haute voix de revenir. « Madame, dit son intendant, au bras duquel elle s'appuyait, on vous rappelle.—Allez toujours, dit-elle, je l'entends fort bien, mais ce n'est pas ici que je puis obtenir justice : continuons. » Elle quitta alors la salle, et on ne put jamais la décider à y reparaître, soit en personne, soit par ses délégués.

Cet appel pathétique, prononcé avec humilité, mais cependant avec l'énergie que donne une conscience pure, fit une profonde impression sur tous les assistants. Henri s'en aperçut et saisit cette occasion de faire hautement l'éloge de la reine, déclarant qu'elle avait toujours été une épouse fidèle et dévouée. Dans ces louanges, le monarque paraît avoir oublié que peu de temps auparavant, dans une plainte faite au conseil privé, il avait déclaré que, d'après la manière dont Catherine s'était dernièrement conduite, il croyait qu'elle le haïssait, et ses conseillers, avait-il ajouté, craignant pour sa vie, l'avaient engagé à rompre entièrement avec elle.

Pendant tout le cours de ces discussions, Morus agit avec une prudence et avec une réserve convenables. Il dit dans la lettre à Cromwell, que nous avons déjà

citée : « Pendant tout le temps que les légats délibé-
rèrent sur cette affaire, je ne m'en mêlai jamais; je crus
devoir faire ainsi, car elle était traitée d'après les règles
ordinaires de la loi spirituelle, dans laquelle je suis peu
versé. » Et il paraît se féliciter de cette circonstance,
que, tandis que les légats siégeaient, il plut au roi
de l'envoyer, en compagnie de Mgr de Londres, alors
de Durham, en ambassade à Cambrai, pour y traiter
de la paix qui y fut conclue, pendant leur séjour, entre
Henri et le roi de France. Il est évident que sir Thomas
se regardait comme fort heureux d'avoir échappé à la
nécessité de donner son avis sur le divorce; mais,
aussitôt après son retour, il fut encore tourmenté par
le roi et interrogé par lui sur ce désagréable sujet.

A quelques-unes des séances de la cour, les discussions furent poussées chaleureusement. Wolsey ayant
fait observer que le point était douteux et que la vérité
était difficile à découvrir : « Si, dit l'évêque de Rochester, moi, je sais la vérité. — Vous savez la vérité? reprit le cardinal.—Ma foi, Monseigneur, reprit l'autre,
je sais que Dieu est la vérité même, et il a dit : Ce que
Dieu a lié, nul homme ne le pourra délier. — Oui, dit
le docteur Ridley, c'est une honte et une grande disgrâce pour cette honorable assemblée que des allégations semblables soient avancées en pleine cour; elles
sont détestables à répéter pour tout homme bon et

honnête. —Tout doux, tout doux, dit Mgr le cardinal.
Domine doctor, magis reverenter; plus de respect, s'il
vous plaît, monsieur le docteur. —Non, non, milord,
répliqua Ridley. On ne doit aucun respect à ces abominables présomptions contre les paroles expresses du
Christ; on peut répondre avec insolence à d'insolentes
balivernes. » Et, dit Cavendish, ils se séparèrent et
n'allèrent pas plus loin pour le moment. Lorsque le
cardinal entra dans sa barque avec l'évêque de Carlisle
pour retourner à Westminster, l'évêque lui dit en
essuyant la sueur qui lui coulait sur le visage : « Milord, il fait bien chaud aujourd'hui. — Oui, répondit
Wolsey, si vous aviez été aussi bien frotté que je l'ai
été depuis une heure, vous pourriez dire qu'il fait
chaud en effet. »

Hall nous apprend qu'Anne Boleyn était présente
à la cour et qu'elle assista à toutes ces discussions.
Nous n'aurons aucune peine à le croire, si nous son-
geons à la conduite qu'elle tint plus tard à la nouvelle
de la mort de Catherine. Tandis qu'Henri répandait
des larmes et ordonnait à sa maison de prendre le
deuil, Anne Boleyn se para de ses robes les plus écla-
tantes, en soie jaune, et manifesta hautement sa joie
d'être enfin tout à fait débarrassée de sa rivale.

Le 23 juillet, la cour tint sa dernière session, et comme
on s'attendait à une décision favorable au roi, la salle

était comble. Henri lui-même était présent, mais caché derrière une tenture, de manière à entendre tout ce qui se disait. Le conseil du roi demanda le jugement ; mais Compeggio répondit que le jugement devait être ajourné jusqu'à ce que toute la procédure eût été mise sous les yeux du souverain Pontife, et, à cet effet, il déclara que la cour était prorogée jusqu'au commencement de la session suivante, dans les premiers jours d'octobre. Cette déclaration produisit une grande sensation dans la cour, et l'on peut aisément se figurer ce que dut éprouver Henri caché derrière les tentures. Le duc de Suffolk se leva avec vivacité, et, frappant sur la table, s'écria qu'ils n'avaient jamais été joyeux en Angleterre depuis qu'il se trouvait un cardinal parmi eux. Se levant avec dignité, Wolsey alors prononça ces paroles, reproche énergique contre Suffolk et apologie de sa propre conduite : « Monsieur, vous avez moins que tout autre homme de ce royaume le droit de blâmer les cardinaux, car, sans moi, simple cardinal que je suis, vous n'auriez plus de tête sur les épaules, ni de langue dans la bouche pour prononcer des paroles aussi insultantes contre nous qui n'avions nullement l'intention de vous causer du déplaisir. Sachez donc, orgueilleux seigneur, que ni moi ni mon frère, ici présent, ne cèderons à vous ni à personne en intentions honorables envers le roi et dans le désir d'accomplir ses volontés légitimes. Dites-moi, milord, si vous étiez le commissaire du roi dans un pays étranger et que vous eussiez une affaire importante à traiter, oseriez-vous la décider avant d'avoir d'abord consulté votre souverain? Vous le consulteriez sans doute; c'est pourquoi je vous conseille de bannir toute malveillance inconsidérée, et de penser que nous ne sommes ici que des commissaires provisoires, qui n'osons procéder à un jugement sans la sanction de notre chef suprême.. Ainsi nous ne faisons ni plus ni moins que notre commission ne nous le permet. Par conséquent, milord, croyez-moi, restez en paix, calmez-vous et pesez vos paroles comme un homme sage et honorable. Vous savez mieux que tout autre quelle amitié je vous ai témoignée, sans en avoir jamais parlé à âme qui vive, soit à ma propre gloire, soit à votre désavantage. » Suffolk, par son silence, sembla avoir reconnu la vérité des circonstances secrètes auxquelles le cardinal faisait allusion, et la cour se sépara sans autre incident.

Une lettre du secrétaire Gardiner à Wolsey, datée du commencement de septembre, fait voir dans quel état d'inquiétude et d'irritation le roi vivait à cette époque. « Et comme votre Grâce, à la fin de sa lettre, mande qu'elle veut communiquer à Son Altesse le roi certaines choses que votre Grâce ne juge pas conveñable de confier au papier, je puis vous assurer qu'en lisant ce paragraphe Son Altesse parut émue et agitée : il semblait troublé par le désir d'en savoir davantage, et cherchait en vain ce que votre Grâce ne juge pas prudent d'écrire, bien que les routes soient sûres et qu'on n'y puisse craindre aucune interception. Son Altesse sait d'ailleurs que votre Grâce n'est pas habituellement avare de son travail et de ses peines lorsque le cas l'exige. Réfléchissant et s'émerveillant donc de plus en plus sur ce que ce pouvait être, il m'ordonna d'expédier en toute diligence Curson, domestique de Son Altesse, porteur du présent, avec des lettres pour votre Grâce, vous ordonnant de déclarer incontinent à celui-ci le *caput rei*, les titres principaux des matières auxquelles votre Grâce veut faire allusion. Je termine en réitérant cette demande ou cet ordre, le *summum et effectum* de votre gracieux esprit, afin que Son Altesse puisse calmer son inquiétude et ne pense pas plus qu'il ne faut aux paroles obscures de la fin de votre lettre. »

Au mois de septembre Compeggio fit ses préparatifs de départ, laissant la question du divorce à peu près dans la même situation où elle se trouvait à son arrivée. La patience d'Henri était épuisée; sa maîtresse était là pour alimenter le mécontentement croissant, et le malheureux négociateur avec Rome devait supporter tout le poids du désappointement royal. Les symptômes de la chute prochaine de Wolsey étaient évidents pour tout autre que pour lui, car il se fiait aux vaines protestations d'hommes qui, bien qu'ils l'eussent servi fidèlement pendant sa prospérité, n'en étaient pas moins prêts à trahir sa confiance dès que sa fortune commencerait à décliner. « Je vois, dit l'évêque de Bayonne, qu'il se fie à certaines personnes qui étaient ses créatures, mais qui, j'en suis sûr, lui ont tourné le dos; et ce qu'il y a de pire, c'est qu'il ne se doute pas de ce qui se passe. » Mais son plus grand sujet de crainte devait être les artifices d'une femme que nous avons vue lui protester si solennellement que sa reconnaissance sincère durerait autant que sa vie. Anne sut bientôt non-seulement contre-balancer son influence, mais encore l'emporter sur lui. A propos de quelque offense, Wolsey avait chassé de la cour sir Thomas Cheney : celui-ci en appela à la maîtresse du roi, et Henri, après avoir réprimandé le cardinal, rappela l'exilé. Elle ne déguisa pas plus longtemps son mauvais vouloir, et seconda avec ardeur les ducs de Norfolk et de Suffolk, et son père, le vicomte Rochford, dans leurs efforts réunis pour accélérer la chute du cardinal. Nous apprenons de l'évêque de Bayonne qu'ils avaient d'autres motifs que leur haine seule contre le cardinal : « Le but de

ces seigneurs, dit-il, est, lorsque le ministre sera
éloigné ou mort, de saisir sur-le-champ les biens
de l'Église. Ils en parlent librement en buvant. J'ima-
gine qu'ils joueront une belle partie lorsqu'il ne sera
plus là. »

Avant son départ Compeggio alla, accompagné de
Wolsey, à Grafton, dans le comté de Northampton,
pour prendre congé du roi. Ce fut alors que l'orgueil
et les espérances du cardinal reçurent une atteinte
mortelle.

A leur arrivée au château où Henri demeurait alors
avec sa maîtresse, Compeggio fut conduit sur-le-
champ à l'appartement qui lui avait été préparé, tandis que Wolsey eut la mortification d'apprendre qu'aucun ordre n'avait été donné pour le recevoir. Sir Henri
Norris, ayant pris pitié de l'embarras de Wolsey, lui
offrit sa chambre, où le cardinal apprit de quelques-
uns de ses amis le secret mécontentement du roi. Bientôt après il reçut l'ordre de se rendre dans la salle de
réception. « En ce moment, dit Cavendish, l'appartement était rempli de gentilshommes tout occupés à
examiner le visage du roi et celui du cardinal, pour
juger l'accueil que celui-ci allait recevoir. Aussitôt
après, le roi entra dans la salle, et se plaça debout
sous le dais d'État. Monseigneur s'agenouillant devant lui, il lui donna la main, ainsi qu'à l'autre cardi-

nal; puis il prit Monseigneur par les deux bras et le releva avec autant d'affabilité qu'il lui en avait jamais témoigné. Ensuite il le mena par la main dans l'embrasure d'une grande fenêtre, où il causa avec lui et lui ordonna de se couvrir. Alors, continue Cavendish, vous eussiez souri en voyant les visages de ceux qui avaient fait la gageure du contraire, et ce fut ainsi qu'ils furent tous trompés, comme ils le méritaient bien pour leur présomption. » Cependant, quoique les courtisans eussent perdu leur gageure, ce ne fut qu'un éclair de faveur, et Wolsey s'aperçut bientôt que le soleil de sa haute fortune était couché pour toujours. On remarqua qu'Henri employait des paroles dures, et on le vit tirer une lettre de son sein et la mettre sous les yeux du cardinal, paraissant lui demander s'il pouvait nier sa propre écriture. Le ministre accusé sembla l'apaiser pour le moment, et la conférence se termina avec une apparente courtoisie de la part du monarque. Lorsqu'il prit congé, Wolsey fut invité à revenir le lendemain matin. Mais le roi dîna le même jour avec Anne Boleyn, dans sa chambre, et son influence fut irrésistible. Elle prétendit être offensée de la réception cordiale que Wolsey avait obtenue; elle le peignit à Henri sous les couleurs les plus sombres, et insista avec une singulière amertume sur les délais dont il avait été cause

dans l'affaire du divorce. Henri était trop infatué de
sa criminelle passion pour juger sainement, et avant
de se lever de table, pour nous servir des expressions
de l'évêque de Bayonne, « Mlle de Boleyn avait ar-
raché à son ami la promesse qu'il n'adresserait
plus la parole à Wolsey. » Il tint fidèlement parole et
ne revit jamais son ancien ami et conseiller. Lorsque Wolsey se présenta le lendemain matin à l'heure
convenue, il eut la mortification d'apprendre que la
cavalcade royale avait devancé l'heure du départ fixée
le soir précédent, évidemment dans l'intention d'empêcher l'entrevue qu'il devait avoir avec le roi. Henri
et Anne étaient allés passer la journée à Harewell-Parc,
et ils ne revinrent au château qu'après que le cardinal,
en conséquence d'un avis qu'il reçut, eut pris la route
de Londres. Mais ce ne fut là que le commencement de
ses chagrins. A son retour, deux bills furent passés
contre lui dans la cour du banc du roi, par lesquels
il fut décidé « que le cardinal Wolsey était hors de
la protection du roi, que ses terres, ses biens et ses
joyaux étaient confisqués, et que sa personne pouvait
être saisie. » Le même jour, on lui intima que le
roi avait l'intention d'établir sa résidence au palais
d'York, et qu'il pouvait se retirer à Esher, château
appartenant à l'évêché de Winchester. Afin que le
nom même du cardinal d'York fût effacé autant que

possible, Hall nous apprend que le nom du palais fut
changé; on l'appéla le palais royal de Westminster, au
lieu du palais d'York. Ces mortifications réitérées ré-
duisaient le pauvre Wolsey au désespoir; il connaissait
le caractère implacable de son maître et tout ce qu'il
avait à craindre de l'*oiseau de nuit de mauvaise augure,*
comme il l'appelait, qui possédait l'oreille du roi. Il
remit les sceaux aux ducs de Norfolk et de Suffolk, et
donna au roi, par acte, tous ses biens personnels, estimés à cinq cent mille couronnes.

Toutes les ressources de la méchanceté avaient été
épuisées pour ajouter à son humiliation; la nouvelle de
sa disgrâce avait été officieusement répandue par toute
la métropole, de sorte qu'en entrant dans sa barque, il
fut surpris de voir la Tamise couverte de canots et garnie de spectateurs. Les courtisans et les citoyens étaient
accourus en foule pour être témoins de son arrestation
et de son emprisonnement à la Tour; mais il trompa
leur curiosité et leurs espérances, et atteignit le palais
épiscopal d'Esher par une autre route. De toutes les
leçons données par l'histoire à l'orgueil humain, il n'y
en a guère de plus humiliantes que celle des derniers
jours de Wolsey.

Thomas Morus fut désigné pour succéder au chancelier disgracié; le duc de Norfolk fut fait président
du cabinet, et le duc de Suffolk, comte-maréchal; sir

William Fitzwilliam fut investi des fonctions que quittait Morus, et le docteur Stephen Gardiner, nommé secrétaire du roi. Le père d'Anne Boleyn, créé peu de temps après comte de Wiltshire, garda la place qu'il avait auparavant.

« On peut à juste titre, dit Lingard, s'étonner de ce que Morus accepta cet emploi dangereux ; avec une conscience délicate et un sentiment profond de ses devoirs, il n'était pas un associé convenable pour des hommes si peu scrupuleux. » Les difficultés qui deux ans plus tard le contraignirent à quitter la cour devaient être déjà pressenties par lui ; il était encore en son pouvoir d'éviter la tempête, mais il espérait peut-être y résister. Voici ce qu'il écrivait au docteur Wilson à cette époque : « Sa Majesté, en m'élevant à ce poste, ajouta seulement cette injonction, que j'aurais égard à Dieu, et après Dieu, à lui ; et jamais, à mon avis, roi ne put donner de commandement plus facile à suivre, ou de leçon plus gracieuse à son conseiller ou à aucun autre de ses serviteurs. » Russel dit à ce sujet : « Lorsque nous considérons que Wolsey ne l'aima jamais véritablement, et que le roi ne put jamais espérer qu'il parviendrait à le corrompre au point de le décider à parler contre ce qui est juste et bon, cette promotion de Morus doit sembler étrange. La providence de Dieu l'avait sans doute ordonné ainsi, afin qu'une si grande lumière ne restât pas cachée sous le boisseau, mais fût visible aux yeux de tous. »

Les détails de son installation ne sont pas indignes d'être rapportés : ils prouvent le respect qu'inspiraient au roi et au public ses talents et sa vertu. Il fut conduit entre les ducs de Norfolk et de Suffolk, le long de Westminster-Hall, à la chambre de Pierre (Stone Chamber), où il fut placé avec honneur sur le haut siége du chancelier (car le chancelier était par sa charge président de ce terrible tribunal. Le duc de Norfolk, par ordre du roi, parla ainsi qu'il suit, *à la satisfaction et aux applaudissements unanimes du peuple rassemblé :*

« Sa Majesté le roi (que je prie Dieu de rendre heureux, pour le bonheur de tout le royaume d'Angleterre) a élevé à la plus haute dignité de la chancellerie sir Thomas Morus, car son mérite extraordinaire est garant qu'il a reçu de la nature tous les dons que le peuple et le roi jugent nécessaires pour remplir une charge aussi éminente. La sagesse, l'intégrité et la pureté, jointes à l'agréable facilité d'esprit que possède cet homme, ont été depuis son enfance suffisamment connues de tous les Anglais, et le roi lui-même, depuis plusieurs années, l'a pu juger dans de nombreuses et importantes affaires qu'il a menées à bonne fin, tant à l'intérieur du royaume qu'à l'étranger ; dans divers emplois qu'il a remplis, dans les ambassades honorables dont il a été chargé, enfin dans les avis et les conseils de chaque jour qu'il a donnés dans mille circonstances. Le roi n'a trouvé dans tout son royaume aucun homme plus sage dans la discussion, plus sincère à découvrir sa pensée, ni plus éloquent quand il fallait l'exprimer. C'est pourquoi, ayant reconnu en lui de si excellentes qualités, dans son désir que son royaume et son peuple soient gouvernés avec toute la justice, la sagesse et l'intégrité possibles, il a, par sa propre et gracieuse volonté, créé cet homme unique lord chancelier, afin que, par la manière louable dont il remplira cette charge, il fasse jouir son peuple de la paix et de la justice, et que l'honneur et la gloire en puissent ainsi rejaillir sur tout le royaume. On pourra trouver étrange qu'une telle dignité ait été conférée à un homme qui n'appartient pas à la noblesse ; mais Sa Majesté a considéré sa nature et non pas son rang ; il n'a pas jeté les yeux sur la noblesse de son sang, mais sur la dignité de sa personne ; il a eu égard à son mérite et non à sa profession ; enfin il a voulu montrer par ce choix qu'il possède dans les rangs de la roture quelques rares sujets qui méritent d'occuper les plus hautes charges du royaume, que les évêques et les nobles se considèrent comme seuls dignes de remplir. Par conséquent, plus cela est rare, et plus il a jugé que cela serait ex-

cellent pour lui-même et agréable pour son peuple.
Recevez donc avec de joyeuses acclamations votre
chancelier ici présent, car vous pouvez en attendre
bonheur et satisfaction. »

Sir Thomas, avec sa modestie ordinaire, fut d'abord
quelque peu troublé par un discours qui contenait
tant de choses à sa louange; mais s'étant recueilli
autant que le temps et le lieu le permettaient, il répondit ainsi qu'il suit : « Très-noble duc, très-ho-
rables seigneurs et dignes gentilshommes, je n'ignore
pas que toutes ces choses qu'il a plu sans doute à Sa
Majesté le roi de faire dire de moi dans cette enceinte,
et qui ont été amplifiées par Votre Grâce avec tant
d'éloquence, sont aussi peu méritées que je souhaiterais
qu'elles le fussent pour être digne de la haute importance de ma charge, et je ne peux exprimer tout l'ef-
froi qu'un tel discours m'a causé. Cependant cette
faveur incomparable de mon redouté souverain, par
laquelle il démontre la grande estime qu'il a conçue de
ma faiblesse, en faisant accorder de semblables louanges à ma médiocrité, ne peut que me sembler extrêmement flatteuse. Mais je dois comprendre seulement,
par l'éloquent discours dont je remercie sincèrement
Votre Grâce, que la faveur inappréciable de Sa Majesté,
la bonne volonté et la condescendance incroyable de
son esprit royal (bienveillance dont j'ai continuelle-

ment reçu des témoignages depuis plusieurs annnées),
m'ont seules, sans aucun mérite de ma part, valu ce
nouvel honneur et ces louanges dont je suis indigne.
Car qui suis-je, ou quelle est la maison de mon père,
pour que Son Altesse le roi me comble de tant d'honneur? Je suis bien au-dessous des bienfaits qu'il m'a
prodigués. Comment ai-je pu mériter une dignité si
haute? Où puiserai-je la force de la supporter? C'est
contre mon gré, comme Sa Majesté l'exprime souvent,
que je suis entré à son service et devenu homme de cour,
et c'est malgré moi encore que je me vois chargé de cet
honorable emploi. Cependant Sa Majesté est si affable
et si bonne, qu'elle estime hautement l'obéissance de
ses moindres sujets et cherche à récompenser ses serviteurs de la manière la plus magnifique, et non-seulement ceux qui le méritent, et au nombre desquels j'ai
toujours souhaité d'être compté, mais encore ceux qui,
comme moi, n'ont d'autre mérite que leur bon vouloir. Je dois donc m'efforcer par mon assiduité dans
mes devoirs de répondre à la bienveillance de Sa
Majesté le roi, et de justifier les espérances que lui et
vous avez fondées sur moi. C'est pourquoi ces louanges
excessives me chagrinent d'autant plus que je sais
parfaitement de quelle immense charge je dois me
rendre digne et l'insuffisance de mes moyens. Ce
poid ne convient guère à mes faibles épaules; cet

honneur est bien grand pour mon pauvre mérite ;
c'est un fardeau, non une gloire ; un souci, non une
dignité. Je dois donc supporter l'un avec toute l'énergie dont je suis capable, et remplir l'autre avec toute
l'habileté possible. L'ardent désir dont j'ai toujours été animé d'employer toutes mes forces à
mériter les immenses bienfaits de Sa Majesté le roi,
m'aidera et m'excitera puissamment à remplir scrupu-
leusement les devoirs de ma charge, et ma tâche me
paraîtra plus facile, si votre bienveillance à tous et
vos vœux pour moi sont d'accord avec la munificence
royale. Car, quelque faible que soit la valeur de mes
actions, mes sérieux efforts pour bien faire et la
bienveillance que j'attends de vous les feront grandes
peut-être et dignes de louange. Ainsi vous espérez
de grands résultats, vous pensez que tout ira pour le
mieux entre mes mains ; et pour répondre à vos espérances, quoique je n'ose promettre de les réaliser,
moi, je m'engage sincèrement et cordialement à faire
tout ce qui sera en mon pouvoir pour y parvenir. »

Morus, s'étant tourné alors vers le siége du jugement
suprême de la chancellerie, continua en ces termes :
« Mais lorsque je contemple ce siége et que je considère quels illustres personnages s'y sont assis avant
moi, quand je me rappelle celui qui l'a occupé le
dernier de tous, cet homme qui jouit pendant long-

temps d'une sagesse exemplaire, d'une expérience profonde et d'une si grande fortune, et qui, après la chute la plus terrible, mourut dans l'obscurité, je n'ai que trop de raison, d'après cet exemple, de regarder comme glissant le terrain des honneurs, et de ne pas éprouver pour celui dont on daigne me revêtir, tout l'empressement qu'il pourrait exciter chez d'autres. En effet on ne saurait exprimer l'esprit, la prudence, l'autorité et la grandeur de cet homme dont les qualités admirables brillaient d'un tel éclat, que les miennes n'apparaissent aujourd'hui que comme la faible clarté d'un flambeau après le coucher du soleil. C'est donc en tremblant que je monterai à ce poste, dont je connais les fatigues et le danger ; et sans me laisser éblouir par des honneurs que je redoute, averti d'ailleurs par ce dernier et terrible exemple, je n'oublierai pas que plus elle est élevée, et plus la chute est redoutable. Et vraiment, dès mon entrée, je devrais trembler de faire un faux pas et même de défaillir, si je n'étais encouragé si puissamment par la faveur particulière de Sa Majesté, et par votre bonne volonté à tous que je lis sur vos visages. Ce siége, sans cela, n'aurait pas pour moi plus d'attraits que n'en avait pour Damoclès placé devant une table chargée des mets les plus délicats et assis dans le fauteuil royal de Denis, l'épée suspendue par un fil au-dessus de sa tête. »

« Et comme ils l'avaient d'abord sommé au nom du roi, ajoute Roper, d'administrer la justice au peuple avec intégrité, il les somma à son tour, au cas où ils le verraient, dans quelque circonstance que ce fût, manquer aux devoirs de sa charge, comme ils devaient tenir à remplir les leurs et à rester fidèles à Dieu et au roi, de ne pas manquer d'en faire part à Sa Grâce, qui, sans cela, aurait le droit de leur imputer toutes les fautes qu'il pourrait lui arriver de commettre. »

Tout le monde s'occupait alors de l'élévation de Morus, dont Érasme parle en ces termes dans une lettre à Jean Fabius, évêque de Vienne : « Quant au nouveau surcroît d'honneur accordé dernièrement à Thomas Morus, je pourrais aisément vous y faire croire, si je vous montrais les lettres de plusieurs hommes célèbres, par lesquelles ils expriment combien ils en sont ravis, et combien ils félicitent le roi, le royaume, lui-même ainsi que moi, du nouvel honneur que Morus a reçu dans la charge de lord chancelier d'Angleterre. »

Lorsque Morus fut nommé chancelier, son père sir John Morus, âgé de près de quatre-vingt-dix ans, était le juge le plus ancien du banc du roi... « C'était un spectacle attendrissant, dit leur descendant, de voir le fils demander tous les jours la bénédiction de son père

avant de prendre place sur son siége! » Même dans
un siècle moins cérémonieux, le caractère simple de
Morus aurait protégé ces témoignages de respect filial
contre le soupçon d'affectation, qui seul en pouvait
détruire le charme.

Les vêtements simples et la modestie pleine de
dignité de Morus, contrastaient singulièrement avec
la pompe et l'attirail déployés par son prédécesseur
dans ses visites quotidiennes à la cour de la chancellerie. Nous emploierons les propres expressions de
Cavendish, à cause de sa scrupuleuse exactitude: « Je
vais maintenant vous raconter dans quel ordre Wolsey se rendait tous les jours à Westminster-Hall, à
l'époque des séances. D'abord, avant de quitter ses appartements privés, il assistait ordinairement tous les
jours à deux messes dans son cabinet, et lisait ensuite
son service quotidien avec son chapelain; et, comme je
l'ai entendu dire par celui-ci, homme digne de foi et
d'un profond savoir, le cardinal, quelque importantes
que fussent les affaires qu'il avait expédiées dans la
journée, ne se couchait jamais sans avoir récité tout
son service divin, sans en omettre un seul verset, et
je suis sûr qu'en cela il trompait l'opinion de bien des
gens. Après cela il rentrait dans son appartement
particulier, d'où il se rendait auprès des seigneurs,
des gentilshommes et des autres personnes qui dési-

raient le voir, en costume de cardinal. L'étoffe de son vêtement était de belle écarlate, de satin cramoisi, de taffetas de Damas ou de Caffa, le plus beau qu'il pût se procurer. Sur la tête il portait un mortier rond avec un capuchon de velours noir attaché à l'intérieur ; il avait aussi autour du cou une pèlerine de magnifique fourrure, et tenait à la main une belle orange, dont l'intérieur avait été enlevé et remplacé par un morceau d'éponge imbibée de vinaigre et d'autres parfums contre le mauvais air ; il en respirait ordinairement l'odeur en passant à travers la foule, ou lorsqu'il était ennuyé par un grand nombre de solliciteurs. Il était' toujours précédé d'un seigneur ou de quelque digne gentilhomme, portant, tête nue, d'abord le grand sceau d'Angleterre, puis son chapeau de cardinal. Et aussitôt qu'il était entré dans sa salle d'audience, où l'attendaient, pour l'accompagner à Westminster-Hall, un grand nombre de seigneurs et de gentilshommes distingués ; il s'avançait, précédé de deux grandes croix d'argent et de deux masses de même métal, ainsi que de son poursuivant d'armes, qui portait une grosse baguette de vermeil. Puis les huissiers de sa chambre s'écriaient : « En avant, Milords, en avant, place pour Monseigneur ! » C'est ainsi qu'il traversait la salle en sortant de sa chambre, et lorsqu'il arrivait à la porte, il y trouvait sa mule couverte d'un harnais en velours cramoisi avec des étriers dorés. Lorsqu'il était en selle, ainsi que ses porteurs de croix et de masses, tous sur de grands chevaux garnis aussi de belle écarlate, il se mettait en marche avec sa suite, dans l'ordre indiqué, ayant autour de lui quatre valets de pied, tenant en main des hallebardes dorées, et il se rendait de la sorte jusqu'à la porte de Westminster-Hall. Là il mettait pied à terre et traversait la salle dans le même ordre jusqu'à la chancellerie. » Aucune pétition ne parvenait jusqu'à Wolsey sans passer par plusieurs mains, et personne ne pouvait s'adresser à lui si l'or ne lui avait frayé une entrée. Morus, au contraire, siégait tous les jours dans une salle publique où il recevait en personne les pétitions des pauvres.

A cette époque, comme à une époque ultérieure, les cours de justice se montraient jalouses du pouvoir que s'arrogeaient les chanceliers d'envoyer aux parties *l'injonction* de différer certains actes que la loi leur donnait le droit de faire, jusqu'à ce que la cour de la chancellerie eût décidé si l'exercice du droit légal n'entraînerait pas à des injustices. Dans plusieurs cas, un tort irréparable peut être commis avant qu'un droit puisse être établi par le cours ordinaire des procédures. Alors il est dans les attributions du chancelier de veiller à ce que les affaires restent en suspens jusqu'à ce que les questions en litige soient décidées. Il s'éleva une grande rumeur contre cette autorité nécessaire, bien qu'illégale peut-être, au commencement de la chancellerie de Morus : il mit fin à ces clameurs avec sa prudence et sa douceur accoutumées. Ayant fait dresser par un des six clercs une liste des affaires pendantes devant lui, il invita tous les juges à dîner. Il leur soumit cette liste et expliqua d'une manière tellement satisfaisante les détails de chaque cause, qu'ils déclarèrent tous que, dans un cas semblable, ils n'auraient pas autrement agi. Il offrit même de renoncer à la juridiction, s'ils voulaient entreprendre de restreindre la loi dans les limites de la justice, ce qu'en conscience ils devaient tenter. Les juges refusèrent, et Morus dit à Roper, à ce sujet, qu'il voyait bien qu'ils se fiaient à leur influence pour obtenir des verdicts qui reporteraient toute leur responsabilité sur les jurés... « C'est pourquoi, ajouta-t-il, je me vois forcé de courir les chances de leur censure... »

Dauney, un de ses gendres, disait que sous Wolsey les portiers mêmes faisaient de grands profits, et que la vénalité alors en usage avait corrompu toutes les classes. Morus, à qui on reprochait sa brusque intégrité, répondit que, quand même son père, qu'il respectait beaucoup, serait d'un côté, et le diable, qu'il détestait de toutes ses forces, serait de l'autre, le

diable obtiendrait justice... Lorsque Héron, un autre
de ses gendres, se fiant à la manière injuste dont les
lois étaient interprétées, sollicita de lui un jugement
favorable dans une affaire personnelle, Morus, bien
qu'il se montrât toujours le plus affectionné des pères,
trompa sur-le-champ son espoir en rendant un arrêt
contraire. Le biographe fait de cet acte ordinaire de
justice un sujet de louange, comme s'il voyait en
cela un exemple extraordinaire de vertu ; déplorable
symptôme de la corruption de l'opinion publique, qui
contribua, un demi-siècle plus tard, à plonger dans les
vices les plus ignominieux les hommes les plus sages
et les chanceliers les plus illustres. « Le roi, dit Hall,
ouvrit sa haute cour du parlement le 3 novembre de
cette année. Ce jour-là il arriva par eau à son palais
de Bridewell, où lui et ses nobles endossèrent leurs
robes ; ils allèrent ainsi à l'église des capucins noirs :
là une messe du Saint-Esprit fut solennellement
chantée ; ensuite le roi se rendit au parlement, où, lorsqu'il eut pris place sur le trône, sir Thomas Morus,
son chancelier, se tenant debout à sa droite, fit un
discours éloquent, déclarant que, pareil à un bon
berger qui non-seulement garde ses brebis avec soin,
mais encore s'occupe de toutes les choses nuisibles au
troupeau, ou capables de le préserver et de le défendre contre tout danger ; de même le roi, qui était le

berger, le directeur et le gouverneur de ce royaume, et dont la prévoyante vigilance s'étendait sur l'avenir, avait pensé que, par suite des changements que subissent les choses, différentes lois étaient devenues insuffisantes et imparfaites, et qu'aussi, à cause de la condition fragile de l'homme, il s'était introduit parmi le peuple différents abus pour la réforme desquels il n'y avait pas encore de loi. C'était pour ces considérations que le roi avait convoqué son haut parlement. C'est ainsi qu'il comparait le roi à un berger; et comme vous voyez que dans un grand troupeau, il y a des brebis gangrénées et défectueuses que le berger sépare des brebis saines, de même est tombée naguère la *grande brebis galeuse* qui trompait le roi avec tant de ruse et de fausseté qu'on aurait pu croire qu'il n'était pas accordé au roi assez d'esprit pour s'apercevoir de ses artifices. Mais la vue de Sa Grâce était si vive et si pénétrante, que non-seulement il voyait, mais il devinait; de sorte que toutes ses menées lui étaient connues. Le coupable avait reçu une correction douce, mais il ne fallait pas que cette faible punition encourageât d'autres coupables. Et le chancelier déclarait publiquement que quiconque à l'avenir ferait les mêmes tentatives ou conseillerait les mêmes délits ne s'en tirerait pas à si bon marché. »

On doit avouer que l'expression de *brebis galeuse*

appliquée à Wolsey est de mauvais goût et tout à fait indigne de Morus ; elle semble trop accuser une inclination à flatter les mauvais penchants de son maître, qui était présent. La seule excuse qu'on puisse alléguer en faveur de Morus, c'est l'exécration générale dont le cardinal déchu était alors l'objet, et à laquelle ne pouvaient se soustraire même les hommes les plus vertueux de ce temps-là. Tytler, en établissant le contraste entre cette phrase brutale et l'éloge hardi du cardinal, prononcé un mois auparavant, pense que les deux assertions ne sont pas tout à fait incompatibles. L'éloge est donné au talent de Wolsey pour les affaires, talent qui était, on ne peut le nier, d'un ordre supérieur ; le blâme est dirigé contre son manque d'intégrité et sa conduite artificieuse. Nous ne savons pas si cette explication satisfera complétement le lecteur ; mais on ne doit pas oublier que le rapporteur de ce discours est Hall, l'historien de la cour, dont la partialité pour Morus et contre Wolsey est notoire.

Sir Thomas était tellement infatigable dans son application aux affaires, et expédiait avec tant de rapidité les causes qui lui étaient soumises, qu'un jour, ayant demandé la suivante, il lui fut répondu *qu'il n'en restait plus une seule.* Il ordonna de prendre note de ce fait, qui donna lieu à l'épigramme suivante. Lorsque Morus eut été pendant quelque temps chan-

celier, il ne resta plus d'affaires; on ne verra plus la
même chose jusqu'à ce que Morus le soit de nouveau.

Il est *évident* qu'il mettait du goût et du zèle
dans ses travaux d'utilité publique, et que la simple
routine ne le guidait pas dans l'exercice de ses fonctions; il pensait, à ce sujet, comme un des personnages du vieux Plaute : *Quid est suavius quàm benè rem
gerere bono publico!* quelle tâche plus agréable pour
un homme que de bien remplir ses devoirs en vue du
bien public! Le penchant de Morus pour la raillerie ne
l'abandonna pas, même au milieu des graves occupations de sa charge. Un jour, un avoué, qui s'appelait
Tuble, lui présenta une cause en le priant de la signer.
Morus, s'apercevant, après en avoir pris connaissance,
que c'était une affaire insignifiante, y ajouta, au lieu
d'y mettre sa signature : *Conte d'un tonneau.* L'avoué
s'en retourna gravement avec le papier, et ne s'aperçut
de la plaisanterie qu'aux rires qu'excita l'affaire quand
le document fut reproduit devant la cour [1].

Le bruit s'était répandu, bientôt après la disgrâce
du cardinal, que les nouveaux ministres méditaient
une attaque contre les biens de l'Église. Une lettre si-

---

[1] Il y a encore ici un calembour qui ne peut se traduire. Le mot
tub signifie, en anglais, *cuve* ou *tonneau.* Morus voulait sans doute
faire entendre que cette affaire était une chose creuse ou vide comme
un tonneau ou une cuve. (*Note du traducteur.*)

gnée par la plupart des seigneurs ecclésiastiques et
laïques fut adressée au pape. Ils y représentaient combien eux et le corps entier de la nation étaient intéres-
sés au divorce du roi ; et priaient le pontife d'expédier
cette affaire, afin qu'il devînt inutile d'en venir à des
remèdes plus désagréables. Wolsey, malgré la déca-
dence de sa fortune, consentit volontiers à signer cette
pièce. Le nom de Morus ne se trouva pas sur la liste.
En cas de refus de la part de Clément, Norfolk, le
comte de Wiltshire et d'autres créatures du roi
avaient décidé que le mariage serait dissous par l'autorité absolue du parlement, de la basse adulation duquel ils espéraient obtenir tout ce qu'ils désireraient.
Ils s'aperçurent cependant qu'ils s'étaient trompés et
qu'il s'y trouvait quelques hommes aux principes iné-
branlables, que ni les menaces, ni la flatterie ne pouvaient séduire en faveur d'une cause injuste. Plusieurs
des évêques s'opposèrent à cette mesure, et parmi eux
il se trouva au moins pour la bonne cause un champion
dont l'intégrité, le savoir et l'influence étaient irrésisti-
bles. C'était l'évêque Fisher, qui mit hardiment au jour
les desseins formés contre l'Église. « J'apprends, dit-il,
qu'une proposition a été faite de livrer les petits monastères entre les mains du roi. J'entends exprimer le
vif désir de réformer la vie dissolue du clergé ; mais je
soutiens que ce n'est pas tant *le bien* que *les biens* de

l'Église qu'on a maintenant en vue. Prenez garde, milords, s'écria-t-il avec énergie, prenez garde à vous-mêmes, à votre pays, à votre religion et à votre sainte mère l'Église catholique. Il se passe des événements nouveaux à l'étranger ; le luthéranisme se répand parmi le peuple, et rappelez-vous, je vous en conjure, de quels désastres nous menacent les bouleversements survenus dernièrement en Allemagne et en Bohême. Résistez donc, dit-il en terminant, résistez vigoureusement, comme il vous convient de le faire, au mal qu'on médite, ou, si vous ne le faites pas, préparez-vous à voir disparaître toute obéissance, non-seulement envers le clergé, mais envers vous-mêmes. » Ce discours fut diversement accueilli, selon que les pairs étaient disposés à favoriser les desseins du roi ou à s'en effrayer. Des plaintes furent adressées à Henri sur la hardiesse de l'évêque, et celui-ci reçut l'injonction de s'exprimer avec plus de retenue à l'avenir. Reproche modéré, qui peut être attribué à l'indécision où flottait alors encore Henri, relativement à la mesure en question.

A peine Morus était-il installé dans sa charge, qu'on le tourmenta de nouveau sur l'ancien et odieux sujet du divorce. Il chercha à se dispenser de donner son avis en alléguant que, n'ayant jamais professé l'étude de la théologie, il était incompétent dans les affaires de cette nature. Mais le roi le pressa vivement et ne cessa de le harceler que lorsqu'il eut promis de consentir à examiner du moins la question, de concert avec son ami Tunstall et d'autres savants ecclésiastiques.

Morus, avec sa franchise et sa candeur accoutumées, donna ainsi le résultat de son examen : « Pour être sincère envers Votre Grâce, ni vos évêques, quelque sages et vertueux qu'ils soient, ni moi-même, ni aucun membre de votre conseil, à cause des innombrables bienfaits dont Votre Grâce nous a comblés, ne sommes des conseillers convenables pour Votre Grâce sur ce sujet. Si votre intention est de découvrir la vérité, consultez saint Jérôme, saint Augustin et autres saints docteurs de l'Église grecque et de l'Église latine, qui ne seront pas disposés à vous tromper, soit par respect pour leurs intérêts mondains, soit par crainte de votre mécontentement royal. » Bien que le roi n'aimât pas être contrarié dans ses désirs, cependant le langage de Morus était si sage, que, pour le moment, il le prit en bonne part, et eut souvent, à ce sujet, des conférences avec le lord chancelier. La douceur naturelle de Morus eut probablement plus d'effet que tous les artifices par lesquels les courtisans cherchent à se faire bien venir ou à faire passer des avis désagréables.

Bientôt après, le roi le pressa de nouveau de peser et de considérer cette grande affaire. Le chancelier se jeta à ses genoux, et rappelant à Henri ses propres paroles lorsqu'il lui remit le grand sceau : « Ayez d'abord égard à Dieu et ensuite à moi, » il ajouta que rien ne l'avait autant chagriné que de ne pouvoir servir Sa Grâce dans cette circonstance, sans enfreindre l'injonction primitive qu'il avait reçue en acceptant sa charge. Le roi dit qu'il se contenterait de son service dans d'autres affaires et qu'il lui continuerait sa faveur, sans jamais tourmenter sa conscience à propos de cette affaire. Nous verrons quelle foi il fallait ajouter à ces paroles. En attendant, comme le voyage du légat en Angleterre et toutes les négociations tortueuses du roi avec le saint-siége n'avaient pu réussir à amener le divorce, on eut recours à d'autres moyens.

On s'était assuré par séduction et par menaces des deux universités nationales. « Les commissaires eurent toute la peine, dit l'honnête Cavendish, et cependant les charges appartenaient au roi. J'ai entendu raconter par des personnes dignes de foi, qu'outre les grandes charges de ces commissaires, des sommes incalculables furent distribuées aux principaux commis pour les séduire, et en particulier à ceux qui étaient chargés des sceaux de l'université. » « Burnet, dit Hallam, ne veut pas convenir que le roi menaça l'uni-

versité d'Oxford, en cas de refus; cependant il existe
trois lettres écrites par lui, dont la dixième partie, si
l'on tient compte du caractère de leur auteur, était
suffisante pour terrifier un docteur en théologie. »
Ayant si bien réussi à l'intérieur, Henri espéra obtenir une décision également favorable des différentes
universités d'Italie, de France et d'Allemagne, et à
cet effet il eut recours à tous les artifices par lesquels
on peut surprendre ou influencer les gens corrompus,
ceux qui sont sans défiance, et quelquefois les hommes
sages et vertueux. Rien ne fut épargné, ni ordres, ni
prières, ni corruption : *Nullo non astu, et prece, et
pretio.* (Épitre de Clément à Raynald.) « Car je suis
sûr que le roi paya avant de promettre; d'où je suis
sûr que sa requête fut accordée avant qu'il la fît. »
(Shakspeare.) Mais la corruption surtout fut mise en
usage. Plusieurs des universités de France et d'Italie
décidèrent en faveur du roi, mais il ne réussit pas aussi
bien dans celles d'Allemagne. On ne put engager aucun des corps publics à embrasser sa cause; les ecclésiastiques réformés eux-mêmes, à quelques exceptions
près, condamnèrent hautement cette mesure. On ne
devait naturellement pas espérer que Luther se laissât
séduire; il n'avait pas oublié son ancienne animosité
contre Henri, et il écrivit de sa propre main à Bornes,
l'agent du roi, qu'il permettrait plutôt à Henri d'avoir

deux femmes, que de consentir à son divorce avec Catherine. Au milieu de toutes ces intrigues, des nouvelles arrivèrent de Rome. Clément, après mûres délibérations, avait cru devoir lancer un bref prohibitif, défendant à toutes les cours et à tous les tribunaux ecclésiastiques de rendre un jugement quelconque dans cette affaire. On remarqua que le roi devint singulièrement pensif en voyant échouer tous ses plans pour amener le divorce; il parut changer d'idées. Toutes ses manœuvres avaient été vaines, des sommes d'argent considérables avaient été prodiguées sans résultat. Il dit donc à ses confidents qu'il avait été grossièrement trompé; qu'il n'aurait jamais eu l'idée d'un divorce si on ne lui avait mis dans la tête que la bulle de dispense était défectueuse.

Il avait, plus tard, reçu l'assurance que l'approbation papale pouvait être facilement obtenue, et, cette assurance étant mal fondée, il était décidé à renoncer pour toujours à ce projet. Dans cette situation d'esprit, ayant rencontré le docteur Clarke, évêque de Bath, il lui demanda d'un ton d'impatience : « Milord de Bath, que pensez-vous de la bulle, est-elle bonne ou non? Si elle est mauvaise, qu'on le déclare, et si elle est bonne, elle ne sera jamais révoquée par moi. »

Les Wyat, les Brian et autres intrigants de la cour se hâtèrent de faire part à Anne des hésitations du roi.

Le découragement se peignit sur le visage de la maîtresse et de ceux qui vivaient dans ses faveurs. On commençait à prédire tout bas leur disgrâce, lorsque tout
à coup ils furent sauvés d'une ruine imminente par
l'un de ces agents du mal, qui semblent voués au service de l'esprit de ténèbres. Dans la maison de Wolsey il y avait un individu, nommé Crumwell, fils d'un
cardeur de Wulney, qui, tiré de sa condition obscure,
avait été employé par le cardinal à propos de l'abo-
lition des petits monastères. Cet homme avait erré pendant plusieurs années en Italie, et dans un moment
d'expansion, rare chez lui, il s'ouvrit au cardinal
Pole. Il se donna comme disciple de Machiavel; il
pensait que le vice et la vertu ne sont que des noms,
bons tout au plus à charmer les loisirs du collége,
mais pernicieux pour ceux qui cherchent à s'élever à
la cour des princes. D'après lui, le grand art du politique consistait à soulever le voile que les souverains
ont coutume de jeter sur leurs inclinations véritables,
et de mettre au service de leurs passions des expédients
ingénieux, au moyen desquels ils puissent se conduire
selon leur bon plaisir, sans paraître outrager la morale
ou la religion.

« Crumwell avait suivi Wolsey à Esher; mais il
trouva, dit Tytler, que la maison d'un ministre déchu n'était pas une sphère convenable pour un carac-

tère aussi remuant, et sous le masque de ce que nous pouvons, sans manquer de charité, nommer de l'hypocrisie religieuse, il dissimula le dessein prémédité de rétablir sa fortune et de gagner la faveur du roi.

C'est à cette époque que Cavendish, l'affectueux biographe de son maître Wolsey, peint cet ambitieux aventurier. « Il m'arriva, dit-il, le matin du jour de la Toussaint, d'entrer dans le grand salon d'Esher pour faire mon service : j'y trouvai maître Crumwell, appuyé contre la grande croisée, tenant à la main un livre d'Heures, dans lequel il lisait les matines de la sainte Vierge, ce qui aurait fait plus tard un spectacle singulier. Il priait avec ferveur et ses yeux étaient baignés de larmes. Je lui souhaitai le bonjour, en disant : « Eh bien ! maître Crumwel, que signifie ce grand chagrin ? Monseigneur a-t-il à craindre quelque danger, que vous vous lamentiez ainsi ; avez-vous eu à souffrir de quelque accident ? — Non, non, répondit-il, ce qui me tourmente, c'est ma malheureuse aventure, qui est capable de me faire perdre le fruit des peines que je me suis données pendant toute ma vie, pour avoir servi mon maître avec trop de zèle et de fidélité. — Comment ! Monsieur, j'espère que vous êtes trop sage pour commettre, par l'ordre de Monseigneur, aucune action contraire à ce que vous pensez être juste, et qui puisse vous faire craindre de perdre

votre fortune. — Bien, bien ! reprit-il, je sais à quoi
m'en tenir sur tout ce qui arrive; et ce que je vois parfaitement, c'est que je suis méprisé du plus grand
nombre, à cause de mon obéissance à mon maître. Il
est bien difficile de se défaire d'une mauvaise réputation, lorsqu'elle est une fois acquise, même injustement. Je n'ai jamais obtenu de Monseigneur aucun
avancement pour l'augmentation de mes revenus; et
je vous déclare que mon intention est, avec la permission de Dieu, de me rendre cette après-midi, après le
dîner de Monseigneur, à Londres, et de là à la cour,
où je tâcherai d'obtenir quelque chose avant de revenir. » On ne peut douter que Crumwell ne fût en correspondance avec les confidents d'Anne Boleyn, et
qu'il ne fût au fait de la situation critique de leurs
affaires. Le lendemain même du jour où les intentions
du roi furent connues, il se rendit à la cour à Greenwich, où tout avait été arrangé pour lui obtenir une
audience. Le cardinal Pole, qui tient ce récit de
Crumwell lui-même et d'autres qui étaient présents,
raconte que dans cette circonstance Crumwell suggéra
au roi le moyen de surmonter l'obstacle apporté par
le pape au divorce, en prenant l'autorité entre ses
mains et en se déclarant chef de l'Église dans son
royaume. Ces idées étaient entièrement nouvelles
pour le roi. Comme Crumwell, après avoir terminé

son discours, se tenait debout, les yeux timidement baissés, Henri le regarda pendant quelques instants en silence, et lui demanda ensuite s'il pouvait prouver que toutes ces choses fussent faisables. Crumwell leva les yeux d'un air modeste, et affirma au roi qu'il pouvait le satisfaire en prouvant ce qu'il avançait. Le roi, ravi, remercia l'homme dont la logique était si convaincante, et lui ordonna de prêter serment comme membre, à compter de ce moment, de son conseil privé.

1531. Le 7 février, un bill fut présenté à la chambre des lords; il contenait la clause suivante : « Reconnaissant le roi comme protecteur et seul chef suprême de l'Église et du clergé d'Angleterre. » Ce ne fut qu'après de longs débats que le bon Warham et quelques autres purent obtenir la modification *après Dieu,* et enfin la clause fut conçue en ces termes : « Desquels Église et clergé, nous reconnaissons Sa Majesté comme principal protecteur, seul et suprême seigneur, *et autant que la loi du Christ le permet,* comme chef suprême. »

Crumwell s'éleva successivement au rang de chancelier de l'Échiquier et de premier secrétaire du roi; il ne lui manquait, pour couronner son ambition, qu'un titre inconnu jusque alors : il fut nommé, selon les propres termes de la patente, vice-gérant royal,

vicaire général et principal commissaire, avec toute
l'autorité spirituelle appartenant au roi comme chef de
l'Église, pour l'administration convenable de la justice
dans tous les cas touchant la juridiction ecclésiastique
et la réforme pieuse, ainsi que le redressement de toutes
les erreurs, hérésies et abus de ladite Église.

« Ici donc, s'écrie l'ardent Roper, nous voyons le
roi et l'homme commissionné par lui s'ériger en juges
uniques de toute matière de foi et s'arroger toute discipline ecclésiastique. La commission donnée par notre
Sauveur à ses Apôtres et à leurs successeurs est mise
de côté par la loi humaine, et toute l'autorité reçue
par eux du Ciel est transférée à l'État. Le soin des âmes
est dévolu au pouvoir civil, et le bien-être de la chrétienté doit dépendre de la volonté du magistrat. »
Il ajoute ensuite : « Pour montrer le triomphe d'Henri
dans sa nouvelle dignité, une médaille fut frappée
portant d'un côté son effigie, et sur le revers trois in-
scriptions en latin, en grec et en hébreu, en commé-
moration de cet événement. »

30 Mars. Afin de prévenir autant que possible
l'impression que devait probablement faire sur l'esprit
public le bref prohibitif de Clément, Morus, vu les
attributions de sa charge de chancelier, se rendit, accompagné de douze des pairs, à la chambre basse. On
y lut la réponse des universités, et on exhiba une pile

formidable de papiers, contenant, à ce que l'on prétendait, l'opinion des théologiens et des canonistes. Le lendemain après la prorogation, plusieurs lords furent députés vers la reine pour la prier, afin d'apaiser la conscience du roi, de s'en rapporter pour cette affaire à la décision de quatre seigneurs laïques et de quatre seigneurs ecclésiastiques. « Que Dieu lui accorde une conscience paisible, répondit-elle, mais voici ce que j'ai à lui dire : Je suis sa femme mariée légitimement par la sainte Église, et je resterai telle jusqu'à ce que la cour de Rome, qui a jugé au commencement, décide quelle sera la fin. » Une seconde députation lui fut envoyée pour lui intimer l'ordre de quitter le palais de Windsor. « Quelque part que j'aille, dit-elle, je n'en serai pas moins sa femme légitime. » A dater de ce jour Catherine et Henri ne se revirent jamais. Elle se rendit d'abord au château royal de Moor, puis à East Hamplsa, et fixa enfin sa résidence à Ampthell, dans le comté de Bedford. Ce fut vers cette époque que Morus perdit son père. Après une longue vie consacrée à l'accomplissement de ses devoirs, sir John Morus, âgé de près de quatre-vingt-dix ans, alla rejoindre ses aïeux. Il avait vécu assez pour voir s'élever son fils aux plus hautes dignités, et il fut rappelé à temps pour ne pas être témoin de sa malheureuse fin. Il est à peine nécessaire d'apprendre au lecteur que, dans cette triste circonstance, Morus donna les preuves les plus touchantes d'amour filial, et que le vieillard rendit le dernier soupir dans ses bras, encouragé par ses prières et consolé par les soins les plus tendres qui puissent naître de la religion et du cœur d'un fils. Si cette mort accrut la fortune de Morus, elle l'accrut de peu. La dernière femme de sir John vivait encore, et elle jouit de l'usufruit de la plus grande partie de la fortune de son mari. Morus, dans son apologie, dit à ce sujet : « Le revenu des terres et des émoluments que je possède dans toute l'Angleterre, indépendamment de ce qui provient des dons de Sa Très-Haute Grâce le roi, ne s'élève en ce moment et ne s'élèvera au plus qu'à la somme de cinquante livres, tant que ma belle-mère vivra. (Et je prie Dieu de tout mon cœur qu'il lui conserve la vie et la santé.) » D'après ce chiffre, nous pouvons apprécier la valeur des aumônes de Morus et son mépris des richesses.

Cependant la position de Morus devenait chaque jour plus embarrassante. Les hautes dignités auxquelles il avait été élevé par le roi, les témoignages évidents de faveur personnelle qu'il en avait reçus, son humeur douce et aimable, tout se réunissait pour l'empêcher de résister, autant que les limites les plus larges de sa conscience pouvaient le permettre, aux désirs de son souverain. D'un autre côté, la profondeur de ses sentiments religieux et son respect pour l'autorité de l'Église lui faisaient considérer avec crainte et défiance la conduite d'Henri et ses desseins, qui tendaient évidemment à une rupture avec le saint-siége, centre de l'unité catholique. Outre ces principes plus élevés, ses sentiments d'humanité, de générosité et de justice le portaient à épouser la cause d'une princesse outragée et innocente, chassée du trône et du lit d'un époux tyrannique.

On doit aussi se rappeler que Morus avait été admis dans l'intimité domestique, aux causeries d'intérieur du roi et de la reine, et qu'il avait eu, par conséquent, de nombreuses occasions de voir et d'apprécier les vertus et les qualités estimables de cette excellente femme. Les inquiétudes de Morus s'accrurent à mesure que s'approchait l'instant où devaient être exécutés les projets du roi, concernant son divorce et son second mariage.

Quelques anecdotes relatives à cette époque de la vie du chancelier, ont été conservées par la plume affectueuse de son gendre Roper. Nous avons déjà vu qu'après les affaires de la journée, Morus se promenait de préférence sur le bord de la Tamise. Son gendre l'accompagnait souvent. Dans une de ces promenades, il s'adressa à Roper d'un ton plus sérieux que d'habitude. « Je voudrais, dit-il, mon fils Roper, qu'il plût à Dieu, à condition de voir trois choses bien établies dans la chrétienté, qu'on me mît dans un sac et qu'on me jetât sur-le-champ dans la Tamise. — Et quelles sont donc, Monsieur, repartis-je, ces trois grandes choses qui vous font exprimer un pareil désir? — Ma foi, mon fils, répliqua-t-il, les voici : la première c'est que, comme la plupart des princes chrétiens se font une guerre acharnée, ils pussent tous conclure une paix universelle; la deuxième, c'est que, l'Église de Jésus-Christ étant maintenant affligée d'un grand nombre d'erreurs et d'hérésies, on pût y établir une parfaite uniformité de religion. La troisième, c'est que, comme l'affaire du mariage du roi est maintenant sur le tapis, elle puisse, pour la gloire de Dieu et la satisfaction de tous les partis, être menée à une bonne conclusion. » Une autre fois Morus s'en retournait dans sa barque après avoir dîné chez un négociant de la Cité. Son bailli des eaux, fidèle serviteur, ayant entendu plusieurs personnes imbues des nouvelles doctrines, railler sir Thomas à cause de son opposition bien marquée aux doctrines luthériennes, se mit fort en colère, sachant bien que son bon maître ne méritait nullement de pareilles invectives. Lorsqu'ils furent assis dans la barque, il ne manqua pas de rappeler les choses désagréables qu'il avait entendues, et ajouta avec un signe de tête expressif : « Si je jouissais, Monsieur, d'autant de faveur et de crédit que vous auprès du prince, ces hommes ne me calomnieraient pas avec autant d'impudence. Ne feriez-vous donc pas bien, Monsieur, de les citer à comparaître devant vous et de les punir, à leur honte, pour leur injuste malignité? » Sir Thomas, souriant de cette honnête vivacité, répliqua : « Eh quoi! monsieur le bailli, voulez-vous que je punisse ceux qui me rendent de plus grands services que vous tous qui êtes mes amis? Laissez-les, pour l'amour de Dieu, parler de moi tout à leur aise et me lancer autant de traits que cela leur fera plaisir; tant qu'ils ne m'atteignent pas, quel mal peuvent-ils me faire? Il est vrai que, s'il leur arrivait par hasard de m'atteindre, j'en serais bien mari; mais j'espère qu'avec l'aide et par la grâce de Dieu, aucun d'eux ne parviendra à me toucher; et croyez bien que j'ai plus de raison d'en avoir pitié que d'être irrité contre eux. »

Morus, pour remplir la tâche que lui imposait sa position officielle, devait faire violence à son naturel. En exposant devant la chambre des Communes les opinions des universités, qui étaient, par le fait, autant d'outrages aux sentiments de la reine, pour qui il éprouvait tant d'amour et de respect, il fut forcé de répéter un mensonge sur lequel il lui dut coûter de s'appesantir. Aussi, peu de temps après, nous le voyons s'adresser à son ami intime, le duc de Norfolk, et le prier d'intercéder auprès de son royal maître pour qu'il lui soit permis de rendre les sceaux. Une maladie de poitrine, causée par une application trop soutenue, fut le prétexte dont il se servit, tant auprès du duc qu'auprès des amis avec lesquels il était en correspondance. Mais Norfolk savait trop bien de quelle importance étaient pour le roi les services de Morus dans la position qu'il occupait, pour faire une telle démarche avant d'y être forcé par les instances réitérées du chancelier; et Henri, quelque fût son désir de remplacer la rigide honnêteté de Morus par quelque chose de plus souple et de plus soumis à ses désirs, eut assez de décence pour ne pas accepter la démission offerte, avant d'en avoir été sollicité à plusieurs reprises. Cependant Henri consentit enfin, et Morus obtint une audience pour lui remettre les sceaux, qu'il avait gardés pendant deux ans et sept mois. Hall raconte ainsi cet événement : « Sir Thomas Morus, après avoir longtemps prié le roi de le délivrer de sa charge, lui remit le 15 mai, à Westminster, le grand sceau d'Angleterre, et fut, par la faveur du roi, congédié. Le roi garda ce sceau jusqu'à la Pentecôte suivante, et le lundi de la semaine de la Pentecôte il créa Thomas Andley orateur du parlement, chevalier, et le fit lord gardien du grand sceau. »

Comme nous verrons le successeur de Morus dans les rangs de ses adversaires, il est bon de dire en passant quelques mots sur sa conduite et son caractère. On pourra puiser quelques renseignements à ce sujet dans certains documents tirés des *papiers d'État*, et qui ne le présentent pas sous un jour favorable, si surtout on le compare à son prédécesseur. Les passages suivants montrent combien sa conduite contrastait avec la sévère intégrité et la mâle indépendance de Morus. Dans une lettre de lui au secrétaire Crumwell, après avoir déclaré que ses dettes le tourmentent cruellement, il dit : « Je crains de demander quelque chose à Sa Grâce le roi, car il m'a déjà témoigné beaucoup de munificence; mais, Monsieur, puisse, par votre entremise, plaire à Sa Grâce le roi de me donner cette pauvre maison dont je vous ai déjà parlé, et qui appartenait naguère à l'église du Christ, à peu de distance de Londres, avec les terres et les prairies qui en dépendent, et dont le revenu annuel n'excède pas vingt marcs; puisse aussi Sa Grâce vouloir, dans sa bonté, me payer les cent livres qui me sont dues et me prêter six cents livres sur de bonnes garanties. Je vous prie de brûler cette lettre ou de la tenir secrète, car elle contient la preuve de mon indigence, que je ne voudrais pas faire connaître à tout le monde. » Dans une autre lettre datée de la même année (1533) on trouve ce qui suit : « Il a couru des bruits touchant la dissolution de l'abbaye de Saint-Jean, Colchester et de Saint-Oswith, et je prends la liberté d'écrire à Votre Seigneurie touchant ma dernière requête. Je vous supplie, Monseigneur, si Votre Seigneurie trouve cette requête honorable et raisonnable, d'en vouloir bien parler à Sa Majesté et de l'appuyer sérieusement. Je vous tourmente souvent de mes demandes, et ne puis vous récompenser de votre politesse et des peines que je vous donne; mais s'il vous est possible d'obtenir cette faveur, *vous aurez deux cents livres de pot-de-vin.* » Cette proposition est faite avec tant de sang-froid et ressemble tellement à une transaction commerciale, qu'on peut croire qu'il n'y avait rien de nouveau pour Crumwell dans des affaires de cette nature. L'éditeur des *papiers d'État*, d'où nous tirons cette nouvelle, dit sèchement : Crumwell ne fut pas tenté par cette offre; il obtint l'abbaye pour lui-même. Marillac, ambassadeur de France, appelle Andley *un grand vendeur de justice.* (Legrand. I. 224.)

CHAPITRE VII.

Morus dans sa retraite. Nouveaux arrangements domestiques. Sa pauvreté. Offres des évêques. Accusation et défense. Cramner. Mariage d'Henri et d'Anne Boleyn. La nonne de Kent. L'évêque Fisher. Morus est accusé de non révélation de haute trahison. Statuts concernant la succession et l'allégeance. Morus refuse de prêter serment. Il est emprisonné à la Tour.

(1532-1534)

Morus renonça à sa haute position avec plus de joie et d'empressement que d'autres n'en éprouvent en acceptant les honneurs tant enviés des charges publiques. La possession de ces honneurs éleva son âme, au lieu de la corrompre. En les abandonnant, son esprit lui parut soulagé d'un fardeau qui l'oppressait, et il se réjouit de pouvoir de nouveau respirer à son aise. Lorsque ses amis lui témoignèrent leur chagrin de la perte de ses dignités, il sourit de leur sollicitude inutile, et les rendit honteux des regrets qu'ils laissaient

13

voir, à la nouvelle d'un événement auquel ceux qui
connaissent l'instabilité des grandeurs humaines devraient toujours être préparés.

La manière caractéristique dont il fit part de sa démission à sa femme, prouve assez qu'il se trouvait
dans cette position d'esprit. Il avait rendu les sceaux
la veille, qui était un samedi, et le dimanche matin
il s'était rendu avec sa famille à l'église de Chelsea.
Lorsqu'il était chancelier, un de ses serviteurs avait
l'habitude, après le service divin, d'aller trouver
Mme Morus à son banc, et de la prévenir que Monseigneur était parti en avant. Dans cette circonstance,
sir Thomas s'y présenta lui-même, le bonnet à la
main, et, faisant un profond salut, lui dit avec une
gravité parfaite : « Madame, Monseigneur est parti. »
Accoutumée à ses plaisanteries, car il avait l'habitude
de plaisanter avec elle en toute occasion, sa femme y
fit peu attention pour le moment; mais lorsqu'à son
retour chez lui il lui apprit sérieusement qu'il s'était
démis de sa charge, elle entra dans une véritable
colère. Nous avons dit qu'elle avait un penchant à la
vanité, et ce sentiment devait naturellement se manifester dans cette occasion. « Tilly valy ¹, qu'allez-vous

---

¹ Exclamation ordinaire à cette époque, dont l'origine paraît être
le pays de Cornouailles, et sur le sens de laquelle Makintosh est
embarrassé.

faire? s'écria-t-elle, sa colère croissant de plus en plus; qu'allez-vous faire, que vous ne vouliez pas faire votre chemin comme d'autres gens? Allez-vous vous asseoir au coin du feu, et faire comme les enfants des dessins dans les cendres avec un bâton? Plût à Dieu que je fusse homme, et vous verriez alors ce que je ferais. — Eh bien! Alice, reprit sir Thomas, que feriez-vous? — Ce que je ferais? repartit-elle; ma foi, j'irais en avant avec les principaux d'entre eux tous; car, comme ma mère (Dieu veuille avoir son âme) avait coutume de dire, il vaut toujours mieux gouverner que d'être gouverné soi-même. — Par ma foi! femme, dit Morus, je sais que voilà une règle que tu as toujours été disposée à suivre. — Certainement, répondit-elle, et toute personne douée de quelque énergie en ferait autant. »

Voyant que sa femme était disposée à avoir le dernier mot, le chevalier, dans un accès de bonne humeur, appela ses filles, et leur demanda si elles ne voyaient pas quelque chose de dérangé dans l'extérieur de leur mère. Alice, pensant qu'il y avait effectivement quelque chose de dérangé dans ses vêtements, se tourna du côté de ses filles pour qu'elles pussent l'examiner. « Oh! ce n'est pas cela, dit sir Thomas en riant. Ne vous apercevez-vous pas que le nez de votre mère est un peu de travers? » Ceci était par trop fort, et la dame courroucée se renferma dans sa chambre, ce que désirait Morus.

On dira peut-être que des choses aussi insignifiantes ne sont pas dignes d'être rapportées dans la vie d'un si grand homme ; mais ne peut-on pas souvent, par des circonstances légères en apparence, en apprécier le vrai caractère ? De telles anecdotes sont bien plus propres à nous montrer Morus sous son véritable aspect, que des portraits minutieusement exécutés. Elles prouvent que sa bonne humeur était naturelle, sans affectation, et que les richesses et les honneurs avaient si peu de charme pour lui, qu'il plaisantait encore en s'en débarrassant.

C'est à cette époque qu'il fit faire dans l'église de Chelsea son tombeau, avec une inscription rapportant les événements les plus remarquables de sa vie. Il en parle ainsi dans une de ses lettres à Érasme : « Certains bavards avaient ici donné à entendre que, bien que j'eusse dissimulé mes sentiments, je n'avais qu'avec répugnance renoncé aux avantages de ma charge. Je suis décidé à représenter la chose telle qu'elle est réellement, et, à cet effet, je me suis occupé de mon tombeau, pour lequel j'ai composé une épitaphe, où je réfuterai ces insinuations ; et en cela je travaillerai moins pour mon propre compte, car je m'inquiète peu des discours des hommes, pourvu que j'aie l'approbation de Dieu ; que parce qu'ayant écrit quelques ouvrages pour défendre certains dogmes mis en question, j'ai compris qu'il était convenable que je défendisse l'intégrité de mon caractère. Et afin que vous puissiez juger de l'arrogance avec laquelle j'ai écrit, je vous envoie ci-incluse l'épitaphe en question ; vous y verrez combien peu je suis disposé à flatter ces gens-là. J'ai attendu assez longtemps les suffrages sur ma conduite officielle, mais jusqu'à présent personne ne s'est présenté pour attaquer mon intégrité. Il faut que j'aie été bien innocent ou bien sur mes gardes ; et si mes adversaires me refusent l'un, il leur faudra du moins m'accorder l'autre. Le roi lui-même a souvent déclaré en particulier, et deux fois en public, son opinion à ce sujet ; car, lorsque mon successeur prit possession de son siége, Sa Majesté ordonna au duc de Norfolk, haut trésorier d'Angleterre, de porter un témoignage honorable en ma faveur, plus même que la modestie ne me permet de répéter, et de dire que c'était avec la plus grande répugnance, et non sans des sollicitations réitérées, qu'il avait accepté la démission offerte par moi ; et, non content de cela, il fit répéter la même chose en sa présence, longtemps après, dans le discours prononcé par mon successeur devant la chambre des Communes. »

Retiré maintenant dans sa paisible retraite de

Chelsea, il semble y respirer plus librement. Écoutons-le épancher son cœur dans le sein d'un ami : « Ces dignités éminentes élèvent un homme bien haut, sans doute, et le placent au-dessus de la foule ; mais souvent, comme un cheval farouche et capricieux, elles désarçonnent leur cavalier. La médiocrité dorée, l'état moyen, est celui qu'on peut, s'il est permis de s'exprimer ainsi, gouverner plus facilement, celui que nous parvenons à dompter avant d'en être domptés nous-mêmes. C'est pourquoi, bien convaincu de cette opinion, j'attache plus de prix à ma petite maison, à mes études, au plaisir de la lecture, à ma famille, à la paix et à la tranquillité intérieures, qu'à tous vos palais royaux, à vos affaires publiques, à toute la gloire, aux avantages et aux faveurs de la cour, auxquels nous aspirons avec tant d'ardeur. J'attends d'autres fruits de mes études : que je puisse engendrer les enfants que j'ai conçus, que je puisse publier quelques ouvrages de moi, pour le bien général ; s'ils ne sont d'aucun profit pour la science, ils prouveront au moins de l'esprit et du travail. » Il est douloureux de penser que ces rêves de bonheur devaient être de si courte durée, et que ces projets littéraires ne seraient qu'une *utopie*. « Lorsque le roi, dit Roper, reçut gracieusement le sceau des mains de Morus, après beaucoup de remerciements et d'éloges pour les

loyaux services qu'il avait rendus dans cette charge,
Sa Grandeur voulut bien en outre dire à Morus qu'en
considération de ses services, il pouvait être sûr que,
quelles que fussent les demandes qu'il eût à lui adresser à l'avenir, touchant soit *son honneur*, car c'est le
mot dont se servit le roi, soit ses intérêts, il trouverait toujours en Sa Grandeur un seigneur bon et gracieux. » Roper ajoute : « Combien ces paroles étaient
sincères ! non-seulement le roi ne lui fit pas cadeau
d'un denier, mais encore il le dépouilla plus tard, ainsi
que sa postérité, de tout ce qu'il lui avait été donné,
de tout ce que sir John son père lui avait laissé et de
ce qu'il avait acquis lui-même. »

Les évêques n'ignoraient pas que, malgré la faveur du
roi, Morus était pauvre. De concert avec les membres
les plus distingués du clergé, ils convinrent, dans une
de leurs assemblées, de lui offrir, comme récompense,
une somme d'argent, produit d'une souscription faite
parmi eux, et dont le montant est évalué à cinq mille
livres sterling, somme énorme pour cette époque.
Les évêques de Bath, de Durham et d'Exeter (les docteurs Clarck, Tunstall et Hussay), se rendirent auprès
de lui et lui firent cette offre au nom de l'assemblée. Ils
dirent qu'ils avaient hautement apprécié son travail
et les peines qu'il avait prises, en écrivant plusieurs
livres savants pour la défense de la foi catholique

contre les erreurs répandues secrètement dans le
royaume; que c'était à leurs soins comme pasteurs,
que la défense de ces intérêts appartenait principalement, et que cependant il n'y avait pas un seul ecclésiastique dont les ouvrages pussent rivaliser avec les
siens, par l'étendue, la force des arguments ou les
heureux résultats qu'il avait obtenus. C'est pourquoi
ils se croyaient comme tenus de le récompenser des
peines qu'il avait prises et du zèle qu'il avait déployé
pour les défendre dans la cause de Dieu; qu'ils n'ignoraient pas combien il leur était impossible de propor-
tionner la récompense au mérite, et qu'il fallait laisser
cela à la bonté de Dieu. Mais, considérant que sa fortune était loin de répondre à tant de qualités, l'assemblée tout entière les avait députés vers lui pour le
supplier d'accepter cette somme comme un faible témoignage de reconnaissance, et qu'ils espéraient qu'il
daignerait la recevoir, en considération de l'esprit dans
lequel elle était offerte. « Ceci, dit le petit-fils de
Morus, était une action magnifique de la part des prélats; mais ils connaissaient bien peu la noblesse du caractère de ce grand homme. » Il les pria d'accueillir
l'expression de sa vive reconnaissance, mais il refusa le
don. « C'est une grande satisfaction pour moi, dit-il,
que des hommes aussi sages et aussi savants fassent un
tel cas d'actions bien simples; mais je n'ai jamais eu

l'intention d'accepter la moindre récompense, excepté des mains de Dieu seul ; c'est de lui, le dispensateur de tous les dons, que j'ai reçu celui de pouvoir défendre sa cause, et à lui seul en revient toute la gloire. Je rends grâces du plus profond de mon cœur à Vos Seigneuries pour votre offre obligeante ; mais je dois vous supplier de m'excuser si je n'accepte rien de vos mains. » Et quoique, poursuit son petit-fils, ils continuassent à le presser si vivement, qu'un refus semblait impossible, ils ne purent, malgré tous leurs efforts réunis, réussir à lui faire accepter leur don. Ils changèrent alors de batteries, et le supplièrent de leur permettre au moins de l'offrir à sa femme et à ses enfants. « Non pas, Messeigneurs, dit le chancelier, non pas, vous ne me circonviendrez pas ainsi ; j'aimerais mieux voir jeter cet argent dans la Tamise, que d'en voir profiter qui que ce soit de ma famille ; sans doute votre offre est en elle-même très-honorable et très-bienveillante ; mais je fais tant par goût et si peu par amour du lucre, que je ne voudrais vraiment pas, pour une somme bien plus considérable, avoir perdu la valeur de tant de nuits sans sommeil. Et cependant, malgré tout cela, je consentirais, à condition que toutes les hérésies fussent détruites, à ce que tous mes livres fussent brûlés, et à sacrifier ainsi tout le fruit de mon travail. »

« De sorte, continue Crésaire, que les évêques furent

obligés de s'en retourner chacun chez soi, et tout le
monde put se convaincre, par cette vertueuse réponse
et par la fermeté de sa conduite, que toute sa sollicitude était pour le plus grand honneur de Dieu, et non
pour quelque vaine gloire ou de simples intérêts mondains. » Les réformateurs, toujours à l'affût des moindres événements qui pussent être défavorables à leur
infatigable adversaire, firent courir le bruit que Morus
avait été acheté par le clergé pour écrire contre eux.

Dans l'*Apologie* publiée peu de temps après par
Morus, on trouve le passage suivant : « Je ne nie-
rai pas que quelques hommes honorables et vertueux
du clergé n'aient voulu, en récompense de ma
bonne volonté et de mes travaux contre ces hérétiques, me donner beaucoup plus que je ne mérite;
mais je puis bien prendre Dieu et eux à témoin qu'aucun d'eux n'a jamais pu rien me faire accepter, car je
leur ai dit ouvertement que je préférerais jeter leur
argent dans la Tamise que de le prendre. Bien qu'il se
trouve parmi eux des hommes vertueux et honorables,
ce n'est pas d'eux que j'attends ma récompense, mais
de Dieu, pour l'amour de qui seul j'ai pris toutes ces
peines. »

Certes, si le roi eût été doué de la moindre sensibilité, la démarche des évêques lui eût paru la censure
la plus amère de sa conduite; mais l'égoïsme croissant

d'Henri avait fermé son cœur à tout sentiment de cette
nature. Lorsqu'il s'agissait de satisfaire sa passion,
nous l'avons vu prodiguer ses trésors ; mais il n'y
avait rien dans le loyal et intègre Morus qui pût l'in-
téresser ou éveiller sa sympathie.

Mais Morus pouvait se passer de cette amitié ; la simplicité et la modération de ses goûts lui rendaient la
retraite tellement facile, que ses habitudes personnelles n'en éprouvèrent aucun changement. Il fit cadeau au lord maire de son fou, partie alors indispensable de la maison d'un grand seigneur [1]. Son premier
soin fut de subvenir aux besoins de sa suite, en pla-
çant ses gentilshommes et ses gardes près de différents
pairs et prélats, et ses huit mariniers au service de
son successeur, sir T. Audley, à qui il donna sa
grande barque, un des apanages les plus indispensables de sa charge, à une époque où les voitures
étaient inconnues. Son plus grand chagrin fut de se
séparer de ceux qu'il aimait. Il rassembla ses enfants
et ses petits-enfants, qui avaient vécu jusque alors dans
la paix et l'amitié sous son toit patriarcal, et après
leur avoir exprimé combien il regrettait de ne pouvoir agir comme il le désirait, c'est-à-dire de conti-

[1] Rastell nous apprend que Pattison fut renvoyé à son père. Nous
n'hésitons pas à le croire, car cela est plus en rapport avec l'humanité bien connue de sir Thomas.

nuer à prendre soin d'eux tous lui-même et de vivre
comme à l'ordinaire, il les pria de lui donner leurs
avis dans cette circonstance difficile. Quand il vit qu'ils
gardaient le silence, n'osant risquer leur opinion, il
leur donna la sienne avec sa gaieté naturelle. « J'ai été
élevé, dit-il, à Oxford, dans un hôtel de la chancellerie, à Lincoln's-Inn, ainsi qu'à la cour du roi, depuis
le degré le plus bas jusqu'au plus élevé, et cependant
il ne me reste guère que cent livres par an (y compris
les dons du roi); c'est pourquoi, maintenant s'il nous
plaît de vivre ensemble, il faut que nous nous coti-
sions tous; mais il ne faut pas que nous tombions d'a-
bord au plus bas degré. Nous commencerons par le
régime de Lincoln's-Inn, dont se contentent un grand
nombre d'hommes respectables et avancés en âge;
l'année suivante, s'il ne nous est pas possible d'y suffire, nous descendrons d'un degré, au régime de
New-Inn; si ce régime est encore au-dessus de nos
moyens, nous en viendrons l'année suivante à celui
d'Oxford, auquel sont soumis un grand nombre de
gens graves, savants et respectables par leur âge. Si
nos ressources ne nous permettent pas d'y rester non
plus, nous prendrons des bissacs et nous nous mettrons
tous ensemble à mendier, et à chanter aux portes un
Salve regina pour exciter la bienfaisance, et pouvoir
rester ainsi en société et nous réjouir tous ensemble. »

Ses enfants se virent forcés de se séparer de lui, excepté Roper et sa femme, qui vivaient dans une maison
contiguë à la sienne.

On lit dans une vie manuscrite de Morus, collection
de Lambeth : « Après s'être démis de sa charge de chancelier, il n'était pas en état de fournir, pour son entretien et celui de sa famille, assez de vivres, de vêtements et autres articles indispensables. Il était obligé,
en hiver, manquant de bois de chauffage, de faire
apporter dans sa chambre une grande botte de luzerne
sèche, à la flamme de laquelle il se chauffait, lui, sa
femme et ses enfants; après quoi ils se couchaient sans
autre feu. »

Morus, dans ses lettres à Érasme, s'était félicité de
ce que personne n'avait osé mettre son intégrité en
doute; mais il trouva bientôt des gens assez impu-
dents pour le faire [1].

On exerça l'espionnage le plus servile et le plus perfide, dans le but de trouver quelque sujet d'accusation

---

[1] « Le monde, disait Morus, est ingrat : non-seulement il récompense rarement les bons services, mais il cherche encore à représenter les actions les plus simples sous un faux jour. Une bonne
action, du reste, est au-dessus des récompenses qu'il peut donner;
Dieu seul donnera cette récompense. »

Il dit encore quelque part, en parlant des ingrats : « Ils écrivent
sur le sable les services les plus importants, et les plus petites injures
sur le marbre. »

contre lui, et c'est alors qu'il put juger de la véritable
valeur de son intégrité et d'une conscience pure. S'il
n'avait pas agi avec la probité la plus irréprochable
dans la charge importante qu'il avait remplie, s'il n'a-
vait pas conservé ses mains pures de toute corruption,
le moindre prétexte eût été avidement saisi pour le
perdre. En effet, un homme, du nom de Parnell, fut
engagé à déposer une plainte contre Morus. Il l'accusa
d'avoir prononcé un décret contre lui dans la cour de
la chancellerie, à la requête d'un nommé Vaughan, et
de s'être laissé corrompre par le cadeau d'une grande
coupe en vermeil qui lui avait été remise par la femme
de ce Vaughan. Sur cette accusation, il fut sommé de
comparaître devant le conseil présidé par lord Willt-
shire, père d'Anne Boleyn. Lorsque le témoin déclara
les faits à sa charge, il avoua sur-le-champ que ce
vase lui ayant été offert pour étrennes longtemps après
que le décret eut été rendu, il l'avait accepté. En entendant ces paroles, les yeux du président brillèrent
de plaisir; il ne put maîtriser son émotion et s'écria :
« Eh bien! Milords, ne vous avais-je pas dit que nous
découvririons que le fait était exact? » Sir Thomas dit
avec calme « que, puisqu'ils avaient bien voulu écouter avec courtoisie la première partie de l'histoire, ils
voudraient bien entendre la seconde avec la même impartialité. » Ceci ayant été accordé, il déclara que,

« bien qu'après beaucoup d'importunités il eût en
effet consenti à recevoir cette coupe, il envoya sur-le-
champ chercher son sommelier, et, lui ayant ordonné
de là remplir de vin, là présenta à Mme Vaughan, et,
après qu'elle eut bu, il la vida également, à sa santé ;
puis, aussi librement que son mari là lui avait donnée,
il la lui rendit, pour qu'elle en fît un cadeau d'é-
trennes à son mari. Elle l'accepta après avoir fait quelques façons et l'emporta. » La femme elle-même et
plusieurs personnes présentes déposèrent de la vérité
de ce fait, ce qui fit sourire tous les membres du con-
séil, excepté le président, qui se retira sur-le-champ.

Morus, dans sa retraite, termina et publia plusieurs
ouvrages de controverse qu'il avait commencés étant
chancelier. A cette période appartiennent sa fameuse
Apologie, la seconde partie de la réplique de Tindall,
le traité intitulé *Défaite de Salem et de Byzance,* et
une réponse en cinq livres à un traité anonyme, portant le titre de *Souper du Seigneur.* Ces ouvrages dé-
montrent l'étendue du savoir de Morus et son tact
dans la guerre de polémique. Des théologiens d'une
époque plus avancée y ont souvent puisé, comme à un
arsenal, des armes pour la défense de la foi. Nous ne
nous arrêterons pas à examiner si l'esprit et l'originalité
sont des armes convenables dans une lutte où sont en
jeu des intérêts si graves et si élevés ; mais s'il est

permis au champion de la vérité de s'en servir, il est
certain que Morus les maniait avec autant d'adresse
que de vigueur. Le contraste entre cette guerre d'es-
carmouche et les passages solennels et touchants qu'on
y rencontre, produit un effet bien singulier. Citons-en
quelques exemples :

« Autant vaudrait-il m'engager à renoncer à la lumière et à chercher, dit-il, mon chemin avec une
chandelle, que tenter de me faire abandonner la vérité, telle qu'elle est enseignée par l'Église connue, pour la chercher dans une Église inconnue. »
Après avoir solennellement averti Tindall du danger de retomber dans l'erreur et des contradictions
auxquelles il était sujet, avouant un jour la vérité de
ce qu'il désavouait le lendemain, il continue ainsi :
« Bien qu'il l'ait avoué antérieurement, il voudrait
bien maintenant se dédire ; non de son propre mouvement, mais peut-être parce que l'esprit du mal le
tire, sans qu'il s'en doute, par le pan de son habit. »
(p. 569.)

« Il écrit bien et couramment, et voici l'effet que produit la lecture de ses livres. Le conte est fort bon tant
qu'il est en train de le raconter, et semble aussi poli et
uni aux oreilles que l'eau qui glisse sur le dos d'une
oie; mais si l'eau s'arrête pendant quelque temps, elle
pénètre bientôt jusqu'à la peau (p. 755). » Beaucoup

de ces comparaisons plaisantes perdent à la traduction.) « Tant que Tindall se sert sérieusement de sa
logique, elle est supportable; mais son enjouement est
d'un triste effet; il plaisante aussi agréablement qu'un
chameau qui danse.

« La croyance communément reçue de l'Église universelle du Christ est un argument suffisant pour le
simple catholique; car, bien qu'un sophiste, par un
argument subtil, puisse persuader à un esprit naïf
que deux œufs en font trois, parce qu'il y en a un et
qu'il y en a deux, et que deux et un font trois, cependant l'homme sans instruction, quoiqu'il manque de
logique pour renverser son argument subtil, a cependant assez d'esprit pour en rire, et pour manger lui-
même les deux œufs, en priant le sophiste de prendre
et de manger le troisième. Ainsi tout homme fidèle,
quelque spécieusement qu'on puisse argumenter contre
sa foi, sera, d'après les Écritures, convaincu au fond du
cœur que ce qu'on lui a enseigné est vrai, parce qu'il
l'a appris de l'Église, que l'esprit de Dieu conduit à la
connaissance de toute vérité.

« En discutant avec un des partisans de Luther, qui
était plus zélé qu'érudit, je lui dis qu'il y avait un
témoin en ma faveur que je pourrais citer. « Qui
est-ce? » me demanda-t-il; et lorsque j'eus nommé
Origène, il recula en disant : « J'aimerais mieux me

14

détourner de plusieurs lieues de mon chemin que de
rencontrer cet homme; c'est le même que l'évêque
Fisher opposa à un de mes amis, qui m'a assuré n'avoir pu lui résister, tant il était subtil. » Il termina par
me demander si Origène n'était pas étranger à ce
pays.

« Tindall me demande pourquoi je n'ai pas discuté
avec Érasme, qu'il appelle *mon chéri,* sur les traductions qu'il a faites du mot *ecclesia* par *congregatio;* et
puis il me reproche, avec raison, que je l'ai probablement favorisé, parce qu'il a écrit chez moi son livre
de *Moria;* il m'eût bien attrapé si dans ce reproche
il eût mis quelque sel. Je n'ai pas discuté avec mon
cher Érasme, parce que je n'ai pas trouvé dans mon
cher Érasme les mêmes intentions malignes que chez
Tindall; car si j'avais trouvé chez mon cher Érasme les
mêmes ruses et les mêmes desseins que chez Tindall,
Érasme ne serait plus mon cher. Mais je trouve que
mon cher Érasme déteste et abhorre les erreurs et les
hérésies de Tindall, et c'est pourquoi mon cher Érasme
continue à être mon cher; et certes, si Tindall n'avait
jamais enseigné ces erreurs, ou s'il avait eu la grâce
de les abjurer, Tindall serait également mon cher.
Mais tant qu'il écrira d'une manière aussi hérétique,
je ne puis prendre pour mon chéri celui qui est le
chéri du diable.

« Quant à *Moria*, dans lequel Érasme, sous le nom
grec de *Moria* (folie), ne fait qu'attaquer et critiquer
les fautes et les folies des gens de toutes classes et de
toute condition, tant spirituelle que temporelle, sans
en excepter aucune, livre qui, s'il était écrit en anglais, prouverait à tout le monde, au dire de Tindall,
que mes opinions étaient alors bien différentes de
celles que j'exprime maintenant ; s'il en est ainsi, j'ai
d'autant plus sujet de remercier Dieu de mon amen-
dement.

« Mais certes, ce qui est vrai, c'est, Dieu merci,
que je n'ai jamais eu l'idée d'altérer le respect dû aux
images des saints ou à leurs saintes reliques. Et quand
même il se trouverait quelque chose de pareil dans
Moria, cela ne prouverait à personne que je partage
cette opinion, puisque le livre est d'un autre, quelque
cher que m'en soit l'auteur. D'ailleurs ce livre de
Moria ne fait que plaisanter sur l'abus de ces choses,
à l'exemple du bouffon dans une comédie, et ne va
pas même si loin que le messager dans mon *Dialogue*,
personnage que j'y ai cependant laissé subsister, plutôt d'après l'avis des autres que d'après mes propres
idées. Car, bien que chacun puisse avec raison blâmer l'abus de toute chose bonne en elle-même, et que
dans mon *Dialogue*, non-seulement ces arguments sont
répétés avec les réponses, mais que la bonté du dogme

y est prouvée jusqu'à l'évidence, cependant Tindall, par ses livres remplis d'erreurs, a tellement corrompu le cœur des personnes mal disposées, que c'est à peine si maintenant l'on peut parler de ces choses, même en plaisantant, sans que de tels auditeurs n'en deviennent plus corrompus encore... Aussi, puisque de nos jours les hommes, par leur propre faute, interprètent faussement et dénaturent l'Évangile même de Dieu, je ne voudrais pas traduire le *Moria* en anglais, ni même certains ouvrages composés par moi, même antérieurement, quoiqu'ils ne contiennent aucun mal. Bien plus, le monde est tellement disposé à voir le mal dans le bien même, que non-seulement je consentirais à aider de mes propres mains à brûler les livres de mon *chéri*, mais encore à y joindre les miens plutôt, que de voir des hommes chercher à en tirer des conséquences fâcheuses, ce qui arriverait probablement de nos jours. Mais, après tout, Tindall me traite avec beaucoup de déloyauté, car il me prive de tous les remerciements et des récompenses que j'aurais pu obtenir des ecclésiastiques; il cherche à leur persuader que je n'ai pas écrit l'ouvrage par affection pour eux, mais par l'espoir du profit que j'en retirerais : après quoi il ajoute, que j'ai si grand faim, qu'il me conseille en ami de ne pas manger trop vite, de peur d'étouffer.

« Maintenant, si les ecclésiastiques avaient été disposés à lever une dîme parmi eux pour m'en faire cadeau, Tindall, par ce moyen, m'aurait fait tout perdre. Mais que le Ciel pardonne à ce brave homme, comme je lui pardonne moi-même. Car, lorsqu'il parle de mes profits, en vérité il me fait rire, et je suis sûr qu'il produit le même effet sur bien d'autres qui savent parfaitement, Dieu merci, que les profits que j'en ai retirés ne m'exposent guère au danger d'*étouffer*. Ceci ne charge pas ma conscience et ne fait pas partie de mes peccadilles, quoique, lorsque je cherche au fond de mon cœur, j'en découvre quelques-unes de fort belle taille, dont je ne me confesserai pourtant pas au père Tindall, parce qu'il dit que les confesseurs ne sont pas aptes à donner des conseils. » (P. 423.)

« Il est évident, dit Machintosh, que nos deux philosophes, qui voyaient dissiper par le bruit et la violence toutes les belles chimères qu'ils s'étaient laissé entraîner à imaginer, ressentirent profondément l'injustice qu'il y avait à alléguer contre eux, comme preuve de contradiction, qu'ils avaient renoncé aux plaisanteries, aux rêves dorés et à la plupart des spéculations enjouées du jeune âge, lorsqu'ils avaient vu ces visions inoffensives se changer en armes meurtrières dans les mains teintes de sang des rustres Saxons et des fanatiques féroces de Munster.

Morus était plus pénétré de l'amour vertueux de la paix, mais Érasme était plutôt dominé par le désir de la tranquillité personnelle. Tous les deux cependant étaient sans doute, pour des raisons louables ou du moins excusables, irrités contre ces odieux disciples, qui maintenant, et d'une voix malveillante, invoquaient leur propre autorité contre eux-mêmes. »

Quant à Érasme, Morus n'éprouva jamais de refroidissement dans son affection pour l'homme, mais il ne pouvait approuver les libertés prises par l'écrivain. Crésaire fait observer que, bien qu'Érasme employât les phrases les plus éloquentes pour exprimer ses idées, il éprouvait une sorte de plaisir à railler les matières religieuses et à censurer le clergé. Il critiquait à plaisir les Pères de l'Église, et on dit, en parlant de ses écrits, qu'il a couvé l'œuf que Luther a pondu. Cependant il ne peut passer pour un hérétique, car il n'était jamais obstiné dans aucune de ses opinions. Sa vie fut toujours celle d'un prêtre catholique, et il écrivit avec vigueur contre les nouveaux évangélistes qui commençaient alors à paraître. Il déclare, dans une de ses lettres, qu'il déteste ces opinions séditieuses par lesquelles le monde est si misérablement ébranlé. Mais il est avec justice censuré par l'Église pour ses intrigues. « Enfin Morus, ayant découvert dans les ouvrages de son ami bien des choses

qu'il était nécessaire d'amender, lui conseilla sérieusement d'imiter l'exemple du grand saint Augustin,
en offrant au monde quelque expiation dans un livre
de rétractations pour corriger ce qu'il avait écrit avec
trop de légèreté dans la chaleur de la jeunesse; mais
Érasme ne possédait pas l'humilité de saint Augustin,
et il ne suivit pas cet avis salutaire. »

Un des plus grands ennuis auxquels les auteurs
soient exposés, c'est d'être sollicités par les confrères
du métier à relire leurs manuscrits indéchiffrables
pour les reviser et les retoucher. Morus fut attaqué
par un individu de cette espèce, mais il lui échappa
adroitement. Crésaire raconte l'anecdote avec sa naï-
veté accoutumée.

« Un des amis de Morus s'était donné beaucoup de
peine pour écrire un livre qu'il désirait publier, ayant
une haute opinion de son propre esprit et s'accordant
les louanges que les autres lui refusaient. Il voulut le
faire revoir par Morus avant qu'il fût imprimé; il
le lui apporta donc. Morus, voyant, après avoir par-
couru le manuscrit, qu'il ne méritait pas l'impression,
dit d'un air grave : « Si cet ouvrage était en vers, il
aurait plus de valeur. » Aussitôt l'auteur l'emporte,
le met en vers et le rapporte ensuite à sir Thomas.
Celui-ci l'examine, puis dit à son ami de l'air comique
qui lui était particulier : « A la bonne heure, mon

ami, maintenant il y a au moins de la rime; car auparavant il n'y avait ni rime ni raison. »

C'est à cette époque qu'il faut rapporter la lettre de
Morus touchant le journal de Jean Frith contre le
saint Sacrement de l'autel. Ceci est peut-être une de
ses œuvres les plus touchantes. Frith était un jeune
homme qui s'était autrefois placé sous la direction de
Morus, mais qui depuis était devenu avocat zélé des
nouvelles doctrines. Cette remontrance touchante de
son maître affectueux ne produisit aucun effet; Frith
persévéra dans ses erreurs, et périt dans les flammes
de Smithfield, qui furent allumées par Henri contre
les catholiques et les protestants, sans distinction[1].

1533. Jetons maintenant un coup d'œil sur la cour,
à la contagion de laquelle sir Thomas avait eu le bonheur d'échapper. Cinq ans s'étaient écoulés depuis
qu'Henri avait, pour la première fois, demandé le
divorce, et il y en avait trois qu'il vivait avec Anne
Boleyn; cependant il ne semblait pas avoir fait de
grands progrès dans la réussite de ses desseins. Il
avait toutefois appris cette triste vérité, que *la route
de l'adultère est semée d'épines.* Ce fut un prêtre du

---

[1]   Quæ tua religio, pari sic jure necare
        Igne lutheranos, catholicosque cruce!
                            (*Henri Holland*, 1540.)

Quelle est donc cette religion dont la haine aveugle frappe également le luthérien et le catholique?

nom de Cranmer, depuis longtemps attaché à la famille du comte de Wiltshire, père d'Anne Boleyn,
qui, le premier, avait suggéré l'idée de consulter les
universités d'Europe touchant le divorce du roi.
Henri, ravi de la nouveauté de la chose, s'était écrié :
« Cet homme a saisi la véritable truie par l'oreille. »
Anne connaissait Cranmer depuis longtemps, et, avec
cette adresse qui la caractérisait, elle avait parfaitement pénétré son caractère et calculé le profit qu'elle
pouvait tirer de sa souplesse naturelle. Ses services
dans l'affaire du divorce furent généreusement
payés : pourtant son dévouement devait recevoir une
récompense plus grande encore. A la mort du bon
Warham, Henri l'éleva à la plus haute dignité ecclésiastique du royaume, certain de trouver en lui un
archevêque de Cantorbery selon son cœur. Les passages suivants des papiers d'État nous permettront de
suivre avec exactitude les progrès de l'affaire du divorce. Le 30 mars, Cranmer fut sacré archevêque de
Cantorbery. D'une main il reçut les bulles du pape,
en vertu desquelles il était investi du pallium ; de
l'autre il les remit à la couronne, en déclarant qu'il ne
reconnaissait pas au pontife le droit de conférer la
dignité ecclésiastique qu'il recevait de ses mains. En
même temps il prêtait serment d'obéissance canonique
au pape, et il protestait qu'il ne croyait pas aux asser-

tions contenues dans la bulle. Le 11 avril, nous trouvons une lettre de Cranmer au roi et la réponse d'Henri.
Elles représentent une de ces farces solennelles jouées
par le souverain et son docile archevêque; car ils
avaient acquis une facilité étonnante dans l'art de la
comédie. Cranmer supplie le roi, puisqu'il a plu au
Dieu tout-puissant et à Sa Majesté de l'appeler, tout
misérable et indigne qu'il est, à la haute charge
de primat, de lui accorder sa royale permission de
poursuivre l'affaire du divorce et de l'amener enfin à
une conclusion, et cela pour le soulagement de sa conscience et l'accomplissement de son devoir envers son
pays. Dans sa réponse, Henri dit qu'il est fâché de voir
« l'incertitude de notre succession par laquelle notre
peuple est gravement offensé. » Il lui recommande,
« vu sa charge de primat, de donner quelque direction
à ladite cause importante de mariage, et de la terminer selon le plaisir du Dieu tout-puissant, attendu
qu'elle est restée si longtemps en suspens, à notre
grande inquiétude et à la charge de notre conscience. »

12 mai. Lettre de Cranmer à Henri. — Une exhortation a été adressée à la reine Catherine, et, sur son
refus de la recevoir, elle a été déclarée *vraiment et
manifestement contumace.*

17 mai. Cranmer est à Dunstable, résidence de la
reine Catherine; il écrit au roi, pour l'avertir que la

grande affaire de Sa Grâce doit être décidée par une sentence définitive le vendredi suivant, « à laquelle époque j'espère faire tous mes efforts; comme il me convient, pour la gloire du Dieu tout-puissant et la simple vérité de l'affaire. »

23 mai. Nouvelle lettre de Cranmer au roi, avertissant Sa Grandeur que ce vingt-troisième jour de mai, il a prononcé le jugement touchant la grande et importante cause de Sa Grâce. Ce qu'il ajoute montre qu'il n'avait pas perdu de temps. « La lettre apportée par M. Tharlesbury (qui fut, cinq ans plus tard, créé par Henri évêque de Westminster, le seul évêque de ce siége), m'a informé du bon plaisir de Votre Grâce, que je fasse rendre par votre conseil une décision concernant un second mariage. Je lui ai envoyé lesdites lettres et lui ai recommandé d'agir suivant leur teneur, suppliant très-humblement Votre Grandeur de me faire connaître votre bon plaisir ultérieur touchant ledit mariage, aussitôt que Votre Grâce et son conseil auront pris une détermination définitive; car l'époque du couronnement est si proche, que la chose exige une prompte solution. »

3 et 4 juillet. Lettres de lord Mountjoy au conseil, contenant le rapport de la conférence avec la reine Catherine, à sa résidence d'Amptill. Nous aurons l'occasion de faire de plus longs extraits de ces lettres.

7 septembre. Lettre d'Anne Boleyn à lord Cobham, annonçant la naissance, à la date de ce jour, de la princesse Élisabeth.

10 octobre. Lettre de lord Mountjoy à Crumwell. Plusieurs des membres de la maison de la reine Catherine refusent de l'appeler autrement que la reine : il est fatigué d'être son chambellan et désire donner sa démission.

19 décembre. Lettres de Suffolk et du conseil au roi, contenant un rapport de leur conférence avec Catherine, qui s'était retirée à Buyden.

21 mai 1534. Lettres de l'archevêque Lu et de l'évêque Tunstall au roi. Comme les membres laïques du conseil n'avaient pu réussir à persuader à Catherine de consentir au divorce, on résolut d'essayer quel effet pourrait produire le clergé, et voici le rapport de leur conférence : «Tout a été inutile, Catherine est décidée à rester reine en dépit d'eux tous, et ne veut pas concéder la moindre partie de ses priviléges. »

13 septembre. Clarks, évêque de Wells, à Crumwell. Il lui parle d'un prédicateur qui, sans le vouloir, avait prié pour la reine Catherine, au lieu de la reine Anne. Ce partisan involontaire de la reine, qui faisait son devoir par la simple force de l'habitude, était le docteur Carolig, chanoine de la cathédrale de Wells, qui fut forcé d'exprimer son profond repentir d'une

offense que son évêque avait trouvée assez grave pour être rapportée au conseil.

Le 25 janvier, Henri épousa Anne en secret, et le couronnement de celle-ci eut lieu le 1er juin. Cette cérémonie, par des raisons faciles à déduire, fut plus magnifique et plus imposante qu'aucune de celles qu'on avait vues jusque alors. Convaincu de l'importance de l'opinion de Morus, le roi mit en œuvre tous les moyens possibles pour obtenir de lui au moins l'apparence d'une approbation. Dans ce but, il commanda aux évêques de Durham, de Bath et de Winchester de lui enjoindre de paraître au couronnement. Ils lui écrivirent donc pour lui persuader de se réunir à la procession, et durent joindre à la lettre un présent nécessaire de vingt livres, pour acheter un habit de cour. Morus s'excusa et dit que les vingt livres pouvaient bien rester où elles étaient. « Mais, ajouta-t-il d'un ton solennel, prenez garde, Messeigneurs, prenez garde qu'après avoir réussi à décider Vos Seigneuries à assister au couronnement, il ne vous demande plus tard de prêcher en sa faveur, et enfin d'écrire des livres pour sa défense. »

En parlant d'Anne Boleyn et de son couronnement, Morus disait à sa famille : « Combien de fois, lorsque nous croyons élever notre vol dans les plus hautes régions, le sort ne nous dépouille-t-il pas de nos ailes et

ne sommes-nous pas tout à coup précipités sur la
terre!» Quelqu'un lui parlant des fêtes données à ce
sujet, il repartit : « Ceux-là dansent bien à qui la fortune paye les musiciens; mais qu'ils prennent garde
que la fin de la fête ne soit le commencement d'un dé-
sastre. » Morus sentait bien qu'assister au couronnement de cette reine de contrebande serait tourner le
dos à son ancienne maîtresse et l'insulter dans son
malheur. Pour nous servir d'une expression d'un
homme d'État d'un des règnes suivants : « Il n'était pas
un de ces vers luisants qui brillent pendant l'été de la
bonne fortune de leurs amis, mais qui disparaissent à
l'approche du mauvais temps. » (Lord Burleigh.) Dans
cette circonstance, l'œil clairvoyant de Morus lisait
dans l'avenir. Lorsque Roper lui apprit le mariage du
roi, il réfléchit pendant quelques instants en portant
le doigt à son front, et dit : « Mon fils Roper, ils n'en
resteront pas là; je prie Dieu que cet événement ne
soit pas confirmé par des serments et ne donne pas
lieu à beaucoup d'actes de sévérité! » Les événements
qui eurent lieu quelques mois après réalisèrent sa prédiction. On présume que le peu de réserve avec lequel
Morus exprimait ses sentiments et l'intrépidité dont il
fit preuve en refusant de se prêter à des complaisances
contraires à ses idées et à sa conscience, parvinrent à
la connaissance d'Anne Boleyn, et qu'elle se montra

un des agents les plus actifs à exciter la rigueur déployée plus tard par Henri contre son vieux et fidèle serviteur. On aurait pu croire pourtant qu'elle avait épuisé toute son animosité contre l'infortuné Wolsey.

Voyons ce que faisait pendant ce temps-là la malheureuse Catherine, et comment elle résista aux tentatives réitérées faites pour l'amener par la terreur à abjurer ses droits et sa dignité.

Le 23 juin, comme nous l'avons déjà vu, lord Mountjoy, accompagné de plusieurs autres individus, se rendit à la résidence d'Amptill, pour lui faire part de la résolution du roi. Ils la trouvèrent indisposée par suite d'un rhume et couchée sur un lit de repos. Lorsqu'elle fut informée du titre nouveau qu'elle devait porter désormais, elle dit « qu'elle n'était pas reine douairière, mais la reine et l'épouse légitime du roi; que le roi l'avait prise vierge et qu'ensuite elle avait été couronnée et sacrée reine et avait eu du roi une postérité légitime et *point de bâtards*; c'est pourquoi elle pouvait avouer et prouver son titre de reine et le porter pendant toute sa vie; qu'il n'était enfin conforme, ni à la loi de Dieu, ni aux lois humaines, ni compatible avec l'honneur du roi, d'avoir deux reines. » Lorsque nous lui alléguâmes, dit Mountjoy, que si elle conservait le nom de reine on penserait qu'elle obéissait à un vain désir et à une misérable

soif de gloire, par laquelle elle irriterait encore Sa
Grandeur le roi, non-seulement contre elle-même,
mais encore contre toute sa famille et ses serviteurs;
qu'elle donnerait au roi un prétexte pour dépouiller
de son affection paternelle sa chère et honorable fille,
Mademoiselle, et que cette raison devait la décider à
défaut d'autres; voici quelle fut sa réponse : « Quant
à ce qui touchait toute vaine gloire, si elle persistait à
se déclarer la femme légitime du roi, ce n'était pas
qu'elle désirât le titre de reine, mais seulement pour
la satisfaction de sa conscience. Quant à la princesse
sa fille, elle était la fille légitimement conçue du roi,
et comme Dieu la leur avait donnée, elle était prête à
la rendre au roi comme sa fille, pour qu'il en agît à
son égard selon son bon plaisir, certaine qu'avec l'aide
de Dieu ce serait une honnête femme; enfin que, ni
pour elle, ni pour sa fille, ni pour sa famille, et
quelles que fussent pour elle les chances de bonheur
ou de malheur, elle ne céderait jamais sur ce point,
puisqu'il s'agissait du salut de son âme; et elle cita les
paroles de l'Évangile : *Ceux-là ne sont pas à craindre,
qui n'ont de pouvoir que sur le corps, mais bien celui-
là seul dont le pouvoir s'étend sur l'âme.* » Le lendemain ils se rendirent de nouveau près d'elle, pour lui
lire le rapport de ce qui s'était passé la veille; quand
ils en vinrent aux mots de *princesse douairière*, elle

pria qu'on lui remît les papiers, et demandant de l'encre et une plume, elle effaça ces mots de sa main, comme on peut encore le voir maintenant. Lorsque les papiers ainsi corrigés eurent été relus, elle dit « qu'elle ne prétendait pas au titre de reine par amour d'une vaine gloire; elle protesta qu'elle préférerait être la femme d'un mendiant, pourvu qu'elle fût sûre du ciel, que d'être la reine du monde entier, si elle y devait perdre son âme par sa propre faute. » Quant à n'être que la sujette du roi, elle répondit à cela « que tant que le roi l'avait considérée comme sa femme, elle s'était également considérée comme sa sujette; mais que le roi ne voyant plus en elle une épouse, elle déclarait qu'elle n'était pas venue dans son royaume comme marchandise, ni pour épouser un marchand. Elle ajouta qu'elle s'était toujours conduite avec honneur et fidélité envers le roi, et que si on pouvait prouver qu'elle eût causé, par des actions ou par des paroles, quelque tort à Sa Grâce ou au royaume, elle était prête à en subir la peine. » Deux mois après, une nouvelle tentative vint échouer contre la fermeté de Catherine ; elle répondit aux ducs de Sussex et de Suffolk, envoyés vers elle, qu'elle préférerait être taillée en pièces que d'abjurer son titre légitime de reine. Comme ses anciens serviteurs avaient refusé de donner un autre titre à leur royale maîtresse, la commission avait amené de nouveaux domestiques pour les remplacer. Mais la fermeté de Catherine imposa tellement à ces nouveaux arrivés que, quand ils furent appelés à prêter serment, ils déclarèrent qu'ils répugnaient à la servir, tant qu'elle persisterait dans le même esprit. Les commissaires ayant parlé de la transporter à Somersham, elle dit « qu'ils ne la décideraient à s'y rendre qu'en la liant avec des cordes. »

Si nous considérons la férocité d'Henri et les artifices de celle qui était près de lui, toujours prête à l'exciter au mal, nous serons étonnés de voir l'intrépide Catherine échapper au châtiment. Si le moindre soupçon, la moindre apparence de calomnie avait pu s'attacher à elle, avec quelle avidité ne s'en serait-on pas emparé dans un tel moment pour compléter sa ruine!

Lec et Tunstall, dans leur entrevue avec la reine, ne firent preuve ni d'une grande délicatesse, ni d'une grande habileté. Ils commencèrent par lui dire que le roi, son ancien époux, après avoir été délivré du mariage qui l'unissait à elle, en avait contracté un nouveau avec son épouse chérie, la reine Anne; que, grâce à Dieu, cette union avait déjà été bénie par une belle postérité, qui, comme on l'espérait, s'accroîtrait bientôt. Catherine entra dans une grande colère, et son exaspération était telle, qu'elle les interrompait à chaque mot. Quand ils affirmèrent que la consommation de

son mariage avec le frère d'Henri avait été prouvée,
elle s'écria à haute voix que ceux qui le disaient en
avaient menti. Elle en appela au pape de la sentence
prononcée contre elle par l'archevêque de Cantorbery,
qu'elle appela une vaine ombre, tandis que le pape
était le vicaire du Christ ; elle serait toujours comme
une fille fidèle, soumise à ses jugements. Elle déclara
enfin que ni les menaces ni la mort ne lui feraient
abjurer son titre de reine.

Cependant les opinions de Morus et la fermeté avec
laquelle il avait résisté naguère à la volonté du roi
étaient alors le sujet de toutes les conversations, et
les sycophantes de la cour, tous les courtisans de
l'époque ne lui étaient pas les moins hostiles. La haine
chercha quelque prétexte à une accusation contre lui.
Voici celui qu'elle trouva. Après que le divorce d'Henri
eut été ouvertement proclamé, un document fut publié
par le gouvernement, expliquant les raisons qui
avaient donné lieu à cette mesure. Le bruit circula que
Thomas Morus avait fait une réponse à cet acte. L'accusation était grave dans un tel moment, et il sentit
la nécessité d'y donner un démenti. Il écrivit au secrétaire Crumwell, et se disculpa avec l'énergie d'une
conscience sans reproche. Mais il ne s'abusa pas sur
sa position nouvelle. Depuis longtemps il prévoyait
l'orage qui se formait à l'horizon, et ses prophéties sur

lui-même et sur sa famille devaient se touver malheureusement aussi justes, que celle qu'il avait faite sur
les choses et sur les hommes de son temps. Il connaissait trop l'humeur impétueuse et cruelle du roi pour
ne pas tout craindre de lui, après avoir résisté à ses
prières et refusé de seconder ses projets. Résigné et
tranquille, il attendait le coup qui ne devait pas tarder
à le frapper. Ce n'est pas qu'il fût doué de cet esprit
insouciant et téméraire qui porte un homme à braver
son sort. Il craignait pour sa femme et ses enfants le
coup qui les devait atteindre en sa personne, et il passa
bien des nuits d'insomnie à prier le Ciel de lui accorder
le courage de supporter son affliction. « Car, disait-il,
je trouve que, malgré toute ma philosophie, ma chair
ne saurait endurer une chiquenaude. » Écoutons comment il s'exprime à ce sujet dans une lettre qu'il
adressa plus tard à Marguerite. « Et bien que j'aie
bonne espérance que Dieu ne permettra jamais à un
prince si sage et si bon de récompenser ainsi les
longs services de son loyal et fidèle serviteur, cependant, comme il n'y a rien d'impossible, je n'oublie
pas dans cette occasion le conseil donné par Jésus-
Christ dans son Évangile, qu'avant de commencer à
construire cette forteresse pour la sauvegarde de mon
âme, je devais commencer à calculer quels en seraient
les frais. J'ai compté, Marguerite, bien des nuits sans

repos, pendant que ma femme dormait; j'ai calculé avant de m'endormir tous les dangers qui me menacent, et je suis sûr qu'aucune anxiété ne peut être égale à la mienne. Cependant je remercie le Seigneur de ce que, malgré tout, je n'ai jamais eu la pensée de changer, quand même mes plus tristes appréhensions viendraient à se réaliser. »

Il pensait qu'il était sage de préparer sa famille à ce qui pourrait arriver de plus malheureux, et un jour il loua un agent de police qui devait venir tout à coup chez lui pendant qu'il serait à table, et, frappant bruyamment à la porte, le sommer de comparaître le lendemain devant le conseil. Telle était la manière bizarre d'accoutumer sa femme et ses enfants, à accueillir avec plus de fermeté les calamités qu'il pressentait devoir bientôt fondre sur eux.

La fin de cette année fut signalée par une décision mémorable. Deux assemblées du clergé s'étaient tenues, l'une à Cantorbery, l'autre à York; dans la première, on décida que l'évêque de Rome n'avait pas reçu du Ciel une plus haute juridiction que les évêques étrangers; il n'y eut que quatre voix contraires et une douteuse; à York, cette opinion fut unanime. Les universités d'Oxford et de Cambridge suivirent l'exemple des deux cours, et Cranmer, abdiquant son titre de légat du saint-siége apostolique, prit celui de métropolitain. Il fut même ordonné que le mot de pape serait soigneusement effacé de tous les livres servant au culte divin, et la prière qu'on faisait pour le souverain Pontife fut abolie. On ordonna à tout individu de ne l'appeler que l'évêque de Rome, tandis que les chapitres et les sacrés colléges renoncèrent à sa juridiction sous seing privé et reconnurent la suprématie sans bornes du roi.

Henri, dès lors, n'avait plus rien à ambitionner[1]. L'influence que la présence d'un Woldsey et d'un Morus exerçait sur la violence de sa nature n'existait plus; et sa volonté et ses passions étaient flattées par Crumwell et Cranmer, instruments serviles du pouvoir. La possession d'une domination universelle, de ce double pouvoir spirituel et temporel, agit fatalement sur un cœur naturellement égoïste et qui n'avait jamais subi les enseignements salutaires du malheur. A mesure qu'Henri avança en âge, ces causes réunies amenèrent ce funeste mélange de sensualité et d'intolérance qui fait instinctivement horreur (Tytler). Après l'établissement de la suprématie religieuse du roi, le parlement s'occupa de la succession à la couronne, et

---

[1] Une réponse hardie fut faite au roi par lord Ducre, qui, lorsque Henri lui demanda ce qu'il pensait de la nouvelle autorité qu'il s'était arrogée, répondit : « Si Votre Majesté a déjà péché, et s'il lui arrive de pécher à l'avenir, elle n'aura qu'à s'absoudre elle-même. »

par un autre acte le mariage entre Henri et Catherine
fut déclaré nul et illégitime, et celui d'Anne Boleyn
légitime et valide. L'enfant du premier lit fut naturellement exclu de la succession, et ceux du second
furent seuls appelés à régner. On déclara coupable
de haute trahison quiconque médirait du second
mariage, ou chercherait à porter préjudice à la succession des héritiers qui en étaient issus, que le délit
ait été commis par écrit, par impression ou par action; et de non-révélation de haute trahison, si on
n'avait à condamner que des paroles. Tous les sujets
du roi qui avaient atteint la majorité reçurent l'ordre
de jurer obéissance audit acte, sous peine d'être accusés de non-révélation de haute trahison. Les âmes
allaient être mises à l'épreuve, et chacun attendait
avec anxiété cette heure où allait avoir lieu la lutte
entre la crainte et le devoir. Les différentes discussions
sur un sujet aussi délicat tenaient l'esprit du roi continuellement en suspens. Jaloux de son pouvoir, il
voyait dans le moindre symptôme de désapprobation
un crime que le sang pouvait seul expier. Les premières victimes lui furent fournies par une conspira-
tion attribuée à Catherine Barton, connue sous le nom
de la sainte vierge de Kent. Elle était née à Aldington,
et comme elle était sujette à certaines crises, ses con-
torsions et l'incohérence de ses paroles pendant ses

paroxysmes furent attribuées par l'ignorance de ses voisins à un pouvoir surnaturel. Elle finit par partager elle-même cette erreur, et, à la recommandation du recteur de la paroisse, elle prit le voile dans le prieuré du Saint-Sépulcre de Cantorbery. Là ses extases et ses prétendues révélations se multiplièrent, et sa réputation de sainteté s'étendit au loin et trompa bien des gens. Suivant Mackintosh, « sa sensibilité maladive fut tellement excitée par le défi profane qu'Henri avait porté à l'Église catholique, et par le cruel abandon qu'il avait fait de Catherine, sa fidèle épouse, que ses sentiments pieux et humains la conduisirent à annoncer et probablement à croire qu'elle connaissait par révélation les châtiments que le roi était sur le point d'attirer sur lui et sur le royaume. »

Elle fut arrêtée avec plusieurs autres accusés d'être ses complices, et condamnée à rester au pilori à la Croix de Saint-Paul, un dimanche, et à confesser son imposture. Les plus humains pensaient qu'Henri se contenterait de l'aveu public de son crime; mais il ne put être satisfait que par le sang de la pauvre fille, « dont les visions, remarque le charitable Mackintosh, provenaient d'un esprit troublé, sinon aliéné... » L'évêque Fisher fut atteint par le même acte, pour avoir innocemment écouté quelques-unes des révélations de la religieuse, et écroué à la Tour. Il était accablé des

infirmités de la vieillesse, car il avait alors plus de
quatre-vingts ans. Dans sa lettre aux pairs, à l'occasion de la présentation du bill, il s'excusa sur sa maladie et sa faiblesse de ne pas s'être trouvé à sa place,
ajoutant : « Si j'eusse été présent, je ne doute pas que
mes nombreuses infirmités ne vous eussent portés
encore plus à déplorer la cause pour laquelle je me
trouve dans cette douloureuse position. » Roper nous
apprend que le nom de Morus fut d'abord inséré dans
l'acte d'accusation, le roi supposant qu'il serait tellement troublé et terrifié par ce bill, qu'il serait forcé
de céder et de consentir à sa demande : Henri se trompait fort. Morus devait être entendu personnellement
pour sa défense; mais comme cela ne plaisait pas au
roi, l'archevêque de Cantorbery, le chancelier, le duc
de Norfolk et Crumwell lui furent envoyés pour tâcher
de le convertir. Andley rappela à Morus la faveur spéciale du roi et ses nombreux bienfaits. Morus les re-
connut, mais ajouta avec modestie que Sa Grandeur
avait déclaré très-gracieusement, qu'il ne serait plus
tourmenté à ce sujet. Enfin, quand ils virent qu'il ne
pouvait être ébranlé par aucune considération, ils lui
dirent que Sa Grandeur le roi leur avait ordonné,
dans le cas où ils ne pourraient le gagner par la douceur, de l'accuser d'ingratitude au nom du roi, et de
dire que jamais serviteur ne s'était montré si perfide

envers son maître, ni sujet si félon envers son souverain. Ils lui reprochèrent même, ou d'avoir écrit au
nom de son maître, ou d'avoir, par ses artifices, porté
son souverain à écrire le livre contre Luther, qui avait
si profondément engagé Henri à soutenir les prétentions papales. A tous ces reproches il répondit avec
calme : « Ces menaces sont des arguments bons pour
des enfants, mais non pour moi. Quant au fait, le roi
sait fort bien qu'après que le livre eut été terminé
par l'ordre de Sa Grandeur, je ne fus, avec le consentement de l'auteur, que le placeur et le distributeur des
matériaux qu'il contenait. » Il ajouta qu'il avait engagé le roi à toucher, par prudence, avec plus de précaution à l'autorité du pape, et qu'il avait rappelé à
Henri les statuts de *præmunire*, par lesquels une
bonne partie des soins pastoraux du pape étaient re-
tranchés ; à quoi l'impétueux monarque avait répondu:
« Nous sommes tellement liés au siége de Rome, que
nous ne pouvons lui faire trop d'honneur. » Lorsque
Morus retourna à Chelsea après son entrevue avec ces
seigneurs, Roper lui dit : « Je pense que tout va bien,
puisque vous êtes de bonne humeur. — Oui, vraiment,
grâce à Dieu, répondit Morus. — Votre nom est-il
effacé du bill du parlement? reprit Roper. — Ma foi,
je ne me suis pas rappelé le bill, repartit Morus. Je
vais te dire pourquoi je suis si gai: c'est parce que j'ai

passé la jambe au diable. En effet, j'étais allé si loin
avec ces seigneurs, que je ne pourrais qu'à ma grande
honte en faire autant une autre fois. » Ce franc aveu
de la puissance de la tentation et cette joie innocente
d'avoir, au risque de la vie, échappé aux séductions de
la cour, donnent à ces quelques mots familiers une
grandeur sublime. (Mackintosh.)

Henri, exaspéré de voir échouer caresses et menaces, manifesta avec violence sa résolution de comprendre Morus dans l'acte d'accusation, et dit qu'il
irait en personne à la chambre, afin d'être plus sûr
qu'il fût adopté. Lord Andley et ses collègues conju-
rèrent à genoux leur maître de renoncer à ce projet,
de crainte qu'un rejet du bill en sa présence ne le fît
mépriser de ses propres sujets et ne le déshonorât à
jamais aux yeux de la chrétienté. Ils ajoutèrent qu'ils
ne doutaient pas de trouver bientôt une occasion plus
convenable de satisfaire ses désirs; mais que, dans
cette affaire de la nonne, Morus était si évidemment
innocent, qu'on le considérait encore plus digne de
louanges que de blâme. Telle était, dit Mackintosh, la
puissance de la vertu sans défense sur les faibles
velléités d'indépendance dont des pairs serviles se
sentaient encore capables, et ce reste de sentiment
d'humanité, que n'avait pas encore étouffé une politique de glace dans les cœurs d'hommes d'État vendus

à leur maître. Un des plus vils parmi ces derniers, Thomas Crumwell, ayant rencontré Roper le lendemain dans le parlement, après que le roi eut cédé à la prière de ses ministres, lui enjoignit de dire à Morus que son nom avait été effacé du bill. Roper envoya un messager à sa femme Marguerite, qui se hâta d'en porter la nouvelle à son père chéri. Morus lui répondit avec sa gaieté et sa douceur accoutumées : « Ma foi, Meg, ce qui est différé n'est pas perdu. » Peu de temps après, le duc de Norfolk lui dit : « Par la messe, maître Morus, il est dangereux de lutter avec les princes, la colère d'un prince amène la mort. — Est-ce là tout, Monseigneur? Alors toute la différence qu'il y a entre vous et moi, c'est *que je mourrai aujourd'hui, et que vous mourrez demain.* » On ne trouve dans Plutarque aucune vie si pleine de beaux mots et de réponses remarquables que celle de Morus. Mais s'il y a quelque chose de plus remarquable que la vivacité de ses reparties, c'est ce mélange de parfaite simplicité et de grandeur morale auquel nul autre n'atteignit peut-être jamais. Rapportons ce qu'a dit Morus lui-même relativement à cette affaire singulière de *la nonne.* Non content de justifier sa conduite par une lettre au secrétaire Crumwell, il en adressa une seconde au roi, rappelant avec beaucoup de sensibilité ses anciens services. (Voyez l'appendice n° 2.)

Mais, bien qu'il se fût justifié d'une manière satisfaisante dans l'affaire de la nonne, il allait bientôt être exposé à de nouvelles persécutions. Il aurait pu, ainsi que son compagnon d'infortune, le vertueux Fisher, s'appliquer ces paroles de Shakespeare dans *Henri VII* : « Si je suis calomnié par des hommes qui ne connaissent ni mes facultés, ni ma personne, et qui veulent être néanmoins les historiens de mes actions, je puis dire : Ce n'est que la conséquence de ma position et des rudes écueils que la vertu est forcée de franchir. »

L'autorité de Fisher et de Morus était d'un grand poids, non-seulement en Angleterre, mais sur le continent, et les adversaires du divorce pensaient ne pas pouvoir se tromper tant qu'ils se conformaient aux opinions de ces deux hommes célèbres. Ils allaient montrer bientôt que rien ne pouvait vaincre leur fermeté. Fisher, nous l'avons dit, était à la Tour, où, quoique vieux et infirme, il fut d'abord traité avec une excessive rigueur, et ensuite avec une négligence brutale. Lorsque le bon vieillard, âgé de plus de quatre-vingts ans, fut visité par quelques évêques de ses amis, qui examinèrent sérieusement avec lui la question du divorce, il dit qu'il n'avait aucun désir de paraître singulier, et qu'il ferait toutes les concessions que sa conscience lui permettrait de faire. Il était disposé à prêter serment à la succession et à ne plus discuter sur

le mariage avec Catherine ; mais il ne pourrait jamais,
ajoutait-il, déclarer que le divorce n'était pas contraire à la loi de Dieu. Ceci ne pouvait satisfaire le roi,
et Fisher, accusé devant le parlement, fut dépouillé de
son évêché et emprisonné de nouveau à la Tour. La
cruelle négligence dont le vénérable prélat était victime, et la manière dont Henri traitait ceux qui avaient
encouru son ressentiment, sont dépeintes dans ce passage touchant d'une lettre adressée par le prisonnier
à Crumwell : « Je vous conjure de vous montrer bon
maître pour moi dans mon malheur ; car je n'ai ni che-
mises, ni habits, et mes vêtements les plus indispensables sont tellement déchirés, qu'ils tombent en lam-
beaux de la manière la plus déplorable ; chose que pourtant je pourrais facilement endurer si ces vêtements me
conservaient un peu de chaleur. Quant à la nourriture,
Dieu sait combien elle est quelquefois insuffisante. Et
maintenant, à mon âge, mon estomac ne peut se passer
d'un peu de viande ; faute de cet aliment, je m'affaiblis
aussitôt, et mon corps est sujet à des crises et à des
maladies qui détruisent ma santé. Je vous conjure
aussi de vouloir bien, dans votre haute sagesse, engager Sa Grandeur le roi à me rendre sa gracieuse faveur et à me délivrer de cette froide et pénible détention. En faisant cela, vous m'obligerez à prier pour
vous à jamais le Seigneur tout-puissant. Puisse-t-il

vous prendre sous sa garde et sa protection. J'ai encore deux prières à vous adresser : la première, c'est
de me laisser recevoir à la Tour un prêtre qui entende
ma confession, à cette époque sacrée; la seconde, de
me permettre d'emprunter quelques livres pour faire
mes dévotions plus efficacement, pendant ces jours où
mon âme a besoin d'être consolée. C'est ce que je vous
conjure de m'accorder dans votre charité. Ainsi puisse
Dieu vous envoyer de joyeuses fêtes de Noël, aussi
agréables que votre cœur les désire. A la Tour, le
22 décembre, de la main de votre pauvre aumônier,
Rochester. » Nous ne savons si cette lettre toucha ses
persécuteurs et s'il obtint quelque adoucissement à
ses maux. Il demeura encore un an à la Tour; et il
semblait probable, vu son âge avancé et le traitement qu'il avait enduré, que la mort viendrait bientôt
mettre un terme à ses souffrances, lorsque l'honneur
qui lui fut rendu mal à propos, bien qu'avec de
bonnes intentions, par le pape Paul III, qui le créa
cardinal, vint réveiller la fureur d'Henri VIII. La
nouvelle de cette promotion fut à peine parvenue aux
oreilles du roi, qu'il donna les ordres les plus sévères
pour que l'entrée de ses États fût interdite à l'envoyé
du pape, et il dépêcha sur-le-champ à la Tour le
secrétaire Crumwell, pour interroger le pauvre vieillard, qui, au milieu de l'affreuse misère et des priva-

tions de sa prison, ignorait complétement sa dignité nouvelle. Après quelques préliminaires, Crumwell lui dit : « Monseigneur de Rochester, que diriez-vous si le pape vous envoyait le chapeau de cardinal? accepteriez-vous? — Seigneur, répondit l'évêque, je crois si peu avoir mérité une faveur si grande, que je ne pense à rien moins. Mais si j'obtenais cette dignité, vous pouvez être assuré que je l'emploierais aussi avantageusement que possible au service de la sainte Église de Jésus-Christ; et, sous ce rapport, je la recevrais à genoux... » C'était ce que l'inquisiteur désirait, et, en messager zélé et fidèle, il se hâta d'aller rapporter littéralement au roi cette réponse. Henri, furieux, ne put d'abord prononcer une parole[1]; puis après beaucoup d'efforts, il s'écria: « Ah! ah! le vieillard est donc toujours aussi vert. Eh bien! que le pape le fasse cardinal quand il voudra. Mère de Dieu! Paul peut lui envoyer le chapeau, mais j'aurai soin qu'il n'ait plus de tête pour le porter. »

Dans une dépêche au roi, datée du 12 juin, on lit ce qui suit : « Enfin, ledit Machon écrit qu'ayant fait des remontrances à l'évêque de Rome de ce qu'il avait fait cardinal l'évêque de Rochester, sachant que celui-ci ne jouissait pas de la faveur de Votre Grâce,

---

[1] Il était continuellement oppressé par son embonpoint excessif.

mais avait encouru son indignation bien méritée; ledit évêque répondit qu'il ne l'avait nullement fait
pour mécontenter Votre Grandeur, mais seulement
parce qu'il pensait que par son savoir et ses bonnes
mœurs l'évêque de Rochester s'était rendu digne de
faire partie du concile général et d'y donner son aide
et son avis dans les discussions. »

Dès cet instant, le sort de Fisher fut fixé, et, pour le
rendre punissable au moins en apparence, on se servit
des mêmes moyens bas et cruels qui furent plus tard
employés avec succès contre Morus lui-même. Rich,
l'avocat général qui s'est acquis une odieuse célé-
brité, fut envoyé à l'évêque, sans défiance, avec un
message du roi. Il l'informa que Sa Majesté, dans le
but d'éclairer sa propre conscience, l'avait ainsi envoyé secrètement à lui, pour savoir quelle était son
opinion touchant la suprématie; et, afin de mieux l'encourager à lui ouvrir son cœur, Rich ajouta que le roi
lui avait assuré, sur son honneur, que, quelque chose
qu'il lui dît, il n'en courrait aucun danger, et qu'on
ne tirerait aucun avantage des opinions qui seraient
ainsi confidentiellement exprimées. Se fiant à cette
promesse et ne soupçonnant aucune embûche, Fisher
déclara inconsidérément « que, quant à l'affaire de la
suprématie, il se voyait forcé de répéter à Sa Majesté ce
qu'il lui avait déjà dit bien des fois auparavant, et ce

qu'il lui disait encore, quand même il devrait mourir à l'instant, qu'elle était tout à fait illégale, et que le roi devrait prendre garde de s'arroger un pareil titre, s'il tenait au salut de son âme et au bonheur de sa postérité. » Pour ces paroles Fisher fut mis en jugement, déclaré coupable sur le témoignage de Rich, et condamné à être décapité. Il souffrit la mort avec la sérénité et l'héroïsme qu'on devait attendre de son caractère. Ayant été averti, le jour de son exécution à cinq heures du matin, qu'il devait se préparer à mourir, il reçut cette nouvelle sans changer de visage, et se couchant sur son grabat, il dormit profondément pendant deux heures. Il se leva ensuite et s'habilla avec plus de soin qu'à l'ordinaire, ce que son domestique ayant remarqué, en ajoutant qu'il serait bientôt obligé de quitter ces vêtements. « Qu'importe, Jean? dit-il, ne sais-tu pas que c'est aujourd'hui le jour de mon mariage, et qu'il est convenable que je sois joyeux dans cette circonstance et que je m'habille de mon mieux? »

La vénération qu'Henri avait autrefois manifestée pour cet homme admirable, l'ami personnel de son père, dont il était le dernier conseiller vivant; aux soins duquel sa pieuse mère, sur son lit de mort, avait recommandé l'inexpérience de sa jeunesse, semblait s'être transformée maintenant en une haine brutale et insatiable. Non content de l'exécution du vénérable prélat, il ordonna que son cadavre fût dépouillé, et, après qu'il eut été exposé pendant plusieurs heures à la vue de la populace, qu'il fût jeté dans une fosse sans linceul et sans cercueil. Érasme résume ainsi le caractère de Fisher : « Je ne connais personne qui puisse lui être comparé pour l'intégrité de la conduite, l'étendue des connaissances et la grandeur d'âme. » Storer a composé à sa mémoire des vers admirables qui se terminent ainsi : Semblable à un patriarche, et grave dans toutes ses actions, cet homme termina vertueusement son pèlerinage, et parvint à une grande vieillesse pour en enseigner la valeur.

30 mars. Clôture de la session. Lorsque la chambre des Communes se présenta à la barre de la chambre des lords, comme on ne pouvait ni délibérer ni conclure, le chevalier Andley donna lecture des lettres patentes du roi, contenant la formule d'un serment touchant la succession et d'autres matières, et nommant commissaires l'archevêque de Cantorbery, le chancelier et les ducs de Norfolk et de Suffolk. Le moment était venu de mettre à son tour la fermeté de l'ex-chancelier à l'épreuve.

Le 13 avril, Morus fut sommé de comparaître à Lambeth devant les commissaires, pour prêter serment à une loi qu'un des légistes les plus habiles de

notre siècle appelle « un édit monstrueux et tyrannique, improprement appelé loi. » La fatale sommation le trouva occupé de ses études dans sa paisible
retraite de Chelsea; mais le coup qui l'atteignait était
prévu depuis longtemps. « Ayant, dit Crésaire, le pres-
sentiment de ce qui devait arriver ce jour-là, il s'était
levé plus tôt que de coutume et s'était rendu à l'é-
glise de Chelsea, où il se confessa et reçut la sainte
communion à la première messe; ce qu'il avait toujours
l'habitude de faire avant d'entreprendre quelque affaire
importante. Les mêmes sergents chargés d'arrêter le
chevalier étaient aussi munis d'un mandat pour faire
chez lui une visite domiciliaire, parce qu'on supposait
qu'il n'était pas en réalité aussi pauvre qu'il prétendait
l'être. Spectateur impassible de l'injure qu'on lui faisait en violant ainsi son sanctuaire domestique, Morus
ne perdit rien de sa gaieté inaltérable. Tandis que les
officiers étaient occupés à cette visite, il dit à sa fille
Marguerite que ceux qui doutaient ainsi de sa pauvreté, et qui étaient décidés à s'assurer du fait,
perdraient leur peine : « A moins, ajouta-t-il en
jetant un coup d'œil malin à sa femme, qu'ils ne parviennent à découvrir la cachette où Alice renferme ses
bijoux. » Sur leur sommation de le suivre, Morus se
mit en marche et pria Roper de l'accompagner.

Il avait l'habitude de partir de bonne heure pour

Thomas Morus quitte sa famille.

Charpentier del.

Rouargue sc.

Westminster, quand ses devoirs officiels l'y appelaient,
et alors sa femme et ses enfants l'accompagnaient jusqu'au bord de la rivière où il montait dans sa barque.
Le long de la route, il ne manquait jamais de donner
à l'un quelque conseil salutaire, ou de faire à l'autre
quelque innocente plaisanterie, et lorsqu'il les quittait
pour la journée, il les embrassait tous et les saluait de
la main tandis que la barque s'éloignait, jusqu'à ce
qu'il les eût perdus de vue à travers les arbres. Dans
cette circonstance, ils l'accompagnèrent comme à l'ordinaire ; mais cette fois aucune plaisanterie n'égaya la
route. L'avenir se dévoilait à lui, et son cœur paternel
était plein d'amertume. Il éprouva un moment de faiblesse extraordinaire et se défia de lui-même. Mais ne
voulant pas dans un tel moment ajouter aux angoisses
de sa famille, il s'arrêta lorsqu'ils eurent atteint la
grille du jardin qui conduisait au bord de la Tamise,
embrassa sa femme et ses enfants avec encore plus de
tendresse qu'à l'ordinaire, et les conjura de retourner
à la maison et de prier pour lui. Ensuite, fermant
soigneusement le guichet derrière lui, il entra dans la
barque avec Roper et quatre de ses domestiques. Il ne
détourna pas une fois les yeux vers le jardin, pour
envoyer aux siens l'adieu ordinaire. Il s'épargna ainsi
le chagrin de voir sa chère Marguerite qui, restée en arrière, ne pouvait s'arracher de cet endroit. « Son visage,

dit son gendre, exprimait sa souffrance intérieure, et il resta pendant longtemps plongé dans une profonde méditation. » Evidemment la lutte de ses sentiments était violente; mais enfin son esprit étant soulagé et éclairé par ces principes élevés auxquels, selon lui, devait céder toute considération d'un ordre inférieur, il pressa le bras de Roper, et lui dit à voix basse et d'un ton significatif : « Mon fils, grâce à Dieu, la bataille est gagnée. » Je ne compris pas alors, ajoute Roper, ce qu'il entendait par ces paroles; mais ne voulant pas paraître l'ignorer, je répondis : « Monsieur, j'en suis charmé. » Cependant je conjecturai plus tard que l'amour qu'il avait pour Dieu avait eu tant d'influence sur lui, que toute faiblesse humaine avait été vaincue.

Morus comparut devant les commissaires, et, après avoir lu les statuts et la formule du serment, il déclara qu'il était prêt à jurer qu'il maintiendrait et défendrait l'ordre de la succession à la couronne tel qu'il avait été établi par le parlement. Il désavoua toute censure contre ceux qui avaient imposé ou désavoué le serment, mais il déclara qu'il lui était impossible de le prêter sans réserve, sous peine de forfaire à sa propre conscience; ajoutant que s'ils croyaient que son refus lui fût plutôt dicté par le caprice que par un scrupule avouable, il était prêt à dissiper leurs doutes par serment. Les commissaires alléguèrent qu'il était le premier qui le refusât; ils lui montrèrent les signatures de tous les seigneurs et de tous les roturiers qui avaient juré; ils menacèrent celui qui seul résistait du déplaisir certain du roi. Lorsqu'il eût été sommé une seconde fois en vain, ils l'accusèrent d'obstination pour n'avoir pas mentionné quelle était la partie spéciale du serment que désavouait sa conscience. Il répondit que s'il expliquait avec plus de détails les raisons qui le portaient à refuser, il exaspèrerait le roi davantage encore. Il offrit néanmoins de faire part de ses raisons, si les lords voulaient obtenir d'Henri l'assurance que l'aveu des motifs de son refus ne serait pas considéré comme injurieux pour Sa Majesté et dangereux pour lui-même. Les commissaires répondirent qu'une telle assurance ne servirait nullement de défense contre une accusation légale. Il offrit cependant de se fier à l'honneur du roi. Cranmer abusa en quelque sorte de la candeur de Morus, en alléguant que, comme il avait désavoué tout blâme contre ceux qui avaient prêté serment, il était évident qu'il craignait seulement que le serment fût illégal, et lui enjoignit de considérer si l'obligation d'obéir au roi n'était pas absolument certaine. Il fut frappé de la subtilité de ce raisonnement qui le prenait par surprise; mais il ne fut nullement convaincu de sa solidité. Toutefois il répondit que, comme le serment contenait une pro-

fession de principes, telle par exemple que la légalité
du mariage du roi, sur laquelle les hommes pouvaient
différer d'opinion, il pouvait être refusé par les uns et
prêté par les autres avec une égale sincérité. Crumwell,
que Morus croyait bien disposé en sa faveur, s'écria
qu'il aurait mieux aimé voir exécuter son propre fils
que d'entendre ainsi Morus refuser le serment [1]. Crumwell porta la réponse au roi, et Andley lui enjoignit
avec force de rapporter clairement que Morus avait
consenti à prêter serment à la succession. « Sûrement,
dit Morus, je ne vois aucun péril à prêter serment à
la succession. »

Morus ne retourna plus chez lui : il fut confié à la
garde de l'abbé de Westminster, sous la surveillance
duquel il demeura quatre jours [2]. Il fut ensuite conduit à la Tour, le vendredi 17 avril 1534. Ce fut peu
de temps après son emprisonnement qu'il écrivit la
lettre suivante, esquisse fidèle et animée de ce qui se
passa devant le conseil. Par mesure de précaution,
sans doute, elle ne porte ni signature ni adresse.

---

[1] Cette exclamation de Crumwell était d'une perfidie profonde.
Tout en paraissant prendre à cœur le salut de l'ex-chancelier, il
faisait entendre et déclarait pour ainsi dire que Morus avait mérité
la mort.

[2] William Benson fut nommé abbé en 1510. Il fit don de son
abbaye à Henri, qui le créa doyen. Il mourut en 1549.

« Lorsque je parus devant les lords à Lambeth, je
fus le premier appelé, quoique le docteur de Croydon
(Hugh Lutimer) et plusieurs autres fussent arrivés
avant moi.. Après m'avoir déclaré la raison pour laquelle ils m'avaient fait venir (et qui surprit un tant
soit peu, attendu que j'étais le seul laïque qu'ils eussent
envoyé chercher), je demandai à prendre connaissance
du serment sous le grand sceau. Je voulus ensuite voir
l'acte de succession qui me fut remis en un rôle imprimé. Après les avoir lus tout bas et les avoir com-
parés, je déclarai que je n'avais dessein de blâmer ni
l'acte, ni celui qui l'avait rédigé, ni celui qui l'avait
juré ; ni de condamner la conscience de qui que ce fût ;
mais qu'en bonne foi ma propre conscience me con-
seillait de telle sorte dans cette affaire, que, bien que
je ne refusasse pas de prêter serment à la succession,
néanmoins je ne pouvais, sans exposer mon âme à la
damnation éternelle, prêter le serment qu'on exigeait
de moi. S'ils pensaient qu'une fantaisie, et non un scrupule honorable, motivait mon refus, j'étais prêt à les
satisfaire à cet égard par serment, et si malgré cela
ils ne voulaient pas me croire, à quoi un autre serment
serait-il bon [1] ? S'ils étaient convaincus, ajoutai-je, que

---

[1] Ce raisonnement est péremptoire ; mais il ne s'agissait pas de
savoir si Morus obéissait à sa conscience. Aux yeux de ces hommes,

ce que je jurerais était vrai, j'espérais de leur justice
qu'ils ne me forceraient plus à prêter le serment qu'ils
m'offraient, puisqu'il était contraire à ma conscience.
Sur ce, Monseigneur le chancelier me dit qu'ils étaient
tous fâchés de m'entendre parler ainsi et de me voir
refuser le serment; et ils dirent tous que, sur leur
bonne foi, j'étais le premier qui l'eût jamais refusé; ce
qui serait cause que Sa Grandeur le roi concevrait de
grands soupçons et une violente indignation contre
moi. Ensuite ils me montrèrent le rôle et me firent
voir les noms des seigneurs et des roturiers qui avaient
déjà prêté le serment et apposé leur signature. Lorsqu'ils virent que malgré tout je refusais encore, bien
que je ne blâmasse aucun de ceux qui avaient juré,
ils m'ordonnèrent enfin de descendre dans le jardin.
Sur ce, je restai dans la vieille chambre brûlée, qui
donne sur ce jardin, et ne voulus pas descendre à
cause de la chaleur, etc. »

A l'objection de l'évêque de Westminster, qu'il devait craindre d'être dans l'erreur en se trouvant seul
contre le grand conseil du royaume, Morus répondit :
« Si j'étais seul de mon côté et que le parlement entier
fût de l'autre, je craindrais beaucoup de m'appuyer

l'obéissance aveugle au roi passait avant l'accomplissement des devoirs les plus sacrés.

sur mon esprit seul contre un si grand nombre ; mais que, s'il se trouvait qu'en certaines choses pour lesquelles je refuse le serment, j'aie, comme je le pense, de mon côté, un conseil aussi grand et plus grand encore, je ne serais pas tenu alors de changer mon sentiment, pour le conformer à celui du conseil d'un seul royaume, ayant pour moi le conseil général de la chrétienté. »

Pendant le temps que Morus resta sous la garde de l'abbé de Westminster, le roi délibéra avec son conseil sur les mesures à prendre à son égard. On doit dire à la louange de Cranmer qu'en ce moment critique il s'interposa en faveur de Morus et de Fisher. Il écrivit à Crumwell la lettre suivante, qui témoigne de son estime pour sir Thomas d'une manière non équivoque.

L'archevêque Cranmer au secrétaire Crumwell:

« Très-respectable M. Crumwel, je ne doute pas que vous vous rappeliez parfaitement que Monseigneur de Rochester et M. Morus consentaient à prêter serment à l'acte de succession du roi, mais non au préambule de cet acte. J'ignore la cause de leur refus, et ils n'ont voulu en aucune manière la faire connaître. Néanmoins, ce doit être certainement la diminution de l'autorité de l'évêque de Rome, ou bien la condamnation du premier mariage *prétendu* du roi. Mais s'ils persistent absolument dans leur opinion touchant le préambule, il me semble cependant qu'on ne devrait pas les refuser s'ils consentent à prêter serment à l'acte même de succession, à condition pourtant qu'ils jurent de le maintenir contre tous pouvoirs et potentats; car ce sera une grande occasion de satisfaire la princesse douairière et Mme Marie, qui s'imaginent damner leur âme si elles abandonnent leur rang ou y renoncent. Et cela leur imposera silence, non-seulement à elles, mais aussi à l'Empereur et à d'autres de leurs amis, si l'on ajoute autant d'importance à ce que Monseigneur de Rochester ou M. Morus diraient ou feraient contre elles qu'on l'a fait jusqu'à présent lorsqu'ils parlaient ou agissaient en leur faveur; et peut-être serait-ce une grande autorité aux yeux de bien des gens, si de tels hommes déclaraient que la succession réglée dans ledit acte est légitime et selon les lois de Dieu; car alors je pense que dans ce royaume personne n'oserait dire le contraire. Il en est qui persistent dans leur opinion relativement au premier mariage prétendu du roi, par obstination ou mauvaise volonté; ou bien ils sont conscillés et liés par une conscience inébranlable et opiniâtre (ils craindraient, en changeant d'avis, de souiller éternellement leur gloire et leur réputation); ou bien enfin ils veulent se conformer au jugement de l'évèque de Rome. Il me semble cependant que si tout le royaume, d'un commun accord, voulait approuver ladite succession, on devrait y donner les mains. Ce qui contribuerait beaucoup à amener ce résultat, auquel on arrivera, j'espère, avec l'aide de Dieu, ce serait le consentement et le serment de ces deux hommes, l'évèque de Rochester et M. Morus, avec leurs partisans ou plutôt leurs confédérés; et, avec le bon plaisir du roi, leurs serments pourraient être supprimés, excepté lorsque Sa Majesté jugerait nécessaire de les publier. Puisse Notre-Seigneur vous tenir toujours en sa sainte garde. De mon manoir de Croydon, le 17 avril. Votre tout dévoué

« Thomas CANTUOR. »

Mais on ne suivit pas cet avis judicieux; il y avait une influence derrière le trône, plus puissante que le trône même, et cette influence prévalut contre l'humanité et la justice. Laissons parler Roper à ce sujet. « On se montra d'abord disposé à acquitter sir Thomas, à condition qu'il prèterait un serment dans lequel il n'était pas question de la suprématie, et il en aurait été ainsi si Anne Boleyn et son parti, par leurs clameurs importunes, n'avaient tellement exaspéré le roi, que, contrairement à sa première résolution, il ordonna de lui présenter ledit serment de suprématie. Lorsque les autorités vinrent le trouver avec le ser-

ment, il s'excusa d'un ton discret et respectueux ; mais
l'ordre était formel ; et sur son refus définitif, il fut
conduit à la Tour le vendredi 17 avril, sous la garde
de sir Richard Southwell [1]. Ils entrèrent dans une
barque et descendirent le fleuve pour se rendre au lieu
de leur destination. Pendant le trajet sir Richard, in-
diquant du doigt la chaîne d'or que Morus portait au
cou, prit la liberté de lui en toucher quelques mots,
lui conseillant, comme mesure de précaution, de l'envoyer à sa femme ou à une de ses filles. « Non , Monsieur, dit Morus vivement, c'est ce que je ne ferai jamais ; comme je suis chevalier, je ne veux pas que mes
ennemis, après m'avoir fait prisonnier sur le champ de
bataille, disent qu'ils n'ont rien trouvé pour les récompenser de leurs peines. » En débarquant ils trouvèrent le lieutenant de la Tour prêt à les recevoir, et
lorsqu'ils atteignirent la loge, le portier, selon l'usage
inconvenant de l'époque, demanda les profits de son
emploi, qui consistaient dans les vêtements supérieurs
du prisonnier. « Vraiment, mon bon monsieur le portier, dit sir Thomas en ôtant son bonnet, les voilà; »
et il ajouta : « Ceci est la partie supérieure de mon

---

[1] Sir Richard Southwell était père de Robert Southwell , jésuite
qui souffrit le martyre pour sa foi sous Élisabeth (1595), et dont les
productions admirables, tant en prose qu'en vers, ont fait le charme
des hommes de goût de toutes les croyances.

habillement, et je suis fâché qu'elle ne vaille pas davantage. » Mais le cerbère ne voulut pas se contenter
d'un si mince bénéfice; il demanda la robe, et il l'eut.
On permit à Morus de garder un de ses domestiques
pour le servir. Cet homme se nommait John Wood et
ne savait ni lire ni écrire. On eut pourtant soin de lui
faire jurer que, s'il entendait dire ou voyait écrire
quelque chose contre le roi, le conseil ou la sûreté
du royaume, il le révèlerait sur-le-champ au lieutenant. Lorsque Morus, introduit dans son appartement
par cet officier, se vit traité avec toute la délicatesse
que permettait sa position, il se tourna vers lui, et
avec cette liberté d'esprit que rien ne pouvait abattre :
« Bon, maître lieutenant, lui dit-il, je pense que je
n'aurai pas lieu de me plaindre de la chère qui m'attend; mais s'il m'arrivait de le faire, veuillez ne pas
me ménager et mettez-moi sans façon à la porte. »

CHAPITRE VIII.

Morus à la Tour. Projet de sa fille Marguerite. Interrogatoire particulier
de Morus dans la Tour. Son jugement. Sa défense. Sa réponse à Rich.
Son arrêt. Ses interrogatoires après sa condamnation. Son exécution.

(1534—1535)

Nous touchons maintenant à l'époque qui doit terminer la carrière de Morus. Pendant le premier mois,
sa détention à la Tour fut rigoureuse ; on ne permit à
aucun membre de sa famille, pas même à sa bien-
aimée Marguerite, de pénétrer jusqu'à lui ; « et néanmoins, dit Crésaire, son enjouement ne l'abandonna
pas un instant, ainsi que nous l'apprîmes plus tard de
son gardien. » Mais, bien que le bonheur de voir son
père lui fût refusé, Marguerite, inspirée par son
amour filial, trouva moyen de lui faire parvenir dans
sa prison la lettre suivante :

« Mon père bien-aimé! C'est une grande consolation pour moi, puisque je ne puis m'entretenir avec vous comme je le voudrais, de pouvoir au moins charmer l'amertume de votre absence par le seul moyen qui me reste, en vous écrivant aussi souvent que possible, et en relisant votre lettre touchante et pleine d'enseignements, interprète fidèle de votre esprit vertueux qui, dégagé de tout amour corrompu des choses mondaines, est plein de l'amour de Dieu et du désir du ciel, comme il convient à un adorateur véritable et à un fidèle serviteur du Tout-Puissant. Je ne doute pas, mon bon père, qu'il ne tienne sa main étendue sur vous, et qu'il ne vous conserve, comme il l'a déjà fait, sain de corps et d'âme (*ut sit mens sana in corpore sano*), maintenant, surtout, que vous êtes privé de toutes consolations terrestres, et que vous êtes, pour l'amour de lui, volontairement, joyeusement et entièrement abandonné à sa sainte protection. Que croyez-vous, père, qu'ait été notre consolation depuis que vous nous avez quittés? En vérité, nous l'avons puisée dans le souvenir qui nous reste de votre vie passée, de vos pieuses conversations, de vos conseils salutaires et de vos vertueux exemples, que la bonté de Dieu voudra bien nous rendre, au grand repos et contentement de votre cœur, pur de toute lie humaine, plein des plus nobles vertus, palais agréable destiné au saint esprit de Dieu. Et puisse-t-il (comme je n'en doute pas, mon bon père), vous défendre de toute angoisse de l'âme et du corps, me donner à moi, votre fille et servante affectueuse et obéissante, ainsi qu'à nous tous vos enfants et vos amis, la grâce d'imiter ce que nous louons en vous, et nous réunir enfin tous ensemble, mon très-cher père, dans la félicité du ciel, que Notre-Seigneur miséricordieux a racheté pour nous de son sang. Votre très-affectueuse et obéissante fille et servante ; Marguerite ROPER, qui estimerait au-dessus de toutes choses humaines d'être à la place de John Wood, pour vous rendre quelques services. Mais nous vivons dans l'espérance que nous vous reverrons bientôt ; je prie Dieu de tout mon cœur qu'il en soit ainsi, si c'est sa très-sainte volonté. »

Marguerite ne reçut pas de réponse à cette lettre, car son père, quelque désir qu'il éprouvât d'accuser réception de ce témoignage d'amour, était soumis à une garde trop sévère. Le chagrin causé par ce désappointement rendit son esprit inventif, et elle découvrit le moyen hardi, sinon désespéré, de satisfaire les pieux désirs de son cœur. L'âme de son père lui était connue jusque dans ses replis les plus secrets, et elle savait parfaitement quelle était l'inflexibilité de ses principes touchant la question de la suprématie. Ce fut pourtant sur ce point-là même qu'elle appuya le stratagème qui devait la réunir au père qu'elle aimait avec tant de tendresse et de dévouement.

Laissons parler Rastell. « Lorsque sir Thomas eut passé environ un mois en prison, sa fille Marguerite, qui désirait ardemment le voir, inventa ingénieusement la ruse suivante : elle écrivit une lettre par laquelle elle paraissait travailler à le persuader de prêter serment et l'envoya à son père, ne doutant pas qu'elle ne fût interceptée et portée à Crumwell, et pensant que ce serait un moyen de se procurer un accès auprès de Morus. Sa ruse réussit pendant presque tout le temps de sa détention. » Mackintosh, à ce propos, dit qu'il serait blâmable d'attribuer à de mauvais motifs un adoucissement aussi miséricordieux que la permission accordée par le roi à Marguerite Roper de visiter son père à la Tour. Nous admirons l'humanité qui a dicté cette phrase; mais la vérité, dont les droits sont impérieux avant tout, nous force à dire que de mauvais motifs agirent en cette circonstance. Afin d'atteindre son but, Crumwell ne se fit aucun scrupule de profiter des sentiments les plus tendres d'une fille, dans l'espoir qu'ils auraient une influence funeste sur l'esprit de son père, et ce n'est qu'à ce prix qu'elle obtint la permission tant désirée. Morus, ignorant naturellement les motifs qui avaient porté sa fille à écrire une lettre pareille, lui fit une réponse pleine de reproches, mais empreinté cependant de l'affection la plus tendre et manifestant le respect le plus délicat pour son jugement.

Morus à sa fille Marguerite.

« Notre-Seigneur vous bénisse. Si je n'avais pas été, ma chère et bien-aimée fille, fermement résolu long-temps à l'avance et confiant en la miséricorde de Dieu, votre lettre déplorable m'eût confondu plus que tout ce qui peut me menacer de plus terrible. Non, vraiment, rien ne m'a touché de si près et ne m'a si profondé-ment chagriné que de vous voir, vous, mon enfant bien-aimée, travailler d'une manière si véhémente et si déplorable à me persuader la chose touchant la-quelle, sous peine de perdre mon âme, mon jugement est irrévocablement fixé. Je ne répondrai pas au sujet de votre lettre, ma conscience m'a dicté mon opinion sur cette matière, et j'ai résolu, vous le savez, de ne plus m'en expliquer avec qui que ce soit. Il me reste donc à vous dire, ma fille Marguerite, renoncez à votre tâche et souvenez-vous de mon inébranlable résolu-tion. Mais ce qui me cause un chagrin mortel, bien plus mortel que si j'apprenais mon arrêt de mort (dont la crainte, par la grâce de Dieu, s'apaise de jour en jour, ainsi que celle de l'enfer, par l'espérance du ciel et de la passion du Christ), c'est que j'apprends

que mon bon fils, votre mari, et vous, ma bonne
fille, et ma bonne femme et mes autres bons enfants
et innocents amis, allez être exposés à en éprouver
beaucoup de déplaisirs et de peines. Comme il n'est
pas en mon pouvoir de les empêcher, je ne puis
en remettre le soin qu'à Dieu. *Nam in manus Dei*
(dit l'Écriture) *cor regis est, et sicut divisiones
aquarum, quocunque voluerit impellit illud;* car le
cœur du roi est dans les mains de Dieu, et de même
que les vagues de la mer, il le dirige à son gré. Je supplie donc son extrême bonté de porter le noble cœur de
Sa Grandeur le roi à vous favoriser tous tendrement,
et à ne me favoriser, moi, qu'autant que Dieu et moi-
même savons que mon cœur fidèle à Sa Majesté et mes
prières de chaque jour le méritent. Car, en vérité, si
Sa Grandeur pouvait pénétrer dans mon âme comme
l'œil de Dieu, je suis convaincu que son extrême mécontentement se calmerait un peu. Mais comme il ne
m'est pas permis de le faire voir dans ce monde, de
manière à ce qu'on ne puisse persuader à Sa Majesté
de croire le contraire, je ne puis mieux faire que de remettre tout entre les mains de Dieu, pour l'amour de
qui j'endure cette misère, ainsi que pour la sauvegarde
de mon âme et la paix de ma conscience. Nul n'aura à
subir de moi le moindre blâme, le moindre reproche.
Que Dieu me délivre de cette misère quand telle sera

sa volonté ; qu'il m'appelle quand il voudra à goûter
les joies éternelles du ciel, et en attendant, puisse-t-il
m'accorder la grâce, ainsi qu'à vous, dans toutes nos
peines et nos défaillances, de nous reporter, proster-
nés et fortifiés, au souvenir de cette amère agonie
qu'avant sa passion le Christ souffrit sur la montagne. Et si nous agissons ainsi avec ferveur, je crois
fermement que nous y trouverons du soulagement et
de grandes consolations. Ainsi, ma chère fille, puisse
le saint esprit du Christ, par sa tendre miséricorde,
vous gouverner et vous guider tous, pour son plaisir
et votre bonheur, tant du corps que de l'âme. Votre
tendre et affectionné père,

« Thomas MORUS, *chevalier*. »

Ce fut vers la fin de mai que Marguerite obtint l'accomplissement de son ardent désir. Aussitôt que la
porte de l'appartement de son père fut ouverte, elle se
précipita à son cou, et ils restèrent ainsi dans un long
et silencieux embrassement. Morus se jeta ensuite à
genoux, sa fille suivit son exemple et se joignit
à lui dans un de ces actes de dévotion par lequel il
sanctifiait toutes les actions de sa vie, et qui, dans la
circonstance présente, servit à lui rendre ce calme de
l'esprit que l'apparition soudaine de celle qu'il aimait
au-dessus de tout avait pour un instant ébranlé. Se

levant ensuite et embrassant de nouveau sa fille, il la
regarda tendrement et lui dit avec son enjouement habituel : « Eh bien ! je crois maintenant, Meg, que ceux
qui m'ont mis ici se figurent m'avoir causé un rude déplaisir ; mais je t'assure sur ma foi, ma chère et tendre
fille, que, si ce n'était à cause de ma femme et de
vous, mes enfants, je n'aurais pas manqué d'être
renfermé depuis longtemps dans une chambre aussi
étroite et bien plus étroite encore[1]. Mais, puisque je
suis ici sans l'avoir mérité, j'espère que Dieu dans sa
bonté me délivrera de mes charges, et, par son gracieux secours, conservera ma place au milieu de vous.
Je n'ai aucune raison, Dieu merci, Meg, de me trouver plus mal ici que chez moi ; car il me semble que
Dieu me gâte et me prend sur ses genoux pour me caresser. » Lorsque Marguerite se prépara à quitter la
prison, il lui mit dans la main, pour sa famille, le
billet suivant qu'elle cacha dans son sein :

« A mes tendres amis. — Étant en prison et ne sachant pas quels besoins je puis avoir par la suite, ou
dans quelle nécessité je puis me trouver, je vous supplie tous sincèrement, dans le cas où ma bien-aimée

---

[1] Le sens de ces paroles est difficile à comprendre. Morus vou-
lait-il dire que sans son amour pour les siens il n'aurait pas été si
prudent, et serait déjà condamné et exécuté ?

fille Marguerite, qui seule de tous mes amis, et par la
faveur gracieuse du roi, a la permission de me visiter,
viendrait à exiger de qui que ce soit d'entre vous
quelque chose dont je pourrais avoir besoin, d'avoir
autant d'égard pour ses prières que si je vous le deman-
dais moi-même personnellement. Je vous supplie tous
de prier pour moi, comme je prierai pour vous. Votre
ami sincère et pauvre aumônier [1]

Thomas Morus, *chevalier, prisonnier.* »

Marguerite dut considérer ces quelques mots
comme une nouvelle preuve du respect profond et de
la confiance de son père à son égard. Quelque temps
après cette visite, sa femme et sa famille obtinrent la
permission de le voir. Alice, comme on le sait, était
excellente ménagère, mais elle n'avait pas cette dignité,
pour ne pas dire cette délicatesse de caractère qu'on
aimerait à trouver dans la femme d'un tel homme.
Pour nous servir du langage de Crésaire, lorsqu'elle
entra dans sa chambre, comme une bonne et simple
femme, quoiqu'un peu mondaine, elle lui adressa
brusquement la parole en ces termes : « Vraiment,
M. Morus, je m'étonne beaucoup que vous, qui avez

---

[1] Nous avons rendu le mot du texte (signifiant celui qui fait des
prières pour les autres) par le mot *aumônier,* le mot anglais n'ayant
pas d'équivalent en français.

été considéré jusqu'à présent comme un homme sage,
vous vous conduisiez maintenant comme un sot, et
préfériez rester ici dans cette prison sale et étroite,
sans autre société que des rats et des souris (ici elle
fit la grimace), que de jouir au dehors de votre liberté,
avec la faveur et la bienveillance du roi et du conseil,
lorsqu'il suffirait pour cela de faire ce qu'ont fait
tous les évêques et les hommes les plus savants du
royaume. » Elle s'étendit alors sur sa belle maison de
Chelsea, sa bibliothèque, ses livres, sa galerie, son
jardin et son verger, et sur le plaisir de se réjouir dans
la société de sa bonne femme, de ses enfants et de ses
gens; et élevant la voix en terminant : « En vérité, et
au nom de Dieu, je me demande ce qui peut vous
engager à rester ici. » Morus supporta toutes ces do-
léances en homme résigné. « Mais, ma bonne Alice,
dit-il à son tour avec ce sourire séduisant que rien ne
pouvait effacer, dites-moi une chose.— Et quelle est-
elle, s'il vous plaît? repartit-elle. — Cette maison n'est-
elle pas aussi près du ciel que la mienne? » Elle lui
répondit par son exclamation ordinaire de dédain : « Oh
bah ! bah ! » Il considéra son langage impoli comme une
épreuve salutaire pour sa patience, et répliqua avec la
même douceur, mais avec un peu plus de gravité : « Que
dis-tu, Alice? Est-ce que ce n'est pas vrai? — *Bone
Deus,* dit Alice précipitamment, est-ce qu'on reviendra

toujours sur ce sujet? — Eh bien, Alice, s'il en est ainsi, je ne vois pas quelle grande cause de joie j'aurais dans ma belle maison ou dans tout ce qui en dépend, puisque, si j'avais passé sept ans seulement dans la tombe, et qu'au bout de ce temps je vinsse à ressusciter et à retourner chez moi, je ne manquerais pas d'y trouver des gens qui me prieraient de sortir et me diraient sans hésiter qu'il n'y a là rien à moi [1]. Quelle raison aurais-je donc d'être si attaché à une maison qui oublierait si vite son maître? » Alice avait l'esprit capricieux, mais elle était sensible, et ces paroles la subjuguèrent complétement.

Morus s'aperçut de l'effet qu'il avait produit et lui dit en lui tapant amicalement sur la joue : « Eh bien, bonne dame Alice, dites-moi combien d'années vous pensez qu'on puisse jouir de cette maison? — Vingt ans peut-être. — Eh bien, ma bonne Alice, si vous aviez dit quelques milliers, ou même quelques centaines d'années, c'eût été quelque chose, et cependant ce serait un bien mauvais calculateur que celui qui s'exposerait à perdre une éternité pour quelques centaines ou quelques milliers d'années. Qu'est-ce donc, si nous ne sommes pas certains de jouir de nos biens un seul jour? »

---

[1] Ce langage triste et amer n'était pas motivé, Morus était chéri de sa femme et de ses enfants. Il exagérait sans doute sa pensée, afin de faire plus d'impression sur l'esprit léger de sa femme.

C'est ainsi que le calme de Morus ne l'abandonnait jamais, et rien ne pouvait être un plus sûr indice de sa tranquillité intérieure. Et ici il serait injuste de ne pas dire, pour excuser Alice, qu'elle n'avait que trop de raisons d'être de mauvaise humeur. Quelque confortable que fût sa maison de Chelsea, ce mauvais génie, *res angusta domi*, le besoin et les maux qui l'accompagnent s'étaient emparés de cette demeure naguère si heureuse. C'est ce que nous apprend la lettre suivante, qui a été conservée par hasard et qui nous en dit plus que le récit le plus détaillé.

Madame Alice Morus au secrétaire Crumwell.

« Monsieur le secrétaire, je me recommande à votre bienveillance avec la plus grande humilité, me reconnaissant profondément obligée envers vous pour vos fréquentes bontés et la faveur spéciale que vous avez témoignée, et que vous continuez à nous témoigner, à mon pauvre mari et à moi. Je prie le Seigneur tout-puissant de vous conserver ces sentiments généreux, car c'est d'eux que dépend la plus grande partie du bien-être de notre famille. Par la présente lettre, j'exprime à Votre Honneur mon extrême besoin; car, outre l'entretien de ma propre maison, je suis obligée de payer quinze schellings par semaine pour la pen-

sion de mon pauvre mari et de son serviteur ;. Pour
subvenir à ces dépenses, n'ayant pas d'autres moyens
de faire de l'argent; je me suis vue forcée de vendre
une partie de mes propres vêtements. C'est pourquoi
j'adresse à Votre Honneur cette humble pétition et
requête, pour vous prier de m'accorder votre avis et
conseil, et vous demander si je dois m'aventurer à
paraître devant sa très-gracieuse Grandeur le roi.
J'espère qu'il n'existe aucun empêchement ni danger :
voilà cinq semaines que la fièvre tierce a disparu, et
personne de la maison n'a été malade depuis cette époque. C'est pourquoi je conjure Votre Honneur, dans sa
bonté spéciale (sans laquelle je ne saurais comment
échapper à une ruine totale), de vouloir bien, pour
l'amour de Dieu, accorder votre gracieux secours pour
le soulagement de mon mari et le mien dans notre
affliction, notre âge avancé et notre pénurie. Ainsi
nous et tous les nôtres prierons journellement et
pendant toute notre vie le Seigneur tout-puissant pour
la prospérité de votre très-honorable Seigneurie. De
la main de celle qui sera toujours votre humble servante

« Alice Morus. »

---

[1] Ceci nous apprend un fait curieux, c'est que les prisonniers
d'État, à cette époque, étaient entretenus aux frais de leurs propres
familles.

Toutes les tentatives ayant échoué contre la fermeté de Morus, on eut dès lors recours à un expédient qui devait l'attaquer par l'endroit le plus sensible. On lui enleva la liberté d'entendre la messe et de s'entretenir avec son directeur. La société de sa femme et de ses enfants lui fut retirée, et on ne lui laissa que Marguerite, dans l'espoir perfide de l'amener par elle au but qu'on voulait lui faire atteindre; mais encore étaient-ils rigoureusement surveillés, et il devait perdre bientôt cette dernière consolation. Voici ce que nous apprend Crésaire : Comme le serment de la suprématie et du mariage était compris en peu de mots dans le premier statut, le lord chancelier et le secrétaire y ajoutèrent de leur propre autorité quelques mots de plus, afin de le faire paraître plus plausible, et le présentèrent ainsi amplifié à sir Thomas et à d'autres. A propos de cet acte, Morus dit à sa fille : « Je puis t'assurer, Meg, que ceux qui m'ont emprisonné ici pour avoir refusé de prêter un serment non conforme à leur statut, ne peuvent par leur propre loi justifier ma détention. Il est malheureux qu'un prince chrétien soit entraîné à suivre ses passions par un clergé faible et privé de la grâce, faute de laquelle ils dérogent à leur savoir et s'abaissent si honteusement. » Ces paroles furent entendues et répétées au conseil, qui s'aperçut de sa bévue et fit dresser un autre statut, avec toutes les conditions.

Nous verrons par les interrogatoires postérieurs de Thomas Morus, qu'il avait trouvé moyen de communiquer avec son ancien et vénérable ami l'évêque Fisher. Ceci, ayant été découvert, ne manqua pas d'exciter les soupçons jaloux de ses ennemis, quoique, après une enquête, on se fût assuré « que la plupart des papiers qui servaient à leur correspondance ne contenaient rien que des paroles de consolation de l'un à l'autre, et des détails sur leur position et leur santé; ils se remerciaient aussi l'un l'autre des vivres qu'ils s'étaient réciproquement envoyés. » Au nombre de ses compagnons de captivité se trouvait le docteur Nicholas Wilson, qui, nous apprend Morus, avait écrit de Paris sur le divorce une lettre à Sa Grandeur. Nous possédons deux lettres qui lui furent adressées par Morus dans la Tour.

Il y avait été envoyé pour la même cause que celui-ci; mais inférieur à lui en fermeté ou en conviction, il consentit enfin à prêter le serment exigé. Il paraît qu'il avait réussi à faire parvenir à Morus une lettre où il lui demandait son avis touchant ses doutes. Nous possédons la réponse, pleine de prudence et de bienveillance à la fois. « Bon maître Wilson, dit-il, je suis désolé de voir qu'outre la peine où vous plonge votre détention, la perte de vos revenus et de la société de vos amis, vous soyez tombé dans une telle faiblesse et perturbation d'esprit, à cause des doutes qui troublent votre conscience. J'en suis d'autant plus fâché, bon maître docteur, qu'il n'est pas en mon pouvoir de vous accorder le soulagement que vous attendez de moi. Si j'ai refusé le serment, nul ne sait pourquoi ; c'est le secret de ma conscience. Ces raisons sont tout autres peut-être qu'on ne se le figure, et telles que je ne les ai fait connaître à qui que ce soit, ni ne veux le faire de ma vie. Enfin je vous répète ce que je vous ai dit lorsque nous nous sommes rencontrés à Londres, avant qu'on nous proposât le serment, je ne veux aucunement prendre part à cette affaire. Je suis les ordres de ma conscience, dont je dois moi-même rendre compte à Dieu, et je permets à tout le monde d'en faire autant. Je trouve dans ma propre vie assez de sujets de réflexion. Il me semble que j'ai assez vécu, et je ne désire guère vivre plus longtemps. J'ai failli une ou deux fois rendre l'âme depuis mon entrée à la Tour, et, en vérité, cette espérance allége mes souffrances. Je n'oublie point cependant que j'ai un compte bien long à rendre. Mais je mets ma confiance en Dieu et dans les mérites de sa douloureuse passion, et je le supplie de me donner assez de force pour souhaiter de quitter cette vie et de le rejoindre. Qu'il daigne accorder le repos à votre cœur, et qu'il porte, dans sa bonté, le noble esprit du roi à se montrer gracieux et favorable envers vous ainsi qu'envers moi, puisque nous éprouvons les mêmes sentiments pour lui. Mais si c'est le bon plaisir de Dieu de disposer de nous de toute autre manière, je n'ai aucun avis à vous donner, etc. » Il termine en le priant, par un avertissement en latin, de lui renvoyer ce brouillon de billet : « *Quia quanquàm nihil est mali, tamen prope tertium ministrum nolim rescire;* parce que, quoiqu'il ne contienne rien de mal, je ne voudrais pas qu'il tombàt dans les mains d'un tiers. »

Lorsque Morus apprit plus tard que le docteur avait prêté serment, il écrivit le billet suivant qui fait honneur à son esprit et à son cœur : « Mon bon docteur, que Notre-Seigneur vous assiste. Comme je m'aperçois par divers indices que vous avez promis de prêter serment, je supplie Dieu de vous accorder le bonheur. Je n'ai jamais de ma vie conseillé le contraire à qui que ce soit, comme je n'ai jamais employé aucun moyen de faire partager à d'autres mes scrupules touchant ce sujet. Je vois que vous apprendriez avec plaisir ce que je me propose de faire; mais vous savez bien ce que je vous ai dit quand nous étions libres tous les deux : que là-dessus je ne voulais savoir ni vos intentions, ni celles de qui que ce fût, et que ni vous ni personne ne sauriez les miennes. Car je ne veux participer en cela avec personne; mais abandonnant chacun à sa propre conscience, j'entends, avec l'aide de Dieu, être libre d'obéir à la mienne. Jurer contre ma conscience, ce serait mettre en péril mon âme ; et jurer ce que mes sentiments seront demain, je ne puis le dire, car Dieu seul sait si j'aurai jusqu'à la fin la grâce d'agir ou non selon ma conscience. C'est pourquoi je vous conjure sincèrement de vous souvenir de moi dans vos dévotes prières, et je ferai de même. Je me souviens tous les jours de vous dans les miennes, et tant que durera ma pauvre et courte vie, vous aurez part à tout ce que je possède. »

Cependant les cajoleries furent mises en œuvre à diverses reprises pour soumettre Morus aux volontés du roi. Crumvell eut avec lui plusieurs entrevues dans lesquelles il protesta qu'Henri était toujours son bon maître, et n'avait nullement l'intention de torturer sa conscience. « Les lords commissaires (nous citons Mackintosh) allèrent deux fois à la Tour pour lui offrir le serment ; mais ni lui ni Fisher ne voulurent s'avancer plus loin qu'ils ne l'avaient fait d'abord en déclarant qu'ils étaient tout prêts à maintenir la succession de la couronne, matière purement politique, et sans contredit de la compétence du parlement. Ils refusèrent de comprendre autre chose dans leur serment, alléguant des scrupules qu'ils s'abstenaient d'expliquer, de crainte que leurs ennemis n'y trouvassent un prétexte pour représenter leur défense comme un nouveau crime. » La première de ces visites des lords commissaires est racontée par Morus dans une lettre à Marguerite.

« Que Notre-Seigneur vous bénisse, ma chère et bien-aimée fille. Je ne doute pas que la visite faite ici par les conseillers du roi, à l'époque où (Dieu leur soit en aide) les pères de la Chartreuse et maître Reynoles de Fion viennent d'être condamnés à mort pour trahison, ne vous ait jetée dans un grand trouble et une grande crainte d'esprit, parce que je suis ici moi-même prisonnier. Je le crains d'autant plus que vous pouvez avoir appris que j'ai été appelé ici devant le conseil. J'ai donc jugé nécessaire de vous informer de la vérité, afin que vous ne conceviez ni plus d'espérances que n'en permet ma situation, de peur que l'issue augmente vos peines; ni plus de chagrin et de crainte que l'affaire n'en mérite d'un autre côté. C'est pourquoi il faut que vous sachiez que vendredi, le dernier jour d'avril, dans l'après-midi, M. le lieutenant entra ici chez moi et m'apprit que M. le secrétaire désirait me parler. Je m'empressai de m'habiller, et je sortis avec M. le lieutenant dans la galerie, où je trouvai plusieurs personnes tant connues qu'inconnues. Enfin, étant arrivé dans l'appartement où il était assis avec M. l'avoué, M. le solliciteur, M. Beydell et M. le docteur Tregonwell, on m'offrit

un siége que je refusai. Sur ce, M. le secrétaire me
dit qu'il ne doutait pas que les amis dont j'avais reçu
la visite ne m'eussent montré les nouveaux statuts
rédigés dans la séance du parlement; je répondis af-
firmativement; mais comme il n'était guère nécessaire
de consacrer beaucoup de temps à en prendre connaissance, je leur rendis bientôt le livre sans avoir remarqué la teneur des statuts, ni les avoir étudiés, par conséquent, pour me les rappeler. Il me demanda alors
si je n'avais pas lu le premier de ces statuts, par lequel
le roi était créé chef de l'Église; à quoi je répondis que
je l'avais lu. Son Honneur me déclara alors que, puisqu'il avait été ordonné, par acte du parlement, que Sa
Grandeur et ses héritiers étaient et avaient toujours été
de droit, et seraient perpétuellement chefs suprèmes
de l'Église d'Angleterre sous Jésus-Christ, la volonté
du roi était que ceux de son conseil ici assemblés me
demandassent quelle était mon opinion et mon sentiment à ce sujet. A quoi je répondis qu'en bonne foi
j'avais espéré que Sa Grandeur le roi n'aurait jamais
donné l'ordre de me faire une telle question; car dès le
commencement, et de temps en temps, j'avais bien
et dûment déclaré mes sentiments à Sa Grandeur, et,
depuis cette époque (ajoutai-je), à vous aussi M. le
secrétaire, tant verbalement que par écrit. Et maintenant j'ai déchargé mon esprit de toutes ces sortes de

choses et ne disputerai ni les titres des rois, ni ceux des papes; mais je suis le loyal et fidèle serviteur du roi et prierai tous les jours pour lui et pour tous les siens, et pour vous tous qui faites partie de son honorable conseil, et pour tout le royaume. Et je ne veux me mêler de rien autre chose.

« M. le secrétaire me dit alors qu'il ne croyait pas qu'une telle réponse pût satisfaire et contenter le roi, et que Sa Grandeur en exigerait sans doute une plus décisive. Son Honneur ajouta que Sa Grandeur le roi n'était pas un prince sévère, mais, au contraire, plein de miséricorde et de pitié. Et quoique dans certaines circonstances il eût trouvé de l'obstination dans quelques-uns de ses sujets, néanmoins, quand il les trouverait plus tard dociles et soumis, Sa Grandeur se montrerait miséricordieuse, et qu'en ce qui me concernait, Sa Grandeur serait ravie de me voir reprendre la route propre à me ramener de nouveau dans le monde et parmi les autres hommes, ainsi que j'y avais été antérieurement. A cela je répondis qu'en vérité je ne me mêlerais plus de rien dans le monde, quand même le monde entier devrait être ma récompense. Et quant au reste de l'affaire, je répondis en substance, ainsi que je l'avais fait déjà, déclarant que j'étais fermement décidé à ne plus étudier ni discuter aucune affaire mondaine; mais que toute mon étude désormais se bornerait à celle de la passion du Christ et à mon propre passage hors de ce monde.

« On m'ordonna alors de sortir un moment et on me rappela ensuite. Quand je fus rentré, M. le secrétaire me dit que, bien que je fusse prisonnier et condamné à une prison perpétuelle, cependant je n'étais pas pour cela déchargé de mon obéissance et de mon allégeance envers Sa Grandeur le roi. Il me demanda ensuite si Sa Gràce ne pouvait exiger de moi la reconnaissance des choses contenues dans les statuts, sous les mêmes peines que celles qu'il pourrait infliger à d'autres. Je répondis que je ne pouvais dire le contraire. Sur ce, il ajouta que, de même que Sa Grandeur le roi serait gracieuse envers ceux qu'elle trouverait dociles, de même Sa Grandeur suivrait le cours des lois à l'égard de ceux qu'elle trouverait obstinés. Il finit par dire que ma conduite était probablement la cause de la résistance qu'on avait rencontrée chez d'autres. Je répondis que je n'avais jamais poussé personne à soutenir telle ou telle opinion, et que je n'avais jamais donné d'avis ni de conseils à qui que ce fût à ce sujet, et qu'enfin je ne pouvais aller plus loin, quelles qu'en fussent les conséquences. Je suis (dis-je) le fidèle sujet du roi, et je prie pour Sa Grandeur, et pour tous les siens et pour le royaume. Je ne fais de mal à personne, je ne dis aucun mal, je ne pense aucun mal,

mais je souhaite du bien à tout le monde. Et si ce n'est
pas assez pour avoir la vie sauve, en bonne foi, je ne
désire pas vivre. Je me meurs déjà, et j'ai souvent cru,
depuis que je suis ici, que mon heure était arrivée; et,
Dieu merci, je n'en ai jamais été fâché que lorsque la
souffrance ne se faisait plus sentir. C'est pourquoi
mon pauvre corps est aux ordres du roi. Plût à Dieu
que ma mort lui fût avantageuse! M. le secrétaire
me dit alors : Eh bien! nous ne trouvons rien de mal
dans ce statut; en trouvez-vous dans les autres statuts qui suivent? Je répondis : Monsieur, quelle que
soit la chose qui me semblerait mauvaise, soit dans le
premier statut, soit dans les autres, je ne déclarerais
pas où je vois le mal, ni n'en parlerais aucunement.
Sur quoi Son Honneur fit observer avec beaucoup de
douceur qu'on ne prendrait nullement avantage de ce
que je pourrais dire ici; et je ne me souviens pas s'il
n'ajouta pas qu'il n'y en avait aucun à prendre; mais
il dit qu'on rendrait compte à Sa Grandeur le roi, et
que sa gracieuse volonté serait connue. Sur ce, je fus
remis entre les mains de M. le lieutenant, après qu'on
l'eut fait appeler. Je fus ainsi ramené par lui dans ma
chambre, et j'y suis maintenant dans le même état
qu'auparavant, ni mieux, ni plus mal. L'avenir est
entre les mains de Dieu, que je conjure d'inspirer à Sa
Grâce le roi ce qui peut être le plus conforme à sa su-

prême volonté, de me délivrer moi-même de tout autre souci que celui du salut de mon âme, et de vous envoyer à tous, à vous et aux vôtres, à ma femme et à tous mes enfants, et à tous nos amis, la santé temporelle et spirituelle. Et je prie pour moi, que tous prient pour moi et n'aient aucun souci de ce qui me peut arriver; car j'espère avec confiance dans la bonté de Dieu, que, quelque mal qui puisse nous éprouver en ce monde, tout sera pour le mieux dans l'autre. Votre affectionné père,

« Thomas MORUS, *chevalier.* »

Dans sa seconde lettre à Marguerite, Morus lui apprend que la nouvelle visite qu'il a reçue des commissaires, dans le même but que la première, n'a pas obtenu plus de succès, et ne diffère guère de celle-ci dans les demandes qui lui furent faites. La même résistance fut opposée aux mêmes prétentions. D'autres lettres qu'il écrivit encore à sa chère Marguerite contiennent de nouveaux détails sur ces événements et offrent un tableau frappant des souffrances de l'illustre victime.

Lorsque sir Thomas se trouvait avec sa fille, il évitait avec soin toute allusion à la cour; mais dans une de leurs conversations le nom d'Anne Boleyn vint à être prononcé. « Comment dit-on qu'elle se trouve? demanda-t-il. — Ma foi, père, répondit Marguerite,

on dit qu'elle n'a jamais été mieux. — Hélas! Meg,
reprit-il, cela me chagrine de penser à la misère dans
laquelle tombera cette pauvre âme, et bientôt encore! »

Dans une autre circonstance, on lui dit qu'Anne
charmait le roi par sa danse. « Puisse-t-il lui en arriver bien! dit-il; ces plaisirs finiront par des chagrins.
Nos têtes doivent payer ces danses, mais je lui conseille de prendre bien garde à la sienne. »

En parlant d'un écrivain qui avait composé un ouvrage en prison, un vieil auteur dit avec esprit : « Pendant plusieurs années il avait été obligé de chercher
du loisir pour ses études, maintenant il est forcé de
chercher des études pour ses loisirs. » Cette observation
peut s'appliquer à Morus. « En effet, dit Crésaire,
pendant tout le temps qu'il fut à la Tour, Morus ne
demeura jamais oisif et s'occupa constamment à
écrire des traités spirituels. Le premier est intitulé
Dialogue « of comfort against tribulations, » qui est
censé avoir lieu entre certains Hongrois, vivant dans
la crainte perpétuelle des Turcs, qui ravagent leur
pays. Les Turcs représentaient les hérésiarques du
jour; et il avertissait l'Angleterre du danger terrible
dont la menaçait l'hérésie, exhortant les bons catholiques à se préparer au sacrifice de leur liberté, de
leurs biens, de leur vie, de tout ce que l'homme possède de plus cher, plutôt que d'abandonner leur foi. »

Ce manuscrit, contenant près de 140 pages in-folio, est rempli de choses intéressantes et bonnes dans la pratique. Il composa encore un *Traité de la Passion de Jésus-Christ*, en suivant l'ordre des quatre évangélistes ; un autre traité intitulé *Treatise on receiving the blessed body of our Lord*, qui réunit à beaucoup d'observations profondes une onction peu commune à cette époque. Toutes ces œuvres portent l'empreinte du lieu et respirent quelque chose de l'air dans lequel elles furent écrites. Entre cent exemples, nous citerons le suivant : « Que dirions-nous d'un criminel qui, sur le point d'être conduit au supplice, voudrait faire graver ses armes au-dessus de la porte de sa prison ? Telle est pourtant la vanité de ceux qui s'efforcent et s'ingénient à laisser des monuments de leur dignité dans la prison de ce monde. » Comme on découvrit que Morus correspondait avec différentes personnes, il vit un jour arriver chez lui Richard Southwell, Rich, nouvellement nommé solliciteur du roi, et un nommé Palmer, domestique de Crumwell, qui venaient lui enlever ses livres, ses papiers et tout ce qui pouvait lui servir à écrire [1]. Lorsqu'ils eurent tout empaqueté dans un sac, Morus se mit en devoir de fermer les volets de son appartement; ce que voyant,

---

[1] Crésaire nous apprend que cette visite lui fut faite au moment où il écrivait son *Traité de la Passion de Jésus-Christ.*

les autres lui demandèrent ce que cela signifiait : « Oh ! dit-il, quand les marchandises n'y sont plus et que les instruments sont enlevés, il ne reste plus qu'à fermer boutique. »

Deux difficultés se présentaient, dit Mackintosh, pour concilier la condamnation à mort de sir Thomas avec quelque apparence de légalité. La première consistait en ce que le simple refus de prêter le serment ne pouvait être, d'après le dernier statut passé, considéré que comme négligence, et quoique la non-révélation de haute trahison n'eût jamais été expressément déclarée n'être que négligence avant le statut passé à cet effet sous Philippe et Marie, auquel avait peut-être donné lieu l'affaire de Morus, cependant il paraissait étrange de le voir poursuivre pour ce refus, comme si c'eût été un acte de trahison, tandis qu'un acte général l'avait positivement rendu passible de la peine portée contre la négligence, et qu'un acte spécial d'accusation pour négligence avait été porté contre lui.

Ces deux règlements étaient, dans l'hypothèse où le refus serait passible d'une accusation de haute trahison, absolument inutiles, et ils tendaient à faire croire à Morus qu'il était en sûreté tant qu'il garderait le silence.

La seconde difficulté a déjà été énoncée : c'est qu'il n'avait encore rien dit qui pût être donné comme res-

semblance à ces actes dérogatoires du mariage du roi,
qui avaient été érigés en crime de haute trahison. Pour
surmonter cette dernière difficulté, sir Robin Rich,
solliciteur général, entreprit la tâche infâme d'amener
Morus à quelque déclaration qu'on pourrait trouver
passible de l'accusation qu'on voulait porter contre lui,
dans une conversation confidentielle et sous le prétexte
d'une familiarité amicale.

On n'épargna ni ruses ni mensonges pour en venir
à bout. Le moment où Southwell et Palmer étaient occupés à emballer les livres, les papiers et les matériaux
pour écrire, fut adroitement choisi pour commettre
cette infraction à la justice et à toutes les lois sociales.
On supposa que Morus, qui idolâtrait ses livres, serait
exaspéré par cette mesure et deviendrait communicatif
dans l'excitation du moment, tandis que les personnes
occupées en apparence à emballer pourraient entendre facilement tout ce qui se dirait, et seraient citées
comme témoins pour confirmer la déposition de Rich.
Mais l'égalité d'âme de Morus confondit ses ennemis
encore une fois. Au lieu de l'emportement qu'ils attendaient, ils se virent accueillir par la bonne humeur
du prisonnier.

Quelque épouvantable que paraisse toute cette affaire, elle est parfaitement en rapport avec d'autres
traits du règne d'Henri, et peut être facilement attri-

buée aux misérables instruments du pouvoir. On verra
tout à l'heure quels furent les succès de cette abomi-
nable tentative.

Des attaques réitérées tendent à ébranler la vertu
la plus solide et à éveiller dans l'âme des sentiments de
vengeance contre les injures qu'on a reçues ; pareille à
la lie dans le vin, cette excitation sert à mûrir et à
fortifier nos vertus, tant qu'on la contient et qu'on la
soumet. Les réflexions suivantes, trouvées parmi ses
papiers, ne portent-elles pas à croire que, dans
des moments où il était cruellement tourmenté par
des cas de conscience, dont, si l'expression est per-
mise, Morus se piquait particulièrement, il éprouvait le besoin de dompter cette tendance rebelle de
notre nature ?

Réflexions écrites à la Tour.

« N'ayez ni malice, ni mauvaise volonté envers qui
que ce soit ; car, ou l'homme est bon, ou il est méchant. S'il est bon, et que je le haïsse, c'est moi qui
suis méchant ; s'il est méchant, ou il s'amendera et
mourra honnête homme et ira près de Dieu, ou il res-
tera méchant, mourra méchant et sera perdu. S'il est
sauvé, il ne manquera pas, si je suis sauvé aussi,
comme j'espère l'être, de m'aimer aussi sincèrement,

et, de mon côté, je l'aimerai de même. Et pourquoi alors haïrais-je maintenant un homme qui m'aimera à l'avenir pour toujours? et pourquoi serais-je alors ennemi de celui avec lequel je contracterai une amitié éternelle? D'un autre côté, s'il persévère dans sa méchanceté et se perd, ce doit être pour lui un malheur si terrible et si long, que je me considèrerais comme un cruel misérable si je n'avais pas pitié de sa peine, plutôt que de la malveillance pour sa personne. Si quelqu'un affirme qu'on peut, avec une bonne conscience, vouloir du mal à un méchant homme, pour le mettre dans l'impossibilité de nuire à ceux qui sont innocents et vertueux, je ne veux pas discuter maintenant sur ce sujet, car il mérite plus de développements que je n'en puis donner maintenant, n'ayant d'autre plume qu'un charbon. Mais, en vérité, je puis dire ceci: que je conseillerais à chacun de mes amis, s'il est à même de punir un méchant placé sous sa garde, de laisser, à tout événement, le soin de punir à Dieu et à ceux dont la charité est si bien fondée et qui sont si attachés, à Dieu, qu'aucune affection secrète, cruelle et subtile, ne peut se glisser sous le manteau d'un zèle juste et vertueux, pour tenter de les induire en erreur. Mais quant à nous qui ne sommes pas meilleurs que les hommes les plus médiocres, contentons-nous de prier sans cesse pour que les autres puissent arriver à l'amen-

dement dont notre conscience nous fait sentir le besoin
pour nous-mêmes. »

Combien devait être juste et généreux celui qui, dans
des épreuves si poignantes, pouvait arriver sans hésiter à
des conclusions semblables ! Après la visite rigoureuse et
arbitraire que nous avons rapportée, tous les écrits et
les communications ultérieurs de Morus se bornèrent
à quelques fragments jetés sur des feuilles volantes
qu'il eut le bonheur de se procurer, et son seul instru-
ment pour écrire était un charbon. Morus plaisanté
lui-même à ce sujet. Dans une de ses lettres à Marguerite il dit que, pour exprimer tout le plaisir qu'elle
lui cause par ses lettres, un boisseau de charbon ne
suffirait pas. Cependant l'hiver avec toutes ses misères
était arrivé, et cette saison contribuait à répandre une
nouvelle tristesse sur la solitude des prisons. En con-
templant des fenêtres de son donjon les toits des maisons tout couverts de neige : « Ah ! Marguerite, disait-
il, combien la prospérité de ce monde ressemble aux
jours les plus courts de l'hiver ! »

Il jouissait néanmoins encore de quelques heures de
gaieté et de repos. Le vieil esprit poétique, qui pendant quelques années avait semblé absorbé par les devoirs, et plus tard par la responsabilité plus grande de
charges élevées, recommença à jeter quelques lueurs
fugitives. Deux ballades de peu d'étendue ont été

conservées dans l'édition de ses œuvres par Rastell.

L'auteur pouvait s'écrier avec un élégant poëte qui plus tard habita cette prison :

« Des murailles de pierre ne font pas une prison, ni des barres de fer une cage. Les esprits tranquilles prennent cela pour un ermitage. » (Lovelace.)

La première ballade est, dit-on, sur l'air de Lessis, l'amant perdu.

« Séduisante fortune ! quelque belle que tu paraisses
« et quelque agréables que soient tes sourires, quand
« tu consentirais à réparer ma ruine, va, tu ne me
« tenterais plus. J'attends de Dieu qu'il me reçoive
« dans son port toujours sûr et tranquille. Après le
« calme j'attends toujours l'orage. »

La seconde ballade est sur l'air de Dany, le joueur de dés.

« Je fus longtemps ton serviteur, ô hasard, et j'ai
« maintenant perdu tout ce que je te devais. C'est
« pourquoi, lorsque je pense à toi de temps en temps
« et que je me rappelle telles et telles choses, tu ne
« peux me blâmer, quoique je t'aie abandonné; car je
« te bénis, en vérité, mille fois de m'avoir donné le
« loisir de faire quelques rimes. »

Un jour il reçut la visite d'un courtisan à la tête légère, qui ne parlait sur aucun sujet sérieux, mais dont toute la conversation tendait à le faire changer d'avis. Morus réussit à se débarrasser des importunités de cet homme de la manière bizarre qui lui était habituelle. « Je vous recommande encore une fois, lui dit le courtisan, de changer d'avis.—Eh bien! c'est ce que je viens de faire, » dit sir Thomas, comme s'il eût pris tout à coup une résolution. Le courtisan courut en toute hâte au palais avec cette importante nouvelle, et pressé d'en réjouir les oreilles du roi. Sans perdre un instant, on envoya un message à Morus, pour le féliciter de cet heureux changement et pour lui demander une plus ample explication de ses intentions. Quelque ridicule que fût cette explication, sir Thomas fut obligé de déclarer que les mots dont il s'était servi signifiaient simplement qu'il avait changé d'idée relativement à la barbe qu'il devait se faire ce matin-là, et que cet homme officieux s'était trompé sur le sens de ses paroles. Lorsque le courtisan parut de nouveau en présence du roi, il ne fut pas accueilli d'un sourire.

Mars 1535. Au commencement de ce mois, le prisonnier adressa à Marguerite les deux billets suivants :

« Ma très-chère et bonne fille, grâce à Dieu, je suis en assez bonne santé, calme d'esprit et sans aucun désir mondain. Je souhaite que vous vous réjouissiez tous dans l'espoir du ciel. Quant aux choses dont j'aurais souhaité vous entretenir touchant le monde à venir, puisse Notre-Seigneur les mettre dans votre esprit, comme j'espère qu'il l'a fait et mieux encore, par la grâce du Saint-Esprit. Puisse-t-il vous bénir et vous conserver tous! *Écrit avec un charbon*, par votre tendre et affectionné père, qui dans ses humbles prières n'oublie aucun de vous, ni vos petits enfants, ni vos nourrices, ni vos bons maris, ni les femmes adroites de vos bons maris, ni tous nos autres amis. Et maintenant je me vois forcé, faute de papier, de vous dire adieu.

« T. MORUS, *chevalier*. »

Sur un autre bout de papier, Rassell trouva le billet suivant, également écrit au charbon et prêt sans doute à être envoyé par la première occasion.

« Puisse Notre-Seigneur me conserver toujours sincère, simple et fidèle; autrement je le conjure de tout mon cœur de ne pas me laisser vivre. Car, je te l'ai dit souvent, Meg, je ne désire ni ne cherche une longue vie et partirai content, s'il plaît à Dieu de m'appeler à lui demain. Grâce au Seigneur, je ne connais personne au monde à qui j'en veuille au point de lui souhaiter le moindre mal, et ces sentiments me rendent heureux plus que toute autre chose sur cette terre. Rappelez-moi au souvenir de votre Will et de mes autres bons fils, et de John Harris mon ami, et à ceux que vous jugerez à propos. Mais surtout ne

m'oubliez pas auprès de ma chère femme, et que Dieu
vous conserve tous. Qu'il vous fasse et vous garde ses
serviteurs.

« T. MORUS. »

5 Mai. On acquit bientôt la preuve que le dernier
statut ne devait pas rester sans effet. Trois ecclésiastiques influents, prieurs des principaux ordres religieux,
John Hongton, chartreux, Augustin Webster et Robert
Lawrence, s'étaient rendus auprès de Crumwell pour
lui faire part de leurs objections consciencieuses à
reconnaître la suprématie du roi. Au lieu de répondre
à la confiance qu'ils lui témoignaient par cette démarche, et d'admirer la dignité de leur conduite, il les fit
de sa propre maison conduire à la Tour, et soutint
pendant leur jugement que de telles objections, « en
privant le souverain de la dignité, de la pompe et du
titre de son rang, équivalaient au crime de haute trahison. » Mais les juges ne purent se décider à considérer l'affaire sous ce point de vue, convaincus que des
hommes d'une instruction et d'une vertu si solides ne
pouvaient pas être coupables d'une offense prévue par
la loi. Lorsque Crumwell leur envoya l'injonction de
hâter leur décision, ils demandèrent un jour de plus
pour délibérer; et quoiqu'un second message les me-
naçât de la punition réservée aux prisonniers, ils refusèrent de rendre un arrêt en faveur de la couronne.

Surpris d'une obstination si extraordinaire, le ministre les visita en personne et discuta avec eux le cas en particulier, et ce ne fut qu'après avoir appelé l'intimidation au secours de ses arguments, qu'il put leur extorquer, malgré leur répugnance, un verdict de culpabilité. Cinq jours plus tard, les trois prisonniers, ainsi que Reynols, moine du monastère de Sion, subirent à Tyburn la peine de mort.

Marguerite était auprès de son père le matin du jour où ces quatre victimes furent conduites de la Tour au lieu du supplice, et elle contemplait avec lui ce triste spectacle des fenêtres de son appartement. « Regarde là-bas, Meg, dit-il, ne vois-tu pas que ces saints pères vont aussi joyeusement à la mort que des fiancés à la noce. Par là, ma très-chère fille, tu peux juger de la différence énorme qu'il y a entre ceux qui ont passé tous les jours de leur vie dans la pénitence et la mortification, et ceux dont la vie a été misérablement mondaine, comme celle de ton pauvre père, et s'est passée dans l'aisance et au milieu de choses peu propres à leur salut. En considération de leur longue vie de pénitence et de bonnes œuvres, Dieu ne veut pas permettre qu'ils demeurent plus longtemps dans cette vallée de misère, mais il les élève promptement d'ici-bas à la gloire de sa puissance éternelle. Comme au contraire ton imbécile de père, Meg, ainsi qu'un

misérable garnement, a passé toute sa vie dans le péché
et les jouissances mondaines, Dieu, ne le trouvant pas
digne de partager sitôt cette félicité éternelle, le laisse
dans ce monde pour y être encore tourmenté par une
foule de misérables soucis. »

Mais la fin de ces tourments et de ces soucis était
proche. Le 1ᵉʳ juin 1535, rien n'ayant pu réussir
auprès de lui, Morus fut traduit en jugement. Afin
de produire plus d'impression, on le conduisit à pied,
à travers les rues les plus fréquentées, de la Tour à
Westminster-Hall. Il était vêtu d'une robe de laine
grossière; ses cheveux, qui avaient blanchi pendant sa
détention; son visage, qui, quoique portant les marques de bonne humeur, était pâle et maigri; et le bâton
qui servait à soutenir ses pas faibles et chancelants,
attestaient la longueur et la rigueur de son emprisonnement. Un sentiment universel d'horreur et de sympathie se manifesta sur son passage. On allait donc le
voir, prisonnier maintenant, à la barre de cette cour
où il avait présidé autrefois aux applaudissements de
tous. Il fut jugé probablement par commission spéciale, devant les juges suivants : le chancelier Andley,
le grand juge; Fitz James, sir John Baldwin, sir Richard Leicester, sir John Port, sir John Spelman, sir
Watter Luke, sir Antoine Fitzherbert. Les jurés, car
leurs noms, dit Cayley, méritent d'être rapportés à

cause de leur infamie, étaient sir Thomas Palmer, sir Thomas Peirt, George Lovel, esq., Thomas Burbage, esq., Geoffroy Chamber, gent., Edward Stockmores, gent., William Brown, gent., Iasper Luke, gent., Thomas Billington, gent., John Parnel, gent., Richard Bellamy, gent., Georges Stoakes, gent.

Henri redoutait les effets de l'éloquence de Morus et l'influence qu'il exerçait. Aussi, afin de distraire son attention et d'accabler sa mémoire, on avait préparé un acte d'accusation, rédigé d'une longueur énorme et d'une exagération inouïe, où les charges étaient multipliées outre mesure et noyées d'une multitude de mots, sous lesquels il était difficile d'en découvrir le sens. Aussitôt que lecture eut été donnée de cet acte le chancelier, qui était assisté du duc de Norfolk, s'adressa en ces termes au prisonnier : « M. Morus, vous voyez maintenant la gravité des offenses commises par vous envers Sa Majesté; cependant le roi est si miséricordieux, que, si vous voulez renoncer à votre obstination et changer d'opinion, nous espérons que vous pourrez obtenir grâce devant Sa Grandeur. » A ces paroles, continue le petit-fils de Morus, le ferme champion de Jésus-Christ répondit : « Très-nobles seigneurs, j'ai de grandes raisons de remercier vos Seigneuries de tant de courtoisie; mais je supplie le Seigneur tout-puissant de m'accorder la grâce de conserver mes sentiments actuels jusqu'a la mort. » Ensuite on lui permit de parler pour sa propre défense, et il commença ainsi : « Quand je pense à la longueur de l'accusation portée contre moi et aux faits odieux qui me sont imputés, j'ai raison de craindre que l'altération de mes facultés intellectuelles, ma mémoire ainsi que mon esprit déjà grandement altérés, et la faiblesse physique que j'éprouve par suite de ma détention, ne me permettent pas de répondre de suite et comme je le voudrais. » Cette allusion à ses infirmités corporelles, qui n'étaient que trop évidentes d'après la peine qu'il avait à marcher avec un bâton, produisit son effet. On donna ordre de lui avancer une chaise, et après s'être assis il continua de la sorte. « Il y a trois divisions, si je ne me trompe pas, dans cet acte d'accusation, à chacune desquelles je me propose, avec la grâce de Dieu, de répondre selon leur ordre. A la première, que j'ai été un ennemi opiniâtre du second mariage du roi. J'avoue franchement que j'ai toujours dit au roi, à ce sujet, mon opinion telle que me la dictait ma conscience, et mon devoir me défendait d'agir autrement. Je suis donc si loin de me croire coupable de haute trahison à cet égard, qu'au contraire, si, lorsqu'une question d'une telle importance m'était adressée par mon prince, question d'où dépendait le repos du royaume, si, dis-je, je l'avais bassement flatté

malgré la voix de ma conscience, et que je n'eusse pas
déclaré la vérité telle que je la pensais, j'aurais pu, à
bon droit, alors passer pour un sujet méchant et un
traître perfide envers Dieu et le roi ; et, si par mon
honnête discours j'ai offensé Sa Grandeur (si c'est un
crime de dire franchement la vérité lorsque notre
prince l'exige), je pense que, même dans ce cas, j'ai
été suffisamment puni d'une telle faute par de grandes
afflictions, la perte de mes biens, la privation de ma
famille et les rigueurs d'un emprisonnement de quinze
mois.

« Le second chef d'accusation contre moi est que j'ai
transgressé le statut fait par le dernier parlement.
Lorsque j'étais prisonnier, ayant été deux fois interrogé par les seigneurs du conseil, et étant d'un esprit
méchant, perfide, obstiné et traître, j'ai refusé de leur
faire connaître mon opinion sur la question de savoir
si le roi était chef suprême de l'Église ou non ; je leur
répondis que cette loi, soit qu'elle fût juste, soit
qu'elle ne le fût pas, ne me touchait pas, d'autant plus
que je ne jouissais d'aucun bénéfice de l'Église. Je pro-
testai cependant dans le temps que je n'avais ni dit, ni
fait la moindre chose qui y fût contraire, et on ne peut
présenter aucune parole, aucune action de moi d'où
ressorte ma culpabilité. Oui, j'avoue que tel fut le
discours que je tins à Leurs Seigneuries : qu'à l'avenir

je ne voulais penser à rien autre chose qu'à la passion
amère de notre Sauveur, et à mon passage hors de
cette misérable vie. Je ne souhaite de mal à personne,
et si cela ne suffît pas pour me conserver la vie sauve,
alors je n'ai aucun désir de vivre. J'avoue que je fis
cette réponse; mais assurément de telles paroles ne
peuvent transgresser aucune loi, ni encourir le crime
de haute trahison; car ni ce statut, ni aucune loi
dans ce monde ne peuvent punir un homme pour avoir
gardé le silence. Les lois n'ont le droit de punir que
les paroles ou les actions, Dieu seul peut juger nos
pensées secrètes. »

Ici l'avocat du roi l'interrompit, et fit observer
que, bien qu'ils ne pussent l'accuser d'aucune parole
ou d'aucune action, cependant son silence était une
marque évidente de mauvaise volonté; car aucun sujet
fidèle, à qui on poserait légalement cette question, ne
refuserait d'y répondre. « Mon silence, répliqua Morus,
n'est pas une marque de mauvaise volonté, et le roi peut
en trouver la preuve dans ma conduite antérieure; on
ne peut non plus me convaincre d'avoir violé les lois.
Une maxime adoptée parmi les légistes et les canonistes
dit: *Qui tacet consentire videtur*, qui se tait, paraît
consentir. Quant à ce que vous dites, qu'aucun sujet
fidèle ne refuserait de répondre directement, en vérité
je suis d'avis qu'il est du devoir de chacun, sous peine

d'être mauvais chrétien, d'obéir d'abord à Dieu, puis
aux hommes; d'être plus soigneux de ne pas offenser sa
conscience que de toute autre chose au monde, surtout lorsqu'en obéissant à sa conscience on ne peut
causer ni scandale, ni offense envers son prince et son
pays; et j'affirme solennellement que je n'ai jamais
ouvert ma conscience sur ce sujet à qui que ce soit.

« J'arrive maintenant au troisième chef par lequel
je suis accusé d'avoir *malicieusement tenté, traîtreuse-
ment essayé et perfidement agi contre ledit statut,* parce
qu'étant à la Tour j'écrivis huit paquets de lettres
différentes à l'évêque de Rochester, pour le persuader
d'enfreindre la même loi et pour l'engager à la même
opiniâtreté. Je désirerais ardemment que ces lettres
pussent être produites et lues, car, ou elles me justi-
fieront, ou elles me convaincront de fausseté. Mais
puisque vous dites que l'évêque les a toutes brûlées, je
vais déclarer ici la vérité sur toute cette affaire. Les
unes ne traitaient que de choses particulières relatives
à notre vieille connaissance et à notre amitié; l'une
d'elles était la réponse à une demande de sa part concernant la réplique que j'avais faite aux commissaires
qui étaient venus m'interroger dans la prison. Voici
la seule réponse que je fis : que j'avais déjà réglé ma
propre conscience, qu'il pouvait régler la sienne
comme il lui plairait. Aussi vrai que Dieu est mon

juge et que c'est de lui que j'attends le salut de mon âme, telle fut ma réponse tout entière. Tout cela, je l'espère, ne saurait constituer une violation de la loi.

« Le quatrième et dernier crime dont on m'accuse, c'est que, lorsque je fus interrogé à la Tour, je dis que cette loi était comme une épée à deux tranchants, car en y consentant je mettrais mon âme en danger, et en la refusant je perdrais la vie. Comme l'évêque Fisher fit la même réponse, il peut en être évidemment induit que nous conspirions clairement dans cette circonstance. Je déclare que cette réponse ne fut que conditionnelle de ma part; je dis que dans les deux cas il y avait du danger, soit que j'approuvasse, soit que je désapprouvasse la loi; et que par conséquent c'était comme une épée à deux tranchants, qui, lorsqu'on la manie, coupe des deux côtés; et il me semblait dur qu'elle fût employée contre moi, qui ne l'avais jamais combattue ni par paroles, ni par actions. Telle fut ma réponse, je ne sais quelle fut celle de l'évêque. Si elle fut pareille à la mienne, cela ne venait d'aucune convention faite entre nous, mais de l'analogie de nos pensées et de nos sentiments. Pour terminer, je déclare avec sincérité que je n'ai jamais prononcé une parole contre cette loi, quoique des rapports contraires à cette assertion aient pu parvenir aux oreilles de sa très-miséricordieuse Majesté le roi. »

Bien que l'avocat du roi ne fît aucune nouvelle réplique à sir Thomas, cependant, dit Crésaire, le mot *malice* était dans la bouche de tous les membres de la cour, mais personne ne put en produire aucune preuve. Comment en effet transformer ce refus en crime de trahison? Aussi les accusateurs furent-ils réduits à la nécessité d'interroger Rich, l'avocat général, pour établir des faits qu'il ne pouvait pas alléguer sans la plus basse perfidie. Rich eut l'effronterie de déclarer par serment que, pendant la visite qu'il avait reçu ordre de faire à la Tour pour s'emparer des livres, papiers, etc., de Morus, et pendant que sir Thomas Southwell et M. Palmer étaient occupés à les emballer, il demanda à Morus, sur le ton d'une conversation familière, si dans le cas où lui, Rich, eût été fait roi par un acte du parlement, il ne le reconnaîtrait pas pour tel; sir Thomas aurait répondu : « Si, Monsieur, je le ferais. — S'il me faisait pape, me reconnaîtriez-vous encore? — Dans le premier cas, et touchant le gouvernement temporel, je n'ai aucun doute; mais supposez que le parlement fît une loi portant que Dieu n'est pas Dieu, diriez-vous alors, M. Rich, que Dieu n'est pas Dieu? — Non, repartit Rich, aucun parlement ne peut faire une telle loi. » Rich jura, de plus, que sir Thomas avait ajouté que le parlement ne pouvait pas davantage créer le roi chef suprême de l'Église.

Morus nia toute la dernière partie du témoignage de
Rich, laquelle est en effet incompatible avec son esprit et son langage prudents. Roper a conservé les véritables termes de la réponse de Morus dans cette circonstance; il les tenait de témoins oculaires dignes de
foi. Après avoir regardé Rich pendant quelque temps
avec un air de pitié plutôt que de colère, il se tourna
vers la cour, et, étendant le bras, dit avec beaucoup de
gravité : « Milords et Messeigneurs, si j'étais homme à
ne pas faire cas d'un serment, je ne serais pas, comme
chacun le sait, dans cette enceinte, et ne paraîtrais
pas en accusé maintenant et dans ces circonstances.
Et si le serment que vous venez de faire, Monsieur
Rich, est vrai, je demande à Dieu de ne jamais le voir
en face; ce que je ne dirais pas s'il en était autrement,
quand même le monde entier serait le prix de ce mensonge. » Ici Morus rapporta à la cour sa véritable conversation avec Rich, et, dominé par l'ascendant et ex-
cité par l'intérêt de la vérité, il sembla oublier pour
un moment la douceur habituelle de son caractère,
pour stigmatiser la scélératesse de Rich dans des
termes d'une grande sévérité.

« En bonne foi, Monsieur Rich, je suis bien plus
fâché de votre parjure que de mon propre péril. Et
sachez bien ceci, que ni moi, ni qui que ce soit, à ma
connaissance, ne vous a jamais considéré comme un

homme d'une grande bonne foi, pour que, sur aucun
sujet important, personne daignât en aucun temps communiquer avec vous. Vous savez fort bien qu'il y a longtemps que je vous connais, vous et votre caractère ;
cela date de votre première jeunesse, car nous avons
demeuré pendant longtemps dans la même paroisse,
où, comme vous pouvez l'avouer vous-même, je suis
fâché que vous me forciez à le dire, vous étiez considéré
comme ayant la langue très-légère, comme un grand
joueur de dés, et où vous ne jouissiez que d'une médiocre réputation. Dans votre maison du Temple, où
vous avez été élevé, vous avez été jugé de même. Peut-
il par conséquent paraître probable à vos honorables
Seigneuries, continua Morus en se tournant vers la
cour, car pendant l'allocution précédente il avait eu les
yeux constamment fixés sur Rich, peut-il, dis-je, paraître probable que, dans un cas aussi important, j'aie
pu m'oublier assez pour estimer M. Rich (que j'ai toujours jugé peu véridique, comme je viens de l'apprendre à Vos Seigneuries) tellement au-dessus de mon
souverain seigneur le roi et ses honorables conseillers,
que je consentisse à lui divulguer les secrets de ma conscience touchant la suprématie du roi ; ce point sur
lequel depuis si longtemps on exige que je m'ex-
plique, après n'avoir voulu le faire même devant
Sa Grandeur le roi, ni devant aucun de ses honorables

conseillers, qui me furent plusieurs fois, ainsi que
ne peuvent l'ignorer Vos Seigneuries, envoyés dans ce
but par lui-même à la Tour. Je m'en serais expliqué
avec cet homme, après m'être tu avec vous! Tout cela,
Milords, peut-il, d'après votre jugement, paraître
vrai ou même vraisemblable?

« Et cependant, en supposant, Milords, que j'en
eusse agi ainsi que M. Rich l'a affirmé par serment,
considérant que je ne l'avais dit qu'en conversation
intime, n'affirmant rien et ne parlant que par hypothèse, cela peut-il motiver une accusation de mauvaise
volonté? Mais où il n'y a pas de mauvaise intention,
il ne peut y avoir d'offense. Et je ne pourrai jamais
croire, Milords, que tant de vénérables évêques, tant
d'honorables personnages et tant d'autres hommes
respectables, vertueux, sages et savants, assemblés
dans le parlement pour rédiger cette loi, eussent l'intention de faire punir un homme en qui l'on ne saurait
découvrir aucune intention coupable (en prenant *malicia* pour *malevolentia*; car si on prend simplement
malicia pour péché, alors il sera impossible à qui
que ce soit de s'excuser; *car, si nous disons que nous
sommes sans péché, nous nous trompons nous-mêmes,
et la vérité n'est pas en nous*).

« D'ailleurs les nombreuses marques de bonté de Sa
Grandeur le roi lui-même, qui s'est montré sous tant

de rapports un maître particulièrement bon envers moi, et qui a eu pour moi tant d'affection et de confiance, en daignant m'admettre, dès mon entrée à son noble service, à l'honneur de faire partie de son respectable conseil privé, et m'élever avec une si grande libéralité aux dignités les plus honorables et les plus glorieuses, et enfin à la charge si importante de haut chancelier de Sa Grâce, la première dignité de ce noble royaume, après la royauté ; ces marques de bonté ne plaident-elles pas en ma faveur?

« Sa Grâce m'éleva et m'honora au-dessus de mes qualités et de mon mérite ; me témoigna, durant vingt ans et plus, sa faveur constante, et continua (jusqu'à ce que, à ma propre requête, il plût à Sa Grandeur de me décharger de ce fardeau et de m'accorder le droit de consacrer le reste de ma vie au salut de mon âme), et continua, dis-je, à m'accabler sans relâche de nouvelles dignités. Assurément cette bienveillance que Sa Grandeur n'a cessé de manifester à mon égard suffirait pour prouver la fausseté des calomnies imaginées avec tant de méchanceté contre moi par cet homme. »

Cette improvisation chaleureuse ne pouvait manquer de produire son effet ; le crédit de Rich en fut si profondément ébranlé, qu'il fut obligé d'appeler sir Richard Southwell et M. Palmer, qui avaient assisté à la conversation, pour appuyer son témoignage chancelant. La dignité des manières de Morus, la solennité des circonstances et le reste d'honnêteté qui se trouva encore en eux, malgré la bassesse du courtisan, éveillèrent dans leur âme un sentiment de honte et de repentir. Ils s'excusèrent gauchement envers Rich et l'abandonnèrent à ses propres forces. Palmer dit qu'il était tellement occupé alors à emballer dans un sac les livres de sir Thomas, qu'il n'avait fait nulle attention à leur conversation. Southwell déclara que, comme il n'avait été chargé que du soin d'enlever les livres, il n'avait pas pris garde à ce qui s'était passé.

« Ensuite, continue Crésaire, sir Thomas allégua bien d'autres raisons pour sa défense, à la honte du témoignage de Rich, et comme preuve de la pureté de sa propre conscience. »

Mais tout fut inutile; le lecteur qui a pris la peine d'observer le caractère du gouvernement de Henri aura facilement pressenti le résultat de cè jugement, si on peut honorer de ce nom une semblable parodie des formes de la justice. Il n'est pas nécessaire d'apprendre que la volonté de ce prince était la seule règle des juges et du juri; qu'il se jouait de la loi et de la justice, et que le parlement s'était habitué depuis longtemps à obéir avec servilité à ses caprices; qu'il finit, ainsi que lui, par perdre tout sentiment de honte.

Lord Herbert, qui nous a dépeint ce règne sous les couleurs les plus favorables qu'il ait pu trouver, nous dit « qu'Henri et son parlement s'accordaient si bien en toutes choses, qu'il est évident, d'après ses nombreuses prorogations, qu'il n'avait pas la moindre intention de s'en séparer. » Ces hommes, l'année suivante, n'eurent pas honte de choisir pour orateur Rich, qui répondit à cet honneur en se faisant auprès d'Henri l'écho de leurs basses flatteries. Dans le discours qu'il adressa au trône, il félicita le roi des dons merveilleux que lui avait répartis la nature; il le compara pour la prudence et la justice à Salomon, pour la force et la constance à Samson, et pour la beauté et la grâce à Absalon. En réponse à l'aveu de Rich, qu'il était tout à fait incapable de cette charge (les seules paroles vraies qu'il ait peut-être dites en sa vie), le roi ordonna au chancelier de dire qu'il le savait doué de toutes les qualités nécessaires. Au lieu d'être expulsé de la société, cet infâme fut créé lord, et occupa, quelques années plus tard, le siége de chancelier!

Le grand Bacon faisait sans doute allusion à ce fait lorsqu'il s'écriait : « Si c'est là ce qu'il faut pour être lord chancelier, je crois que si le grand sceau se trouvait dans la bruyère de Hounlow, personne ne se baisserait pour l'y ramasser. »

Mais revenons à l'accusation portée contre Morus.

Le jury rentra promptement avec un verdict de culpabilité. Voici en quels termes s'exprime Crésaire : « Ils restèrent à peine un quart d'heure, car ils savaient ce que le roi voulait qu'ils fissent dans cette circonstance. » Le chancelier, successeur de Morus, allait procéder avec non moins de servilité, comme principal commissaire, à prononcer le jugement contre lui, lorsque le chevalier, d'un ton digne mais poli, fit remarquer « que de son temps il était d'usage en pareil cas de demander au prisonnier s'il avait quelque chose à dire contre le prononcé de l'arrêt. » La réclamation du condamné ne fut pas sans effet, et Andley, s'interrompant, demanda à sir Thomas ce qu'il avait à dire dans cette circonstance. Morus, selon Roper, parla ainsi : « Attendu, Milords, que cette accusation est fondée sur un acte du parlement qui répugne formellement aux lois de Dieu et de la sainte Église, dont le gouvernement suprême, en tout ou en partie, ne pouvait être, en vertu d'aucune loi, occupé par un prince temporel, appartenant qu'il est, de droit, au siége de Rome, en vertu d'une prérogative spéciale accordée par Jésus-Christ lui-même à saint Pierre et aux évêques de Rome, ses successeurs, pendant le temps que notre Sauveur séjourna ici-bas sur la terre; aucune loi ne peut, parmi les chrétiens catholiques, forcer un chrétien à y consentir. » Le chancelier répéta ici l'ob-

jection sur laquelle il avait tant appuyé pendant les interrogatoires à la Tour, savoir que, puisque les évêques,
les universités et les hommes les plus érudits avaient
souscrit à cet acte, il était étonnant que lui seul s'op-
posât à eux tous et argumentât avec tant de véhémence
contre cette loi.

« Si le nombre des évêques et des universités est
aussi considérable que semble l'affirmer Votre Seigneurie, cela même est une raison pour que je ne
change pas de sentiment, car je ne doute pas qu'au
nombre des hommes savants et vertueux de ce monde
(je ne parle pas seulement de ce royaume, mais de
toute la chrétienté) il s'en trouvera dix pour un qui
partageront mon opinion sur cette affaire. Mais si je
parlais de ceux qui sont morts, des savants docteurs
et des vertueux Pères et de tous les saints qui sont au
ciel, je suis convaincu que beaucoup plus grand est
le nombre de ceux qui, pendant leur vie, pensaient
comme moi à ce sujet. C'est pourquoi, Monseigneur,
je ne crois pas que je sois forcé de conformer mes sentiments à ceux du conseil d'un seul royaume, contre
l'avis général de toute la chrétienté. » Le chancelier,
après avoir réfléchi, et craignant que tout le poids de
la condamnation retombât sur lui, demanda l'avis du
juge principal, Fitz-James, qui, d'un air suffisant et
appuyant, comme il avait coutume de le faire, ses

paroles d'un serment, répliqua : « Milords, par saint Gilles ! je dois confesser que si l'acte du parlement n'est pas illégal, alors, sur ma conscience, l'accusation n'est pas insuffisante. » Roper, en parlant de cette réponse, remarque qu'elle ressemblait à celle que firent les scribes et les pharisiens à Pilate : *Si cet homme n'était pas un malfaiteur, nous ne l'aurions jamais livré entre vos mains.*

Le chancelier prononça l'arrêt de la loi cruelle qui, en cas de haute trahison, condamnait à être pendu, roué et écartelé. Étant, comme nous l'avons déjà remarqué, mort selon la loi, Morus sentit qu'il n'avait plus de mesure à garder, et par conséquent, d'un ton ferme et hardi, il parla de la sorte : « Eh bien !... puisque je suis maintenant condamné, Dieu sait avec quelle justice ! je vais parler librement, pour la décharge de ma conscience, et exprimer mon opinion touchant cette loi.

« Lorsque je m'aperçus que le bon plaisir du roi était de rechercher d'où le pape tirait son autorité, j'avoue que j'étudiai durant sept ans entiers pour découvrir la vérité à ce sujet. Mais je ne pus lire dans les ouvrages d'aucun docteur, approuvés par l'Église, la moindre chose qui prouvât qu'un laïque fût ou pût être chef de l'Église. Et de même que la cité de Londres ne pourrait pas faire une loi contre un acte du parle-

ment, qui lie le royaume entier ; de même ce royaume
ne pourrait faire une loi particulière, incompatible
avec la loi générale de l'Église universelle du Christ.
Elle était même contraire aux statuts non abrogés
du pays ; car la grande charte déclarait que « *Ecclesia
anglicana libera sit, et habeat omnia jura integra et
libertates suas illæsas* ; que l'Église anglaise soit libre,
que tous ses droits demeurent entiers et ses libertés
intactes. » En un mot, elle est contraire à ce serment
sacré, prêté avec tant de solennité par Sa Grandeur le
roi et tous les autres princes chrétiens lors de leur
couronnement. Il ne se trouve rien dans les ouvrages
d'aucun docteur qui appuie cet acte. » Ici encore le
chancelier fit remarquer que Morus prétendait être plus
sage et avoir une conscience plus sincère que tout le
reste du royaume. A quoi sir Thomas répondit : « Je
puis produire contre un évêque que vous me citerez
comme partageant votre opinion, cent évêques qui
seront de la mienne, et contre un seul royaume, la
déclaration de toute la chrétienté depuis plus de mille
ans. » Ici le duc de Norfolk s'écria : « C'est ici, sir
Thomas, que vous manifestez l'obstination et la malice
de votre esprit. — Noble seigneur, lui dit Morus, ce
n'est ni l'obstination ni la malice qui me portent à
dire ces choses, mais la juste nécessité de la cause,
pour la paix de ma conscience. Je prends Dieu à témoin

que c'est la seule raison qui ait dicté mes paroles. »

Alors le chef de la justice l'informa qu'en considération des charges élevées qu'il avait remplies, il
avait gracieusement plu au roi de commuer sa peine
en celle de simple décapitation.

Quelque solennel que pût paraître un tel moment
à des hommes ordinaires, cet adoucissement de punition fournit au condamné l'occasion de manifester son
intarissable bonne humeur. « Je remercie le roi de sa
bonté ; mais je prie Dieu de préserver tous mes amis
d'une semblable faveur. » Les commissaires lui demandèrent de nouveau s'il lui restait quelque chose à
dire : « Milords, dit-il, je dirai seulement que le saint
apôtre saint Paul était présent et consentit à la mort
de saint Étienne, qu'il tint les habits de ceux qui le
lapidaient, et que cependant ils sont tous les deux
maintenant des saints dans le ciel, et y resteront à
jamais unis ; de même, j'espère sincèrement, je prierai Dieu de tout mon cœur que, bien que Vos Seigneuries aient été ici, sur la terre, les auteurs de ma
condamnation, nous puissions cependant nous trouver
tous plus tard réunis dans le ciel. Une fois pour toutes,
puisse Dieu vous conserver tous, accorder une longue
vie à mon souverain seigneur le roi et lui faire don
de fidèles conseillers. »

Roper avait assisté aux débats, et, aussitôt qu'ils

furent terminés, il se rendit en toute hâte près de la
porte par laquelle son beau-père devait être reconduit
à la Tour. Après avoir attendu quelque temps, Morus
fut amené par la garde, et Roper, se frayant un passage à travers la foule, se précipita à genoux devant
l'homme qu'il vénérait déjà comme martyr, et le pria
ardemment de lui donner sa bénédiction. Morus s'arrêta un instant pour formuler sa bénédiction sur la
tête de son gendre, et fut ensuite conduit précipitamment vers la barque qui devait le transporter à la
Tour. Pendant le trajet il s'entretint librement avec
William Kingston, constable de la prison, son ami
intime. Voyant des larmes couler le long de ses joues,
il s'efforça de calmer son chagrin, en appelant la religion à son aide, et engagea ensuite une conversation
familière sur les sites dont ils étaient entourés. Kingston dit plus tard à Roper : « En vérité, je suis honteux
d'avoir montré tant de faiblesse de cœur, et de lui
avoir vu montrer tant de fermeté et de calme. » Lorsqu'ils atteignirent le quai de la Tour, le condamné
avait déjà recouvré le ton de bonne humeur qui lui
était habituel, et il mit gaiement pied à terre ; mais en
ce moment son cœur eut à subir une bien rude
épreuve. A peine était-il débarqué sur le quai, où
les gardes étaient rangés pour le recevoir, qu'une
femme perçant la foule arrêta le cortége et se jeta à

son cou. C'était sa Marguerite, son bon ange qui avait
épié l'instant où il débarquerait, car son cœur lui avait
dit que c'était là la dernière occasion de voir ici-bas
son père chéri. Elle ne l'eut pas plutôt entrevu, ainsi
que la hache qu'on portait devant lui, et dont le tranchant était tourné de son côté (signe évident de ce qui
devait se passer), qu'elle se précipita en avant, et sans
s'inquiéter de sa propre personne, se frayant un passage à travers la garde qui l'entourait d'une haie de
piques et de hallebardes, elle le serra dans ses bras,
se pendit à son cou et l'embrassa avec tendresse,
incapable de prononcer d'autres mots que ceux-ci :
« O mon père ! ô mon père ! » En présence de ses juges,
Morus était resté calme, gai, triomphant, mais il
ne s'était pas. préparé à cet appel aux sentiments les
plus tendres de son cœur; cependant, touché de son
affliction si vive et si touchante, il lui donna sa bénédiction, en lui disant « de se soumettre à la sainte
volonté de Dieu; qu'elle connaissait bien tous les
secrets de son cœur, et que, comme lui, elle devait
prendre patience et se conformer aux décrets du Ciel. »
Ils se séparèrent; mais à peine avait-elle fait dix
pas, que, mécontente du premier adieu, et comme
s'étant oubliée dans l'émotion que lui avait causée la
profonde affection d'un si digne père, elle se précipita
de nouveau à travers les gardes, se jeta à son cou et

l'embrassa à plusieurs reprises. La fermeté de Morus ne put tenir à cette seconde attaque; il ne prononça pas un seul mot, mais les pleurs ruisselèrent avec abondance le long de ses joues. En présence d'un tel spectacle, la foule presque tout entière et les gardes eux-mêmes furent touchés jusqu'aux larmes. Dans cette épreuve, Morus obéit à cette exhortation du Psalmiste : *Remets ton fardeau aux mains du Seigneur, et il viendra à ton secours.* Marguerite n'était pas venue seule pour remplir cette triste mission d'amour; elle était accompagnée de son frère, de Marguerite la pupille de Morus, et de la fidèle servante Dorothée Colley. Elles embrassèrent Morus, comme l'avait fait sa fille.

L'histoire rapporte peu de faits aussi touchants que cette dernière entrevue. Lorsque nous nous rappelons le caractère pur et élevé de leur vie domestique, le commerce libre et enjoué entre le père et les enfants, leurs études plus sérieuses, leurs exercices religieux, le sentiment vraiment moral qui réglait leurs occupations de chaque heure, leur charité envers autrui et l'union parfaite qui régnait entre eux, c'est avec une peine profonde que nous considérons à quel degré de corruption et d'égoïsme des conseils pervers ont dû amener le monarque qui pouvait enlever à son peuple de tels modèles de pureté et de vertu ! La publication des papiers d'État nous a mis en possession de deux docu-

ments intéressants dont nous tirons ce fait important,
que, quinze jours après le jugement et la condamnation de Morus, il fut de nouveau interrogé à la Tour
par quatre jurisconsultes, dans l'espoir d'ébranler sa
constance et de le faire souscrire aux volontés royales.
C'étaient toujours les mêmes demandes, à peu près
dans les mêmes termes; et ces tentatives restèrent
comme les autres, sans résultat. Il est évident que ces
interrogatoires, dans lesquels se trouvent pour la première fois insérés quelques articles qui répugnaient
particulièrement à Morus, furent rédigés dans le but
de réduire l'illustre victime à l'alternative de faire un
mensonge, ou de souffrir la mort. Ceux qui conspi-
raient contre lui pouvaient encore concevoir un faible
espoir de dompter son énergie. S'il persistait, on espérait le représenter comme s'étant attiré son sort par
sa propre opiniâtreté; mais tel était le calme et la
netteté de son esprit, qu'il ne fit ni ne dit rien pour
provoquer ce reproche. S'il avait fait des réponses
affirmatives, il eût fait de faux serments; il fut martyr
de la vérité, et dédaignant de vaines attaques, il se
préparait à la mort par le jeûne, la prière et de saintes
mortifications. Parmi ses notes ou sujets de méditation, nous trouvons les passages suivants, qui montrent quel était le travail de son esprit pendant ces
moments d'épreuve : « Reposer mon esprit fermement

en Dieu et ne pas dépendre des paroles des hommes.
— Être satisfait de ma solitude, et délivrer mon esprit
de toute affaire. — Renoncer complétement et peu à
peu au monde.— Considérer mes plus grands ennemis
comme mes meilleurs amis. — Éviter toute sotte gaieté
et satisfaction et renoncer à toute récréation inutile.
—Qui voudrait sauver sa vie pour déplaire à son Dieu?
s'écriait-il en se promenant pensif dans sa prison. Si
tu sauvais ainsi ta vie, combien tu la haïrais mortellement le lendemain, et quelle oppression tu éprouve-
rais au cœur de n'être pas mort la veille ! — Tu n'as
certainement pas de raison de craindre pour demain
ce que tu sais devoir arriver dans quelques jours. —
Si l'affliction que tu endures est selon la volonté de
Dieu, remets joyeusement ton âme entre ses mains. Il
est fidèle et ne te trompera pas. — Si tu as été avec
Jésus-Christ au festin de Galilée, ne crains pas de
rester près de lui devant le tribunal de Pilate. Le
moment approche où tu te réjouiras avec lui dans la
révélation de sa gloire. — Accorde-moi ta grâce, ô
mon Dieu, pour oublier le monde et penser à toi
avec joie ; pour implorer ton aide avec humilité, pour
m'appuyer sur tes consolations et travailler laborieu-
sement à t'aimer, pour m'humilier sous ta main puissante, et pour pleurer mes péchés passés ; pour souffrir
patiemment l'adversité, afin de les expier ; pour être

joyeux des tribulations ; pour endurer avec joie mon purgatoire ici-bas ; pour suivre le chemin étroit qui mène à la vie ; pour porter la croix avec le Christ ; pour implorer mon pardon du juge qui doit venir ; pour avoir sans cesse présente à l'esprit la passion soufferte pour moi par le Christ ; pour lui rendre incessamment grâces de tous ses bienfaits ; pour avoir toujours souvenance de la fin ; pour que la mort ne me soit pas étrangère ; pour avoir toujours devant les yeux celui qui est si près de moi. »

Lundi 5 juillet. Ce jour-là, la veille de son exécution, il écrivit à sa bien-aimée Marguerite la lettre suivante :

« Ma bonne fille. Puisse le Seigneur vous bénir, ma bonne fille, ainsi que votre bon mari et votre petit garçon, et tous les vôtres, et tous mes enfants et tous mes petits-enfants, et tous mes amis. Rappelez-moi quand vous le pourrez à ma bonne fille Cécile, que je supplie Notre-Seigneur de consoler. Et je lui envoie ma bénédiction ainsi qu'à tous ses enfants, et je la supplie de prier pour moi. Je lui adresse un mouchoir ; et puisse Dieu consoler mon bon fils, son mari (Giles Héron). Ma bonne fille Daunu a le tableau en parchemin que vous me remites de la part de milady Conyers ; son nom est derrière. Dites-lui qu'en le lui envoyant en mon nom, comme un gage, vous avez été chargée par

moi de lui recommander qu'elle ne m'oublie pas dans
ses prières. J'aime beaucoup Dorothée Colley ; je vous
prie d'être bonne pour elle. Je voudrais bien savoir si
c'est elle au sujet de qui vous m'avez écrit ; sinon je
vous prie néanmoins d'être aussi bonne que vous le
pourrez pour l'autre, dans son affliction, ainsi que pour
ma bonne fille Jeanne Alyn (une des femmes de Marguerite). Donnez-lui, je vous prie, quelque bonne
réponse, car elle est venue me trouver ici aujourd'hui
et m'a conjuré de vous disposer en sa faveur. Je vous
tourmente beaucoup, ma bonne Marguerite, et je
serais fâché que cela durât plus longtemps que jusqu'à
demain, car c'est la veille de saint Thomas et la vigile
de saint Pierre ; c'est pourquoi j'éprouve le désir d'être
demain auprès de Dieu. Ce sera pour moi un jour
très-bien choisi et très-convenable. Je n'ai jamais été
plus content de votre manière d'être avec moi que
lorsque vous m'embrassâtes la dernière fois ; car j'aime
que l'amour filial et la charité mettent de côté les considérations mondaines. Adieu, ma chère enfant, priez
pour moi, et j'en ferai autant pour vous et tous vos
amis, afin que nous puissions nous rencontrer joyeusement dans le ciel. J'envoie à ma bonne fille Clément
sa pierre d'algorisme [1] et lui donne, ainsi qu'à mon fil-

---

[1] Une pierre d'algorisme était une devise employée pour apprendre

leul et à tous les siens, la bénédiction de Dieu et la mienne.

« Je vous prie de rappeler en temps et lieu mon souvenir à mon bon fils John Morus; j'aimais bien ses manières naturelles. Puisse Notre-Seigneur le bénir, ainsi que sa bonne femme, ma bien-aimée fille, envers qui je le prie d'être bon, comme il en a de grandes raisons; et si mon bien tombe entre ses mains, qu'il ne contrevienne pas à mon testament en ce qui concerne sa sœur Daunu. Et puisse Dieu bénir Thomas et Augustin et tout ce qu'ils auront. »

Morus rassemblait, dit Crésaire, tous les petits morceaux de papier qu'il pouvait obtenir à la dérobée, et sur lesquels il écrivait avec du charbon. « Parmi ceux-ci, ajoute-t-il, mon père me laissa celui destiné à sa femme et qu'il avait repassé à l'encre : je le considère comme un précieux objet. » C'est à juste titre qu'il attachait tant de prix à une relique sanctifiée par des souvenirs si tendres et si touchants, car, selon toute probabilité, cette lettre était celle que nous venons de lire, tracée de la main mourante de Morus. C'est encore de Crésaire que nous tirons les détails intéressants qui suivent. Il envoya à Marguerite, avec la

l'arithmétique, quelque chose comme la table de multiplication. La protégée, Marguerite Gigys, avait épousé le docteur Clément, dont il a été question au commencement de ce livre.

lettre que nous venons de citer, son cilice et sa discipline, ne voulant pas qu'on les trouvât sur lui au
moment de sa mort, comme s'il lui eût répugné que le
monde fût témoin de l'austérité qu'il pratiquait. Les
remarques suivantes sont empreintes d'un pathétique
touchant. « Pendant toute sa vie il avait adroitement
réussi , par sa gaieté et sa bonne humeur, à cacher aux
yeux d'autrui la sévérité de ses mortifications; *ayant
maintenant terminé sa lutte courageuse , il renvoya les
armes de son combat spirituel.* »

Pour les raisons mentionnées dans la lettre ci-dessus, ce fut sans doute à la demande de Morus que le
lendemain fut le jour fixé pour son exécution.

Le mardi matin, 6 juillet 1535, de bonne heure, sir
Thomas Pope, ami intime de Morus, se rendit auprès
de lui, avec un message du roi et du conseil, pour lui
apprendre qu'il devait mourir ce jour-là avant neuf
heures du matin, et l'exhorter à se préparer en conséquence. « M. Pope, dit sir Thomas, je vous remercie
sincèrement de la bonne nouvelle que vous m'apportez.
J'ai toujours été fort obligé à Sa Grandeur le roi pour
les bienfaits dont elle m'a de temps en temps comblé
avec tant de bonté; et je suis encore plus obligé à Sa
Grandeur de ce qu'elle m'a mis ici, où j'ai eu tout le
temps et l'espace nécessaire pour penser à ma fin. Et,
Dieu me soit en aide, je suis surtout, M. Pope, obligé

« Sa Grandeur de ce qu'il lui ait plu si promptement de me délivrer des souffrances de cette misérable vie. C'est pourquoi je ne manquerai pas de prier avec ferveur pour Sa Grâce tant ici-bas que dans le monde où je vais aller. — Le bon plaisir du roi, ajouta Pope, est en outre que lors de votre exécution vous ne fassiez pas de longs discours. — M. Pope, répliqua Morus, vous faites bien de m'avertir de la volonté de Sa Grâce, car autrement j'avais l'intention de dire quelque chose dans cette circonstance, mais rien qui pût offenser Sa Grâce, ni qui que ce soit. Néanmoins, quelque chose que j'eusse décidé, je suis prêt à me conformer avec soumission aux ordres de Sa Majesté. Mais je vous conjure, mon bon M. Pope, d'intercéder auprès de Sa Grandeur pour que ma fille Marguerite assiste à mes funérailles. — Le roi a déjà permis, dit Pope, que votre femme, vos enfants et vos autres amis y soient présents. »

Ce n'était pas sans dessein qu'Henri joignait au message de mort la défense de faire de longs discours; il n'ignorait pas le talent de Morus comme orateur, et il savait combien il était chéri du peuple, et particulièrement des habitants de la Cité, parmi lesquels il avait passé tant d'années de sa vie. Il connaissait bien son injustice envers Morus, et, jugeant le cœur des autres d'après le sien, il craignait qu'il ne se manifestât des sentiments vindicatifs chez l'homme qu'il avait tant persécuté.

Pope prit alors congé de Morus, et ne put retenir ses larmes. « Allons! allons! mon bon M. Pope, ayez bon courage, et ne soyez pas inconsolable, car j'espère fermement que nous nous reverrons avec joie dans le ciel, où nous nous aimerons et vivrons ensemble dans la félicité éternelle. » Lorsqu'il fut parti, dit Crésaire, le prisonnier, comme s'il eût été invité à un banquet solennel, se revêtit de ses plus beaux habits, et mit la robe de soie que son intime ami, Antonio Bonvisc, lui avait donnée pendant sa détention à la Tour. Il s'agenouilla ensuite et se livra avec ferveur au pieux exercice de la prière. La prière suivante, véritable effusion de son âme angélique, fut trouvée parmi d'autres papiers, écrite au charbon. Elle est inscrite comme ayant été composée peu avant qu'il fût mis à mort.

PIEUSE PRIÈRE.

« *Pater noster. Ave Maria. Credo.* O sainte Trinité, Père, Fils et Saint-Esprit, trois personnes égales et coéternelles en un seul Dieu tout-puissant, aie pitié de moi, pauvre misérable pécheur, reconnaissant humblement devant ta haute majesté toute ma vie pécheresse, depuis mon enfance jusqu'à présent. (*Examen de soi-même.*)

« Et maintenant, bon et gracieux Seigneur, comme tu m'as accordé ta grâce pour connaître et avouer mes péchés, accorde-moi aussi, non les paroles du repentir, mais la contrition du cœur, afin que je renonce au péché pour toujours. Pardonne ces péchés, ainsi que ceux que ma raison, aveuglée par les sens, ne peut distinguer comme péchés. Illumine mon cœur, Dieu de bonté, et donne-moi ta grâce pour connaître mes fautes et m'en repentir; pardonne-moi celles que j'ai oubliées par négligence, et rends-les moi présentes à l'esprit, avec la grâce de les confesser sincèrement devant toi.

« Dieu glorieux, accorde-moi, malgré tout respect mondain, de reposer si fermement mon cœur en toi, que je puisse dire avec Paul, le saint apôtre : Le monde est crucifié pour moi, et je le suis pour lui. Vivre, pour moi, c'est la passion, et mourir c'est le salut. J'ai hâte de mourir pour me trouver avec Jésus-Christ.

« O Père tout-puissant, enseigne-moi à faire ta volonté. Fais-moi prendre le chemin de ta douceur. Prends-moi par la main droite, et conduis-moi dans le droit chemin, à cause de mes ennemis; car j'ai dit que je retiendrais ma langue comme avec une bride.

« O Dieu glorieux, ôte-moi toute crainte du péché, tout chagrin et toute pensée du péché, toute

espérance de péché, toute gaieté et toute joie de péché ;
et, d'un autre côté, quant aux craintes, au chagrin, à
l'oppression, au bien-être, à la consolation et au
contentement qui peuvent être de quelque avantage
pour mon âme, agis envers moi, Seigneur, selon ta
bonté infinie.

« Dieu de bonté, accorde-moi la grâce, dans toutes
mes craintes et mes agonies, d'avoir recours à cette
grande crainte et à cette merveilleuse agonie que tu
éprouvas, mon divin Sauveur, sur le mont des Oli-
viers avant ta très-amère passion ; et dans la méditation dont elles seront l'objet, laisse-moi trouver un
soulagement et une consolation salutaire pour mon
âme.

« Dieu tout-puissant, enlève-moi tout esprit de vanité, de gloire ; tout appétit de louanges, toute envie,
toute avidité, toute paresse, toute soif de vengeance,
tout désir, toute satisfaction du mal d'autrui, tout
plaisir à provoquer mes semblables à la colère, tout
désir de blâme, d'insulte envers ceux qui sont dans
la calamité et l'affliction.

« Donne-moi, bon Seigneur, un cœur humble,
soumis, tranquille, paisible, patient, charitable,
tendre et compatissant ; et puissent mes travaux, mes
paroles, mes pensées être inspirés par ton saint Esprit.

« Donne-moi, bon Seigneur, une foi pleine, une

ferme espérance, et une fervente charité, un amour pour toi, ô bon Seigneur, incomparablement au-dessus de l'amour pour moi, et que je ne puisse avoir d'affection qui te déplaise, mais que j'aime toutes choses pour l'amour de toi.

« Donne-moi, bon Seigneur, le désir d'être auprès de toi, non pour me soustraire aux calamités de ce misérable monde ou aux peines du purgatoire, ni même à celles de l'enfer, ni pour jouir des joies du ciel, ni pour aucun intérêt personnel, mais seule-ment pour l'amour de toi.

« Et accorde-moi, bon Seigneur, ton amour et ta faveur, que mon amour pour toi, quelque grand qu'il soit, ne pourrait pas mériter. Pardonne-moi, bon Seigneur, d'avoir la hardiesse de t'adresser une supplication si haute, étant si vil et si plein de pé-chés, et si indigne d'obtenir la moindre chose. Mais néanmoins, bon Seigneur, tel est le but de mes désirs, que je serais bien plus près d'atteindre si mes innombrables péchés ne m'en tenaient éloigné; desquels, ô mon glorieux Sauveur, daigne, dans ta bonté, me laver avec le sang sacré qui s'est écoulé de ton côté divin pendant les longues souffrances de ton agonie pleine d'amertume.

« Délivre-moi, bon Seigneur, de cette tiédeur ou plutôt de cette froideur glaciale de méditation, et

de cette négligence dans mes prières. Donne-moi le
ravissement, la chaleur et la vivacité quand je pense
à toi. Et accorde-moi ta grâce pour que je désire tes
saints sacrements; et surtout pour que je me réjouisse
en la présence de ton corps divin, pour te remercier
de ta gracieuse visitation, et y participer virtuelle-
ment en ce jour, pouvant ainsi devenir un membre
zélé de ton saint corps mystique, l'Église catholique.

« Dieu tout-puissant, en considération de mon
affection sincère, prends pitié de *N.* et de *N.*, avec
souvenir de tous mes amis selon l'occasion. Dieu
tout-puissant, prends pitié de *N.* et de *N.*, et de
tous ceux qui me gardent rancune ou qui me sou-
haitent du mal. Daigne corriger et redresser leurs
fautes, ainsi que les miennes, par les moyens faciles,
tendres et miséricordieux que ta sagesse infinie jugera
les plus convenables, pour que nos âmes, ainsi pu-
rifiées, puissent se rejoindre dans le ciel, où nous te
chérirons éternellement et vivrons avec toi et tes
saints bienheureux. Accorde ces choses, ô glorieuse
Trinité, pour l'amour de la passion amère de notre
doux Sauveur Jésus-Christ. Donne-moi la patience dans
les tribulations, et ta grâce pour conformer en toutes
choses ma volonté à la tienne. Accorde-moi la grâce,
Dieu de bonté, de travailler aux choses pour lesquelles
je prie. Daigne, ô Seigneur, me garder en ce jour

du péché. Aie pitié de moi, ô Seigneur, selon ta grande miséricorde. Que ta miséricorde soit sur nous, comme nous avons espéré en toi. J'ai eu confiance en toi, ô mon Dieu; accorde-moi la grâce de ne jamais être confondu. »

Lorsque le lieutenant de la Tour entra à l'heure convenue, il le trouva tout prêt à le recevoir; mais voyant la belle robe de soie dont il était revêtu, il lui conseilla de l'ôter; car, dit-il, celui qui devait en profiter était un vaurien. « Comment, M. le lieutenant, dit Morus, dois-je considérer comme un vaurien celui qui doit me rendre aujourd'hui un si grand service? Quand même ma robe serait de drap d'or, je trouverais convenable de lui en faire cadeau, ainsi qu'en agit saint Cyprien, qui donna au bourreau trente pièces d'or. » Néanmoins, Morus céda aux représentations du lieutenant, ne voulant pas, par amitié, lui refuser une chose aussi peu importante (car les habits du prisonnier lui appartenaient), et il mit une robe de frise. Cependant, du peu d'argent qui lui restait, il envoya un ange au bourreau[1].

A l'heure désignée (9 heures) il fut conduit au lieu du supplice, à Tower-Hill. Il avait, dit son

---

[1] L'ange était une monnaie d'or de la valeur de douze francs.

petit-fils, la barbe longue, le visage pâle et abattu ; mais son œil avait conservé toute sa vivacité. Il avait à la main une croix rouge et portait souvent ses regards au ciel. Arrivé au pied de l'échafaud, il le regarda d'un œil assuré, et comme il ne paraissait pas avoir beaucoup de force, il dit en souriant au lieutenant, en lui mettant la main sur l'épaule : « Je vous prie, Monsieur, de m'aider à monter ; quant à descendre, cela me regarde. » Lorsqu'il fut sur l'écha-faud il adressa quelques mots au peuple, qui s'était rassemblé en grande foule pour le voir et l'entendre ; mais il fut interrompu par le schérif. C'est pourquoi, en peu de mots, il demanda au peuple de prier pour lui et de porter témoignage qu'il mourait dans la foi et pour la foi de la sainte Église catholique, et loyal serviteur de Dieu et du roï. Ensuite il se mit à genoux et récita avec une dévotion fervente le psaume *Miserere*. Après quoi il se leva d'un air joyeux, et l'exécuteur s'étant avancé pour lui de-mander pardon, Morus l'embrassa et dit : « En vérité, tu vas me rendre aujourd'hui le plus grand service qu'aucun mortel puisse me rendre. Rassemble ton courage, ami, et n'aie pas peur de faire ton devoir. Vous voyez, ajouta-t-il, que mon cou est court, pre-nez donc garde de ne pas frapper à faux, pour l'honneur de votre réputation. » Lorsque le bour-

reau voulut lui bander les yeux, il dit : « Attendez,
je vais le faire moi-même, » ce qu'il fit avec un
mouchoir qu'il avait apporté exprès. Ensuite il s'agenouilla et exposa le cou sur le billot; mais après
un moment il releva la tête, et on l'entendit dire
en dérangeant sa barbe : « Celle-ci, du moins, n'a
pas commis de trahison. »

« Ce fut avec cette sérénité et cette joie spirituelle,
ajoute son petit-fils, qu'il reçut le coup fatal, qui
n'eut pas plutôt séparé sa tête du tronc, que son
âme fut transportée par les anges dans le séjour de
la gloire éternelle, où elle reçut la couronne du martyre, qui ne peut jamais périr ni se faner. »

Le vieux Cambden, malgré tous ses préjugés, est
forcé de convenir que la conduite de Morus dans
cette circonstance n'aurait pas été indigne des siècles
primitifs de l'Église chrétienne. En parlant de sa
sérénité dans ce moment d'épreuve, un autre écrivain remarque « avec quel enjouement il se désha-
billa pour jouir du repos éternel. »

« La vertu souffrante, dit le père Southwell, ressemble aux précieuses gommes de l'Arabie, qui
n'exhalent jamais plus de parfum que lorsqu'elles
sont brisées et consumées. » Morus a été accusé de
légèreté dans ce moment solennel. C'est une calomnie
injurieuse qui ne mériterait que peu d'égard si elle

n'eût donné lieu à quelques phrases pleines des plus nobles pensées. « L'innocente gaieté par laquelle il s'était fait remarquer pendant sa vie ne l'abandonna pas à ses derniers moments. Sa mort fut en harmonie avec le reste de son existence; on n'y découvrit rien de nouveau, de forcé ou d'affecté. Il ne considéra pas sa décapitation comme une circonstance qui pût produire le moindre changement dans la disposition de son esprit; et comme il mourut avec la ferme espérance de l'immortalité, il crut indigne de lui de manifester plus de chagrin et d'inquiétude que dans tout autre cas de sa vie ordinaire. » (*Spectateur*, n° 349.) Selon l'usage barbare de la loi, qui s'efforçait d'étendre sa cruauté au delà de la tombe, la tête de sir Thomas Morus fut placée sur le pont de Londres. Sa fille chérie, Marguerite, eut le courage de la faire descendre, afin de pouvoir nourrir son affection à la vue d'une tête si chère. Pour que le tombeau même respectât son amour, elle voulut qu'on l'enterrât avec elle après sa mort, qui arriva neuf ans plus tard. On dit que les restes de cette précieuse relique ont été retrouvés depuis dans le cimetière, conservant la place qu'ils avaient occupée autrefois sur son sein[1].

---

[1] Les détails suivants touchant cette intéressante relique pourront offrir quelque intérêt. Crésaire dit : « Après que sa tête fut restée environ un mois sur le pont de Londres, et lorsqu'on était sur le

Crésaire nous apprend que le corps de Morus fut, par ordre, enterré dans la chapelle de Saint-Pierre, dans l'intérieur de la Tour, près du corps du saint martyr l'évêque Fisher, qui avait été exécuté quinze jours auparavant. Hall dit qu'il fut enterré dans la même tombe que son ami et compagnon d'infortune, qui, de même que Morus, s'était assigné pendant

point de la jeter dans la Tamise pour faire place à d'autres qui souffrirent le martyre à cause de la suprématie, elle fut achetée par sa fille Marguerite, de crainte (comme elle l'affirma courageusement devant le conseil, lorsque celui-ci la fit appeler pour l'interroger à ce sujet) qu'elle ne devînt la proie des poissons. Elle l'enterra où elle le jugea convenable. La tête était bien reconnaissable par la vive expression du visage, qui pendant tout ce temps n'avait pas sensiblement changé. »

Le précis et véridique Wood (1650) dit : « La tête fut secrètement achetée par ladite Marguerite et conservée précieusement par elle pendant quelque temps dans une boîte de plomb, où elle se trouve encore, dans le cercueil de Marguerite sa fille. »

Un écrivain du *Gentlemen's Magazine* (1837) fait les remarques suivantes sur cette relique. « Dans le charnier de l'église de Saint-Dunstan (Cantorbery), se trouve la sépulture de la famille des Roper Par suite de quelques réparations, cette voûte a été récemment ouverte, et voulant m'assurer si le crâne de sir Thomas Morus y était réellement, je descendis dans le caveau, et le trouvai encore placé dans une niche, où on le voyait, depuis plusieurs années, enfermé dans une boîte de plomb ouverte par devant et garnie d'une grille de fer. » Cette notice est accompagnée d'une gravure sur bois représentant la niche grillée et le crâne qu'elle renferme.

sa vie une tombe que son corps ne devait jamais occuper.

Nous citons avec plaisir l'éloquent éloge qu'a fait de sir Thomas le savant et libéral Mackintosh. « De tous les hommes approchant de la perfection, sir Thomas Morus eut surtout un caractère particulier. Ses singularités, quoiqu'elles le distinguassent des autres hommes, ne dégénérèrent jamais en défauts. Il ne suffit pas de dire, en parlant de lui, qu'il était sans affectation, qu'il était simple, qu'il était naturel ; le plus grand nombre des hommes vraiment grands l'ont été. Mais il y a quelque chose de particulier dans Morus, qu'on ne rencontre guère chez aucun autre et qui donne à toutes ses facultés et à toutes ses qualités l'apparence de *produits indigènes.* La simplicité de son enjouement met à l'abri du reproche d'ostentation. Il monta sur l'échafaud sans autre appareil que sa bonté domestique. La bienveillance sans raffinement avec laquelle il gouvernait son établissement patriarcal de Chelsea, le mit à même de contempler la hache sans être troublé par le moindre sentiment de haine contre le tyran. Ce fut ainsi qu'il accomplit de grandes actions avec simplicité et qu'il exprimait des pensées sublimes, parce qu'elles lui étaient familières. Il semblait que ce caractère intime et ces vertus privées dussent perdre tout leur charme par la culture. Ce sont

ces qualités mêmes qui dépouillent de toute ambiguïté
l'idée que nous nous formons de lui , et qui enlèvent à
son genre de perfection cette froideur et cette généra-
lité dont on revêt toujours l'homme parfait que l'on
veut peindre. Ce qui tendra à exciter naturellement et
bien profondément le regret des hommes vertueux
de tous les siècles, c'est que la vie de cet homme admirable ait été soumise au pouvoir de celui qui se laissa
rarement surpasser en méchanceté. Mais ce fut l'exé-
crable Henri lui-même qui servit à rehausser la magna-
nimité, le courage et la douceur de Morus. Si Henri
eût été un monarque juste et miséricordieux, nous
n'aurions pu apprendre à quelle hauteur peut s'élever
la nature humaine. Les catholiques devraient voir, par
l'exemple de Morus, que la douceur et la candeur sont
les véritables ornements de toute croyance. Les protestants devraient apprendre l'humilité et la charité
par l'exemple du meilleur et du plus sage des hommes,
tombant dans ce qu'ils considèrent comme des erreurs
fatales. Tous les hommes, dans les luttes terribles de
factions ennemies, devraient, d'après un tel exemple,
acquérir assez de sagesse pour craindre, en écrasant le
plus exécré de leurs antagonistes, de rencontrer un
Thomas Morus; car assurément la vertu n'est pas l'apa-
nage exclusif d'un seul parti; et Morus nous offre une
preuve évidente que les hommes qui approchent le

plus de la perfection ne sont pas à l'abri de l'erreur. Ceci doit donc nous convaincre du danger de haïr les hommes à cause de leurs opinions, ou d'adopter leurs doctrines par la seule raison que nous aimons et vénérons leurs vertus. »

CHAPITRE IX.

Remarques d'Érasme et du cardinal Pole sur la mort de Morus. Impression
produite à l'étranger par la cruauté d'Henri. Sentiments de Charles V
et de François Ier à ce sujet. Flatteries des courtisans d'Henri. Conduite
du roi lorsqu'on lui annonça l'exécution de Morus. Traitement qu'il fit
éprouver à sa famille. Marguerite Roper. La reine Catherine. Dévouement de Morus pour elle jusqu'à la fin. Caractère de Morus. Sa piété.
Son enjouement. Sa singularité dans ses vêtements. Description de sa
personne. Ses goûts. Tribut offert à sa mémoire.

Il nous reste de nombreux témoignages de l'impression que produisit la mort de Morus bien au delà des
limites de son propre pays. Lorsque Érasme apprit la
triste fin du plus ancien et du plus constant de ses
amis, il ne put réprimer son émotion. « Morus est
mort! s'écria-t-il, Morus dont l'âme était plus blanche
que la neige, et dont le génie surpassait celui de tous
ses compatriotes. Sa bonté l'a tellement gravé dans le

cœur de tous les hommes, que chacun pleure sa mort
comme celle d'un père ou d'un frère. J'ai vu verser des
larmes à des hommes qui ne l'avaient jamais connu,
qui n'avaient jamais reçu de lui le moindre bienfait;
et moi-même, pendant que j'écris ces lignes, j'ai le
visage baigné de pleurs, malgré tous mes efforts pour
les retenir. » Il termine cette explosion de sentiments
par une phrase d'un pathétique touchant : « *In Moro
mihi videor extinctus.* Il me semble que je suis mort
avec Morus. »

Après avoir comparé la mort de Morus à celle de
Socrate, le cardinal Pole ajoute : « J'ai vu même des
étrangers, des gens qui ne l'avaient jamais connu, qui
n'avaient jamais reçu de lui la moindre faveur, tellement affectés de sa mort, qu'en l'apprenant ils ne pouvaient retenir leurs larmes. Ils pleuraient au simple
récit de ses malheurs. Et moi-même, à une telle distance, lorsqu'il me faut raconter cette mort, quoique
aucun lien intime ne nous unît, que mon affection
et mon estime pour lui provinssent plutôt de sa vertu
et de sa probité, et de la conviction des services importants qu'il avait rendus à mon pays; cependant Dieu
m'est témoin que je répands des larmes involontaires,
qui arrêtent ma plume et effacent tellement ce que
j'écris, que j'ai peine à continuer ma tâche. »

L'impression produite par ces tristes événements

sur le continent fut si grande, qu'elle inspira de la
défiance à tous ceux qui entretenaient des relations
avec l'Angleterre. Les réformateurs Mélancthon et
Bucer, étant sur le point de se rendre à Londres en
mission au nom des princes protestants d'Allemagne,
abandonnèrent sur-le-champ le projet de faire ce
voyage. Érasme dépeint avec vigueur la situation du
pays, en rapportant que les amis les plus intimes
craignaient d'entretenir la moindre correspondance.
L'Italie, le pays le plus civilisé de l'Europe, fut saisie
d'horreur. Paul Jove, l'historien, appelle Henri un
second Phalaris; « quoique, dit Mackintosh, nous
cherchions en vain dans l'histoire de ce tyran, ni dans
celle de tout autre, réel ou imaginaire, une victime
digne d'être comparée à Morus. » Dans l'Europe
entière on détournait les yeux des ministres anglais,
on les considérait comme les vils instruments d'un
monstre. La ferveur catholique de l'Espagne et l'injure
reçue par ce pays dans l'infortunée Catherine éveillèrent la sympathie espagnole en faveur de Morus, et la
haine qu'on éprouvait contre Henri VIII s'en accrut
encore. Mason, agent de l'Angleterre en Espagne,
dépeint énergiquement l'horreur qu'il voyait se manifester autour de lui, à la nouvelle de ces œuvres de
sang. « Dieu seul, dit-il, peut savoir comment se ter-
minera cette tragédie, si on peut appeler tragédie ce

qui commence par un mariage. » Harvey, le résident à Venise, décrit l'indignation des citoyens, à la nouvelle de la mort de ces hommes honorables et vertueux, tués au mépris de toutes les lois divines et humaines. Il déclare en terminant que tout ce qu'il voit le dégoûte de la vie publique et l'engage à ne pas être spectateur de pareilles scènes.

L'empereur Charles V, à l'arrivée de ces nouvelles, envoya chercher sir Thomas Elliot, ambassadeur d'Angleterre, et lui dit : « Monsieur, nous apprenons que le roi votre maître a fait exécuter son fidèle serviteur et sage conseiller sir Thomas Morus. » Elliot répondit qu'il n'en savait rien. « Eh bien ! dit l'Empereur, cela n'est que trop vrai. Et nous ajoutons que si nous avions été le maître d'un tel serviteur, dont nous avons pu depuis bien des années apprécier les actions, nous eussions préféré perdre la plus belle ville de nos États qu'un pareil conseiller. » Cette anecdote, dit Roper, nous fut rapportée, à moi-même, à ma femme et à d'autres amis, par sir Thomas Elliot lui-même.

Le roi de France parla aussi avec beaucoup de sévérité de ces exécutions à l'ambassadeur d'Angleterre, et dit « qu'Henri aurait mieux fait d'exiler de semblables criminels que de les faire mettre à mort. »

Pour contrebalancer ces impressions défavorables, Crumwell adressa la lettre d'instructions suivante à sir John Wallop, ambassadeur du roi à Paris. Après quelques détails sur des matières de médiocre importance, la lettre continue en ces termes : « Et, touchant les exécutions qui ont eu lieu, vous direz au roi de France qu'elles ne sont pas aussi extraordinaires qu'il le prétend ; car en ce qui concerne maître Morus et l'évêque de Rochester, ainsi que les autres qui ont été exécutés ici, leurs trahisons, conspirations et manœuvres, pratiquées secrètement, tant au dedans qu'au dehors du royaume, pour exciter et fomenter des dissensions, et pour semer la révolte et accomplir ainsi, non-seulement la perte du roi, mais encore le bouleversement de tout le royaume, ont été expliquées et déclarées, et si manifestement prouvées devant eux, qu'ils ne purent ni les éviter, ni les nier. Ces hommes ayant été découverts et légalement convaincus, jugés et condamnés pour crime de haute trahison, selon l'ordre établi par les lois du royaume, il doit paraître juste à l'univers entier qu'ayant agi avec une méchanceté invétérée contre leur prince souverain, et voulu détruire la prospérité de ce royaume, ils aient été condamnés, quand même ils auraient eu mille vies, à une mort et à une exécution dix fois trop douces pour leurs crimes. Et touchant les paroles que vous a dites le roi de France

par rapport à la manière dont maître Morus est mort,
et à ce qu'il dit à sa fille en se rendant à son jugement,
ainsi qu'aux exhortations qu'il aurait adressées aux
sujets du roi, de se montrer fidèles et obéissants envers
Sa Grâce, je puis vous assurer que tout cela est faux.
Et le bon plaisir du roi est que vous disiez au roi de
France que Sa Grâce ne peut que trouver très-mal de
sa part et de celle des membres de son conseil, envers
lesquels elle s'est si bien conduite, et auxquels elle a
témoigné tant de générosité, de bienveillance et de
complaisance, qu'ils aient avec tant de légèreté prêté
l'oreille et ajouté foi et croyance à tant de vains bruits
et de contes en l'air, sans avoir d'abord reçu du roi et
de son conseil quelques preuves ou avertissements de
leur vérité ou de leur authenticité. Sa Grâce affirme
qu'il eût été du devoir d'un ami, en entendant raconter
de telles faussetés sur le compte d'un si noble prince,
de forcer plutôt au silence les colporteurs de pareils
bruits, ou du moins de ne pas leur permettre de les
répandre, jusqu'à ce que Sa Majesté le roi, qui était
un ami si précieux, en eût été avertie, afin que la vérité
fût connue. La conduite ingrate et malveillante du roi
de France dans cette occasion montre clairement qu'il
ne ressent pas cette amitié pour notre roi, et cette sympathie pour ses actes, que Sa Grandeur avait jusqu'à
présent été en droit d'espérer et d'attendre. Voilà ce

que vous pourrez alléguer et démontrer au roi de
France et au grand maître, ou à chacun d'eux en particulier, avec tant de modestie et de sobriété de langage, qu'ils pourront s'apercevoir que Sa Grandeur le
roi a de justes raisons de s'irriter de la légèreté avec
laquelle ils ont ajouté foi à ces rapports. En terminant,
je vous recommande la discrétion dans la manière
dont vous direz toutes ces choses au roi de France,
vous en servant comme d'un breuvage amer que l'on
doit s'efforcer cependant de faire avaler sans dégoût.
Ainsi, pour le moment, je vous dis adieu de tout
cœur. A Thornbury, ce 23ᵉ jour d'août 1535. Votre
ami dévoué.

« Thomas Crumwell. »

Le mépris éhonté et flagrant de la vérité qui se
montre dans cette lettre, et ce démenti positif à des faits
qui venaient de s'accomplir sous les yeux de l'Europe
effrayée, n'ont pas besoin ici de commentaires, mais
nous portent naturellement à réfléchir sur le caractère du conseil dont Crumwell était le chef. Strype,
malgré tous ses efforts pour excuser le caractère
d'Henri, est obligé d'avouer combien mortellement le
roi était haï en Italie et tourné en ridicule dans toutes
les sociétés à l'étranger. Il existait cependant des
sycophantes en Angleterre qui s'efforçaient d'en neu-

traliser les effets par une dose plus forte de flatterie.
Écoutons sir R. Morryson : « *Quis tam barbarus,
ut in principis serenissimo ore clementissimi regi$_s$
signa non videat? Quis potuit unquam frontem illam
vel procul videre, et non agnovisse clementiæ sedem?*
Qui serait assez barbare pour ne pas reconnaître
à cette sérénité du regard souverain le plus clément
des rois? Qui pourrait contempler ce front, même
de loin, et ne pas le saluer comme le siége de la
clémence? »

Et sir Thomas Thatomn, écrit ainsi, en vers
héroïques, l'excuse de ses petites peccadilles :

Quominus id mirum est, si fortunatior et rex
Inducit genio, admittens quandoque proterva,
At non immani veniam superantia facto.

« Qui peut s'étonner qu'un roi, si grandement favorisé de la fortune, se soit laissé aller à son bon plaisir
et ait commis quelques fautes qui n'ont jamais dépassé
les limites où le pardon est permis. »

La vertu de Morus tire un nouvel éclat de la faiblesse et des vices qui dégradaient les principaux
hommes de son siècle. Ils sont ainsi dépeints par une
plume impartiale et savante: « Ils cédaient à la volonté impérieuse d'Henri; ils se courbaient devant le

moindre souffle de son humeur capricieuse. Ils sont
responsables du jugement illégal, de la proscription
inique, du statut sanguinaire, de la tyrannie qu'ils
sanctionnèrent par des lois, et de celle qu'ils laissèrent subsister en dépit des lois. Cette servilité égoïste
et pusillanime n'était pas plus saillante chez les vils
favoris d'Henri, tels que les Crumwell, les Rider, les
Payet, les Russell et les Pawlet, que chez les repré-
sentants de familles anciennes et honorables, tels que
les Norfolk, les Arundel, les Shrewsbury. Nous voyons
ces nobles personnages prendre part à tous les actes
coupables de ce règne et concourir à tous les changements de religion ; ne manifestant de constance que
dans leur désir immodéré d'acquérir des biens et des
honneurs, quelle que fût la source dont ces biens éma-
naient, pourvu qu'ils eussent l'approbation du pouvoir. » (Hallam, *Hist. Const.*, t. 51.)

Un ouvrage intitulé *le Miroir politique*, publié vers
cette époque, parle ainsi des courtisans de ce gouvernement : « Il y en a un grand nombre à la cour qui, tout
en te saluant, seraient contents de voir tomber ta tête ;
tels qui plient le genou pour te faire honneur, préfè-
reraient se casser une jambe en te portant en terre.
Je ne sais comment, je ne sais qui, je ne sais quoi,
mais le fait est que sans cesse l'un se plaint, l'autre
murmure ; celui-ci se retire, celui-là hait et médit.

Lorsque ceux qui habitent ici parviennent à un âge avancé, sais-tu ce qu'ils y gagnent? des têtes grises, des jambes goutteuses, des bouches édentées, des douleurs dans les reins, un esprit plein de pensées chagrines et une âme remplie de péchés. »

Tandis que la cruauté d'Henri soulevait au dehors une exécration violente et universelle, elle était en Angleterre l'objet d'un chagrin profond, mais silencieux. Lorsque l'on se rappelait que la victime de cet acte odieux avait été admise dans l'intimité et la familiarité, sans réserve de ses heures domestiques ; qu'elle avait participé avec lui aux études paisibles du cabinet et de l'observatoire ; que le monarque en avait reçu les meilleurs conseils, et qu'il avait trouvé dans l'enjouement de son esprit une diversion agréable aux ennuis de sa position royale, tous étaient frappés de stupeur, et personne ne pouvait fournir le mot d'une énigme si incompréhensible. Quelques uns de ceux qui osaient avoir une opinion à eux pensèrent sans doute, avec un écrivain de notre époque, que « dans cet acte épouvantable Henri approcha peut-être de l'idéal de la méchanceté autant qu'il est permis de le faire à l'infirmité de la nature humaine. » On prétend cependant que le roi prit un air décent de componction pour le crime qu'il avait commis. On rapporte que, lorsqu'il apprit l'exécution de Morus, il était en train de jouer aux dames, tandis qu'Anne Boleyn le regardait jouer. Jetant un regard féroce à la femme qui devait si promptement expier, sinon ses crimes, du moins ses légèretés sur l'échafaud, il s'écria : « C'est toi qui es cause de la mort de cet homme! » Il quitta alors brusquement le jeu, et, se retirant dans sa chambre, il tomba dans un accès de mélancolie [1].

Mais là se bornèrent les expressions du regret témoigné par Henri, et la famille de sa victime continua à subir les effets de sa vengeance inhumaine. Les faibles débris de la fortune de Morus, qui avait été *consacrée au service de l'État*, furent confisqués au profit de la couronne, quoique cet affectueux père eût fait tous ses efforts pour en assurer la jouissance à sa famille, en faisant des transports avant sa condamnation. Et telle fut la misère à laquelle furent réduits les parents de ce grand homme, qu'ils ne purent même se

---

[1] Dans une des élégantes élégies de Johannes Giensidus au sujet de Morus se trouvent les vers suivants :

> Insomnem interea infestat torva umbra tyrannum
> Semper, et ante oculos sanguinolenta volat [*].

Nous craignons que le poëte n'ait attribué à Henri trop de sensibilité. Les autres crimes dont il se sentit coupable prouvent malheureusement que son repentir n'était pas de longue durée.

[*] Un horrible fantôme est toujours présent à ses yeux privés de sommeil, et le poursuit de son apparition sanglante.

procurer un linceul pour l'ensevelir. On le dut à la
générosité d'un ami. Sa famille fut chassée de sa
résidence favorite de Chelsea, qui passa entre les
mains d'un favori de la cour [1]. Henri, cependant, avec
une munificence vraiment royale, accorda à sa femme
une pension de vingt livres. Son fils, John Morus,
remarquable par l'innocence de ses mœurs, fut bien
près de subir le même sort que son père. Condamné
pour avoir refusé le serment de suprématie, un acte de
clémence royale lui accorda plus tard son pardon ;
« parce que, ajoute Crésaire, ils l'avaient suffisamment dépouillé, et ne pouvaient retirer aucun profit
de sa mort. Ma tante Roper, continue le fidèle chroniqueur, grâce à son sexe, ne fut pas traitée avec
autant de dureté, mais elle fut cruellement menacée, d'abord parce qu'elle conservait la tête de son
père comme une relique, ensuite parce qu'elle se

---

[1] Henri en fit don à sir William Pawlet, plus tard marquis de
Winchester et lord haut trésorier. Des mains de cette famille elle
passa successivement dans celles de lord Dacre, le fameux lord
Burleigh ; puis elle passa à son fils, le comte de Salisbury, au comte
de Lincoln, à sir Antoine Georges, au comte de Midlesex, à Wil-
liers duc de Buckingham, à sir Bulshode Whitlocke, un des cheva-
liers créés par Crumwell, au spirituel et débauché de Buckingham,
au comte de Bristol, au duc de Beaufort, à sir Hons Sloand, en 1738,
qui la démolit deux ans plus tard.

proposait de faire imprimer les œuvres de son père ;
elle fut néanmoins jetée en prison; mais, après une
détention de peu de durée, elle fut renvoyée à son
mari. »

Cette femme admirable mourut en 1544, neuf ans
après son père, et fut enterrée sous la voûte destinée à
la sépulture de sa famille, dans l'église de Saint-Dunstan, située dans les faubourgs de Cantorbery. Elle
ordonna en mourant que la tête de son père bien-
aimé, qui avait été conservée avec un soin religieux, fût
placée entre ses bras. Cet ordre fut exécuté. Elle avait
deux fils et trois filles, et elle donna à leur éducation
les mêmes soins qu'on avait donnés à la sienne. Le
fameux savant Roger Ascham, plus tard précepteur et
secrétaire latin de la reine Élisabeth, nous apprend
qu'elle avait le plus grand désir de l'avoir pour professeur de langue classique de ses enfants; mais comme
ses autres devoirs l'empêchaient d'accepter cette proposition, il recommanda le docteur Cole et le docteur
Chrissopherson, plus tard évêque de Chichester, tous
les deux connus par leur connaissance de la langue
grecque. Ascham dépeint l'aînée des filles de Marguerite, qui épousa un avocat du nom de Clarke, comme
un des ornements de son sexe et de la cour de la reine
Marie. La seconde fille de Marguerite, qui épousa
Basset, était une des dames d'honneur de l'apparte-

ment privé de la reine Marie, et traduisit en anglais une partie de l'*Exposition de la Passion*, écrite par son grand-père. On dit qu'elle imita si parfaitement le style de Thomas Morus, que bien des gens prenaient cette traduction pour une de ses œuvres. La fermeté avec laquelle Morus soutint jusqu'au bout la cause de son ancienne amie et patronne, la vertueuse et noble Catherine, est honorable pour sa mémoire. La dédicace adressée à cette dernière, et que Rastell a mise en tête des œuvres de Morus, nous apprend que celui-ci ne cessa de manifester le respect le plus affectueux, et de rendre les plus grands services, non-seulement à la reine, mais encore à sa fille la princesse Marie. Cette dédicace est ainsi conçue :

« Sir Thomas Morus, pendant sa vie, était animé pour votre Grandeur, du zèle le plus vif, de l'affection la plus sincère et du dévouement le plus respectueux ; d'un autre côté, on sait que votre Grâce lui témoigna toujours, pendant qu'il vivait, les sentiments les plus bienveillants et la faveur la plus particulière, non-seulement à cause de son grand savoir, mais encore pour ses éminentes vertus. Et je suis bien convaincue que l'affection de votre Grandeur pour lui n'a nullement diminué depuis sa mort, mais qu'au contraire elle n'a fait que s'accroître, à cause de ses ouvrages estimables et de la sainteté de sa mort. Car, maintenant qu'il est près du Dieu tout-puissant et qu'il habite le ciel avec lui, il ne cesse de prier avec beaucoup plus de zèle et de dévotion pour votre Majesté, qu'il ne pouvait le faire pendant son séjour sur la terre, ainsi que pour Sa Majesté le roi, pour votre Grandeur, vos sujets, votre royaume et vos États, pour leur prospérité et celle de la religion catholique, ainsi que pour tous les États chrétiens. »

Il serait superflu de tenter de faire l'éloge de Morus. « Faire l'éloge d'Hercule! disait l'honnête Spartiate, qui a jamais eu l'idée de blâmer Hercule? » Tout ce que nous pouvons essayer de faire, c'est d'ajouter quelques détails à ce que nous avons déjà dit du caractère de ce grand homme; citer ses paroles, ses actions, raconter simplement sa manière de vivre, voilà son panégyrique.

Nous avons dit quel était son attachement à la foi de ses pères et la ferveur avec laquelle il suivait les cérémonies et les rites de l'Église. Mais cette observance des pratiques extérieures n'était que la conséquence de cette religion de cœur qui le poussait à faire des pas rapides dans le sentier de la perfection chrétienne. Il cachait soigneusement aux yeux du monde ses mortifications, que Dieu seul devait connaître, puisqu'elles n'étaient adressées qu'à lui. Marguerite seule eut le secret de ses austérités, que n'arrêtèrent jamais les devoirs de ses fonctions, comme juge ou comme ambassadeur, et qui ne firent que redoubler quand il se trouva porté au milieu des corruptions de la cour. C'était sa fille bien-aimée qui avait l'habitude de laver de ses propres mains le cilice de crin qu'il portait habituellement, et qu'il lui envoya la veille de son exécution. Le docteur Wordsworth veut bien avouer qu'il n'a trouvé nulle part le papisme allié à tant de piété et de sentiments célestes que chez sir Thomas Morus.

Brunet lui-même, quoiqu'il dépeigne Morus comme superstitieusement dévoué aux intérêts et aux passions du clergé, le servant quand il était au pouvoir et l'aidant dans toutes ses cruautés, est cependant obligé de confesser qu'il est une des gloires de la nation pour la probité et le savoir, et que, quant à la justice, au mépris de l'argent, à l'humilité et à la véritable générosité d'esprit, il pouvait servir d'exemple à son siècle.

Un moraliste a dit que c'était une espèce de trahison contre la vertu, que d'être à la fois vertueux et désagréable, et il se trouve pourtant des gens qui voudraient que les hommes vertueux fussent, sinon désagréables, du moins austères et moroses. Aussi le vieux Hall dépeint-il Morus comme « un homme très-versé dans les langues, ainsi que dans la loi commune; dont l'esprit était fin et rempli d'imagination : ce qui le rendait très-enclin à la raillerie, et ce qui faisait une grande tache à sa gravité. » Dans un autre passage, cet auteur, le plus solennel des historiens, dit : « Je ne sais si je dois l'appeler un homme sottement sage ou un homme sagement sot ; car indubitablement, outre son instruction, il possédait beaucoup d'esprit, mais tellement entremêlé de raillerie et de moquerie, que ceux qui le connaissaient le plus intimement pensaient qu'il ne trouvait rien de bien dit, tant qu'il n'était pas parvenu à trouver sur le sujet quelque plaisanterie. »

« Ses plaisanteries, dit Herbert, étaient considérées comme trop légères ; il aurait pu, tout en renonçant à garder strictement sa dignité, s'abstenir de tels sarcasmes et adopter un genre de vie plus retiré et plus paisible, sans craindre la déconsidération pour lui et pour sa famille. »

Les observations de Fuller à ce sujet sont faites sur le ton qui lui est habituel : « Nous possédons en Angleterre une sorte de terrain qui n'est ni si léger ni si délié que le sable, ni si roide ni si gluant que l'argile, mais qui est un mélange de ces deux substances, et considéré comme le plus avantageux pour y faire venir ensemble le profit et le plaisir. De cette terre était pétri Thomas Morus, chez qui la gaieté et la sagesse étaient admirablement réunies. Et cependant il y en a qui l'ont accusé d'avoir porté une plume à son bonnet et de l'avoir agitée trop souvent, entendant par là qu'il était trop libre dans ses fantaisies et son badinage. Même sur l'échafaud (lieu peu convenable pour faire des plaisanteries, et bien propre au contraire à détruire toute envie d'en faire) il ne put s'en défendre. Si l'innocence peut sourire en présence de la mort, il n'est pas convenable qu'elle se permette de rire. »

Mais écoutons ceux qui connaissent mieux Thomas Morus, et qui l'ont peint au naturel.

Au sujet de sa gaieté habituelle, Roper dit : « Il possède l'art de tempérer toute affaire sérieuse par quelque mot spirituel, assaisonnant toujours, dit Rastell, l'amertume du sujet par quelque plaisanterie ou quelque anecdote amusante, pareille à la boisson sucrée qu'on nous donne pour faire passer la médecine salutaire. »

« Lorsqu'il faisait une plaisanterie, dit Crésaire, c'était avec un tel sérieux, qu'il y en avait bien peu qui pussent deviner à son air s'il parlait sérieusement ou non. Et cependant, ajoute-t-il, quoiqu'il parût toujours enjoué, il fut toujours humble et mortifié de cœur, et accomplissait des actes d'abnégation qui auraient bien étonné les hommes du monde. »

Morus avait son mot pour tout. Le lecteur en a déjà vu de nombreuses preuves dans le cours de cet ouvrage; mais nous ne pouvons résister au désir d'en citer un ou deux exemples.

Un de ses amis se plaignant devant lui que sa femme était grondeuse, il lui dit gravement : « Non, non, mon ami, vous calomniez la pauvre femme, ainsi que tous ceux qui en disent autant des leurs. Il n'y a qu'une seule femme grondeuse au monde, et, sauf le respect que je lui dois, c'est ma propre femme, et tout homme marié peut en dire autant. » Mais, ajoute l'auteur de la vie anonyme, « sir Thomas avait amélioré à un tel point l'esprit de la sienne, que je ne doute pas qu'elle ne soit devenue digne d'être admise au nombre des élus, et qu'ils ne jouissent ensemble du bonheur éternel. »

Morus avait prêté à quelqu'un une somme d'argent, et comme on ne la lui rendit pas à l'époque convenue, il saisit la première occasion d'en toucher quelques mots. Au lieu de rembourser, l'emprunteur se mit à moraliser à ce sujet; il dit que notre séjour ici-bas n'était que de courte durée et que nous n'étions que trop enclins à l'amour des richesses; qu'il pouvait nous arriver de quitter bientôt ce monde, et qu'alors nous aurions peu besoin d'argent; c'est pourquoi, ajouta-t-il, *memento morieris.* « Justement, s'écria

Thomas, suivez cette maxime. *Memento Mori æris* (souvenez-vous de l'argent de Morus). »

Quelqu'un qui s'occupait plutôt des affaires d'autrui que des siennes l'arrêta un jour par la manche de son habit, et lui exprima le chagrin qu'il éprouvait de ce que Pau, le secrétaire de Wolsey, s'était déshonoré en paraissant à une mascarade en costume de fou. « Bah! bah! excusez-le, dit Morus, il est moins dangereux pour l'État que des sages paraissent par plaisanterie en habits de fous, que lorsque des fous endossent sérieusement le costume des sages. »

« Il n'y a pas d'homme, quelque morose qu'il soit, dit Érasme, que son humeur enjouée ne réussisse à égayer; pas de sujet, quelque aride et repoussant qu'il puisse être, auquel son esprit ne parvienne à prêter de la grâce et de la vivacité. La différence est immense entre la bonne humeur naturelle, comme celle de Morus, et celle qui consiste à s'efforcer d'amuser les autres, ou à chercher à se débarrasser de son fiel aux dépens de ses voisins. Dans ce dernier cas, le sel est comme un produit exotique; dans le premier, c'est la production spontanée du sol. »

Morus portait jusque dans ses vêtements un cachet de singularité. Érasme dit qu'habituellement sa robe d'avocat était mise tout de travers, ce qui lui faisait paraître une épaule plus haute que l'autre. Et comme les grands hommes ne manquent pas de rencontrer des imitateurs de leurs singularités, le vieil Ascham nous apprend que d'autres avocats singeaient cet air négligent; mais là, ajoute-t-il, se bornait toute la ressemblance.

Suivant Crésaire, il s'occupait si peu de ses vêtements, qu'un jour son secrétaire Harris l'ayant informé qu'il n'avait pas une paire de souliers à mettre, il le chargea d'aller prévenir son tuteur de s'en occuper. C'est sous ce nom qu'il désignait le domestique auquel il confiait le soin de sa garde-robe, ne s'inquiétant jamais lui-même de ces sortes de choses.

Voici le portrait de Morus tracé par son petit-fils : Il était d'une taille au-dessous de la moyenne, mais bien proportionnée, il avait le teint pâle, les cheveux ni noirs ni blonds (châtains probablement), les yeux gris, le visage agréable et enjoué, la voix ni élevée ni aigre, mais claire et distincte; elle n'était pas très-harmonieuse, quoiqu'il aimât beaucoup la musique; sa santé était assez bonne; seulement, à la fin de sa vie, s'étant beaucoup adonné à écrire, il se plaignait de douleurs de poitrine.

Rastell nous apprend qu'il aimait l'histoire naturelle : « Il éprouvait beaucoup de plaisir à observer la forme et les mœurs des quadrupèdes et des oiseaux de toute espèce. Il n'y avait guère d'oiseau qu'il n'eût chez lui. Il avait un singe, un renard, une belette, un furet, et des animaux rares. Si l'on apportait des pays étrangers quelque chose d'extraordinaire, il manifestait le désir de l'acheter. »

En résumant le caractère de son ami, Érasme dit que Morus était gai sans bouffonnerie; que sa société était si séduisante que, quelque abattus que fussent ceux qui l'approchaient, il était impossible de ne pas être soulagé et égayé auprès de lui; que dès son enfance il avait aimé la plaisanterie, mais qu'elle n'avait jamais dépassé les bornes de la décence; que, bien qu'il eût du goût pour le repos et la tranquillité, personne, lorsque la circonstance l'exigeait, ne montrait plus d'activité. Nous ne pouvons terminer d'une manière plus convenable que par le tribut éloquent offert à la mémoire de Morus par la plume de Macdonald.

Nous venons d'être témoin de l'élévation progressive et de la chute d'un homme, unique dans l'histoire de l'espèce humaine, et offrant à tous des exemples dignes d'être imités. Dans la vie privée, comme fils, comme mari, comme père, comme maître et comme ami, nul caractère ne peut être étudié avec plus de plaisir. Nulle conduite ne peut être imitée avec plus de profit. Soigneux de remplir tous les devoirs qui lui étaient imposés, et mesurant ses bonnes actions, non aux limites du devoir, mais à l'étendue de son pouvoir, il trouva tous les liens qui l'unissaient à ses semblables, cimentés par l'affection et fortifiés par la reconnaissance. Dans le cercle de sa propre famille, en persuadant lorsqu'il aurait pu ordonner, en séduisant lorsqu'il aurait pu menacer, en se montrant familier là où il aurait pu être impérieux, en se servant du ridicule au lieu de la sévérité, en mêlant de la bonne humeur à toutes ses injonctions, il se fit chérir sans être craint, et obéir avec tout l'empressement de l'affection. Éprouvant le plus vif désir que les objets de sa tendresse fussent doués de toutes les qualités qui pouvaient enoblir leur nature ou assurer leur félicité, il appuyait ses enseignements par des exemples; et le bonheur inaltérable qui semblait émaner de son activité, de son amour ardent pour les lettres, de son intégrité, de sa bienfaisance, de sa piété, engageait irrésistiblement à la pratique de ses principes.

Sa vie publique offrit une combinaison de vertus et de vicissitudes bien rares dans l'histoire de l'humanité. Sans s'être écarté, et sans même avoir été jamais soupçonné de s'être écarté de l'intégrité la plus stricte, il s'éleva à la plus haute réputation comme avocat, et comme homme d'État au premier rang. Sans s'être mêlé à une seule intrigue de cour, sans s'être rendu coupable de la moindre servilité, il obtint la confiance illimitée d'un monarque arbitraire; il jouit de cette

confiance pendant des années, sans avoir sollicité une
seule faveur personnelle; quoique le seul artifice dont
il se servit pour obtenir des succès dans sa profession,
ou pour s'assurer de la faveur du prince, fût de remplir avec exactitude et sans relâche les devoirs de sa
position. Telle fut l'influence qu'il acquit sur les
esprits, qu'il était accablé d'affaires malgré de nombreux rivaux, et fut forcé par son souverain d'accepter
les emplois publics les plus enviés. Lorsqu'il était avocat plaidant, des applaudissements couronnaient toujours ses efforts; juge, on n'en appela jamais de ses
arrêts; homme d'État, on ne se défia jamais de ses conseils. Dans une seule circonstance fatale, nous voyons
les préjugés de l'éducation et la violence des discussions théologiques confondre le meilleur jugement,
et l'entraîner à des actions que ni la justice ni l'humanité ne peuvent excuser; cependant, même dans cette
circonstance, il fut la dupe d'une erreur de principes.

Les événements ultérieurs de sa vie ne nous offrent
que des sujets d'admiration.

Sollicitant avec force sa démission lorsqu'il ne lui
était plus possible de servir son pays sans sacrifier son
intégrité, il renonça au pouvoir, à la splendeur et à la
fortune, pour souffrir toutes les privations de la pauvreté, fruit de son patriotisme désintéressé. Cependant il ne perdit rien de son enjouement; et s'il jetait

un regard en arrière sur la position qu'il avait occupée, ce n'était que pour se féliciter d'avoir échappé à la tentation. A mesure que, vers le déclin de sa vie, la perspective commençait à s'assombrir, la pureté de son âme n'en parut que plus resplendissante par le contraste; et son départ de ce monde parait trop digne d'envie pour exciter le regret. Bien des hommes ont souffert sur l'échafaud une mort non méritée avec un héroïsme indomptable, mais il s'en trouve bien peu qui aient surmonté l'appréhension de la mort, le chagrin de se séparer de leurs amis, et l'indignation provoquée par la méchanceté de leurs ennemis, pour ne faire paraître ni résignation forcée, ni tranquillité affectée, ni fiel mal déguisé contre l'injustice de leur sort. Cependant l'esprit de Morus paraissait tellement réconcilié avec ce monde, et en même temps préparé pour le monde à venir, qu'il semblait satisfait de rester, mais content néanmoins de partir. Il prouva par son exemple que rien ne doit exciter ni la terreur ni la pitié dans la mort de l'innocent et il succomba saint martyr dans la cause de la vérité. Exemple mémorable de la force que peut acquérir l'âme humaine, quel que soit l'adversaire qu'elle ait à combattre.

FIN DE LA VIE DE MORUS.

APPENDICE

ANALYSE

DE

L'UTOPIE DE THOMAS MORUS

Thomas Morus écrivit l'*Utopie* en latin, depuis le commencement jusqu'à fin de l'année 1516. Il revenait alors de Flandre, où il avait rempli une mission diplomatique avec Cuthbert Tunstall. A cette époque de sa vie, Morus, âgé de trente-quatre ans, était syndic de la ville de Londres. C'est probablement à Anvers, et dans un intervalle de loisir que lui laissaient les négociations, qu'il conçut le plan de l'*Utopie*, en confia le secret à quelques amis intimes, leur promettant de développer par écrit, à son retour en Angleterre, ce qu'il leur communiquait de vive voix dans des conversations improvisées et fugitives. Du moins, il est naturel d'interpréter ainsi la fiction par laquelle Thomas Morus suppose que son livre est le simple récit d'un entretien qu'il eut à Anvers avec Raphaël Hythlodée, personnage entièrement supposé,

et compagnon imaginaire d'Améric Vespuce dans ses
voyages au Nouveau-Monde. L'*Utopie* fut communi-
quée en manuscrit à plusieurs savants, qui la reçurent
avec bonheur comme une *primeur* littéraire de haute
qualité. Pierre Gilles, ami de l'auteur, l'avait reçue
directement de lui quelque temps avant le 1er novembre 1516; il s'occupa bientôt de la faire imprimer
à Louvain, en ajoutant au texte original l'alphabet
utopien, un fragment de la langue utopienne et des
notes en marge. Cette édition, qui est certainement
la première, quoi qu'en disent quelques auteurs,
parut vers la fin de décembre. La seconde est celle de
Bâle, imprimée par Jean Fróber, en 1518. L'*Utopie*,
dès qu'elle fut publiée, obtint un succès prodigieux ;
elle excita comme un tumulte d'enthousiasme dans
le monde des philosophes et des savants. Ce livre,
traduit plusieurs fois en anglais, en français, en
italien et en allemand, était assez rare lorsque dans
ces dernières années (1842) M. Stouvenel en donna
une nouvelle traduction française, remarquable par
une grande facilité et par une élégance soutenue
quelquefois peut-être aux dépens de l'exactitude rigoureuse, ce qui n'est pas un bien grand défaut pour
les versions de ce genre.

Le livre de Thomas Morus, dont beaucoup de gens
ont parlé et parlent encore sans l'avoir lu, n'est pas
précisément le code du genre humain, ni le pro-
gramme de la paix universelle. C'est plutôt une formule d'organisation intérieure et de politique exté-
rieure à l'usage d'une nation distincte, qui, pour un

Anglais, ne pouvait être que l'Angleterre. La rédaction de l'*Utopie* est rapide, concise et méthodique. La forme de l'ouvrage est très-simple; c'est une conversation intime où Thomas Morus aborde *ex abrupto* les questions les plus neuves et les plus difficiles. Sa parole est tantôt satirique et enjouée, tantôt d'une sensibilité touchante, souvent d'une énergie sublime.

L'*Utopie*, ce tableau d'une île imaginaire, se divise en deux livres; l'un, purement critique, expose tous les vices de l'organisation politique et sociale de l'Angleterre à l'époque où vivait l'auteur. Nous ne nous en occuperons pas ici. Dans le second livre, l'auteur déroule le plan d'une vie sociale toute nouvelle, et refait, à sa manière, la *république* de Platon. Plus tard, Fénelon devait marcher sur ses traces dans son admirable conception du *Télémaque*. C'est de ce second livre de l'*Utopie* que nous donnons ici une analyse fidèle.

L'île d'Utopie a deux cent mille pas dans sa plus grande largeur, c'est-à-dire dans sa partie moyenne. Cette largeur se rétrécit par degrés et symétriquement du centre aux deux extrémités, en sorte que l'île entière s'arrondit en demi-cercle de cinq cents milles de tour, et présente la forme d'un croissant, dont les cornes sont éloignées l'une de l'autre d'environ onze mille pas. La mer remplit cet immense bassin; les terres adjacentes, qui se développent en amphithéâtre, y brisent la fureur des vents, y maintiennent le flot calme et paisible, et donnent à cette grande masse d'eau l'apparence d'un lac tranquille. Cette partie concave de l'île est comme un seul et vaste port sur

tous les points accessible aux navires. Des bancs de
sable d'un côté, des écueils de l'autre rendent dangereuse l'entrée du golfe. Un rocher qui n'offre aucun
danger, parce qu'on le voit de très-loin, s'élève au
milieu, et les Utopiens y ont bâti un fort que défend
une bonne garnison. D'autres rochers, cachés sous
l'eau, tendent aux navigateurs des piéges inévitables,
et l'on ne peut pénétrer dans ce détroit si l'on n'est
dirigé par un pilote utopien. Encore cette précaution
ne suffirait-elle pas, si des phares échelonnés sur la
côte ne signalaient la route à suivre. Il ne faudrait
que changer ces phares de place pour détruire, en
l'égarant, la flotte la plus nombreuse. A la partie
opposée de l'île, les ports se succèdent en grand
nombre, et l'art et la nature ont si bien fortifié les
côtes, qu'une poignée d'hommes pourrait empêcher
le débarquement d'une grande armée. Des traditions
que semble appuyer la configuration du pays feraient
croire que cette terre ne fut pas toujours une île. A
l'époque où elle touchait au continent, elle s'appelait
Abraxa; Utopus s'en empara et lui donna son nom.
Le génie de ce conquérant sut faire quitter à ce
peuple des mœurs grossières et la vie sauvage, si
bien qu'aujourd'hui il surpasse tous les autres en
civilisation. Dès qu'il se fut rendu maître du pays,
il fit couper un isthme de quinze mille pas qui le
joignait au continent; et la terre d'Abraxa devint
ainsi l'île d'Utopie. Pour accomplir cette œuvre immense il se servit de ses soldats aussi bien que des indigènes, car il ne voulait pas que ceux-ci regardassent

comme une humiliation et un outrage le travail imposé par le vainqueur. L'île d'Utopie renferme cinquante-quatre grandes villes d'une magnificence remarquable, où le langage, les mœurs, les institutions et les lois sont identiquement les mêmes. Toutes sont bâties sur le même plan, ont les mêmes établissements publics, les mêmes édifices. Chaque année chaque ville nomme pour députés trois vieillards, et c'est à Amaurote que le conseil se réunit pour discuter les intérêts du pays. Amaurote, grâce à sa position centrale, est la capitale de l'île. Un minimum de vingt mille pas est assigné à chaque ville pour la consommation et la culture. Ces heureuses cités ne cherchent pas à reculer les limites fixées par la loi. Les habitants se regardent comme les fermiers plutôt que comme les propriétaires du sol. Au milieu des champs il y a des maisons commodément construites, garnies de toute espèce d'instruments d'agriculture, et qui servent d'habitations aux armées de travailleurs que la ville envoie périodiquement à la campagne. La famille agricole se compose au moins de quarante individus, hommes et femmes, et de deux esclaves. Elle est sous la direction d'un père et d'une mère de famille. Trente familles sont dirigées par un philarque. Chaque année vingt cultivateurs de chaque famille retournent à la ville ; ce sont ceux qui ont fini leurs deux ans de service agricole. Ils sont remplacés par vingt individus qui n'ont pas encore servi. Les nouveaux venus reçoivent l'instruction de ceux qui ont déjà travaillé un an à la campagne, et l'année suivante ils deviennent

instructeurs à leur tour. Quelques citoyens prennent
naturellement goût à l'agriculture et obtiennent l'autorisation de passer plusieurs années à la campagne. Les
agriculteurs cultivent la terre, élèvent les bestiaux,
amassent du bois et transportent les approvisionne-
ments à la ville voisine. Ils ne livrent pas aux poules le
soin de couver leurs œufs ; mais ils les font éclore
au moyen d'une chaleur artificielle convenablement
calculée. Ils élèvent peu de chevaux, et encore ce
sont des chevaux ardents, destinés à la course et qui
n'ont d'autre usage que d'exercer la jeunesse à l'équi-
tation. Les bœufs sont employés exclusivement à la
culture et au transport ; quand ils ne valent plus
rien au travail, ils servent encore pour la table. Les
Utopiens convertissent en pain les céréales; ils boivent
le suc du raisin., de la pomme, de la poire; ils boivent
aussi l'eau pure ou bouillie avec le miel et la réglisse.
La quantité de vivres nécessaires à la consommation
de chaque ville et de son territoire est déterminée de
la manière la plus précise. Néanmoins les habitants
sèment du grain et élèvent du bétail beaucoup au
delà de cette consommation. L'excédant est mis en
réserve pour les pays voisins. Quant aux meubles,
ustensiles de ménage et autres objets qu'on ne peut
se procurer à la campagne, les agriculteurs vont les
chercher à la ville. Ils s'adressent aux magistrats ur-
bains, qui les leur font délivrer sans échange ni retard. Tous les mois ils se réunissent pour célébrer une
fête. Lorsque vient le temps de la moisson, les phi-
larques des familles agricoles font savoir aux magistrats

des villes combien de bras auxiliaires il faut leur
envoyer ; des nuées de moissonneurs arrivent au moment convenu , et si le ciel est serein , la récolte est
enlevée presque en un seul jour.

DES VILLES D'UTOPIE. Qui connaît une ville les connaît toutes, car toutes sont exactement semblables ,
autant que la nature du lieu le permet. Nous allons
décrire Amaurote, parce qu'elle est le siége du gouvernement et du sénat. Amaurote se déroule en pente
douce sur le versant d'une colline. Sa forme est presque
un carré. Sa largeur commence un peu au-dessous du
sommet de la colline, se prolonge deux mille pas environ sur les bords du fleuve Anydre et augmente à mesure que l'on côtoie ce fleuve. La source de l'Anydre est
peu abondante ; elle est située à quatre-vingts milles au-
dessus d'Amaurote. Plusieurs rivières viennent grossir,
dans sa marche , ce faible courant. Arrivé devant
Amaurote, l'Anydre a cinq cents pas de large. A partir
de là, il va toujours en s'élargissant, et se jette dans
la mer après un cours de soixante milles. Dans tout
l'espace compris entre la ville et la mer , et quelques
milles au-dessus de la mer, le flux et le reflux, qui
durent six heures par jour, modifient singulièrement
le cours du fleuve. A la marée montante , l'Océan
remplit de ses flots le lit de l'Anydre sur une longueur
de trente milles, et le refoule vers sa source ; alors le
flot salé communique son amertume au fleuve ; mais
celui-ci se purifie peu à peu, apporte à la ville une
eau douce et potable, et la ramène sans altération
jusque près de son embouchure , quand la marée

descend. Les deux rives de l'Anydre sont mises en rapport au moyen d'un pont de pierre, construit en arcades bien voûtées. Ce pont se trouve à l'extrémité de la ville la plus éloignée de la mer, afin que les navires puissent aborder à tous les points de la rade. Une autre rivière, petite il est vrai, mais belle et tranquille, coule dans l'enceinte d'Amaurote. Elle jaillit à peu de distance de la ville, sur la montagne où celle-ci est placée, et, après l'avoir traversée par le milieu, elle vient marier ses eaux à celles de l'Anydre. Les Amaurotains en ont entouré la source de fortifications qui la joignent aux fortifications de la ville. Ainsi, en cas de siége, l'ennemi ne pourrait ni empoisonner la rivière, ni en arrêter ou détourner le cours. Du point le plus élevé se ramifient en tous sens des tuyaux de briques, qui conduisent l'eau dans les bas quartiers de la ville. Là où ce moyen est impraticable, de vastes citernes recueillent les eaux pluviales, pour les divers usages des habitants. Une ceinture de murailles hautes et larges enferme la ville, et, à des distances très-rapprochées, s'élèvent des tours et des forts. Les remparts, sur trois côtés, sont entourés de fossés toujours à sec, mais larges, profonds, embarrassés de haies et de buissons. Le quatrième côté a pour fossé le fleuve lui-même. Les rues et les places sont convenablement disposées, soit pour le transport, soit pour abriter contre le vent. Les édifices sont bâtis commodément; ils brillent d'élégance et de propreté, et forment deux rangs continus, suivant toute la longueur des rues, dont la largeur est de vingt pieds. Derrière et entre les maisons se trouvent de vastes jardins. Chaque maison a une porte sur la rue et une porte sur le jardin. Ces deux portes s'ouvrent aisément d'un léger coup de main, et laissent entrer le premier venu. Les Utopiens appliquent en ceci le principe de la possession commune. Pour anéantir jusqu'à l'idée de propriété individuelle et absolue, ils changent de maison tous les dix ans, et tirent au sort celle qui doit leur tomber en partage. Les habitants des villes soignent leurs jardins avec passion. Les Utopiens attribuent à Utopus le plan général de leurs cités. Ce grand législateur n'eut pas le temps d'achever les constructions et les embellissements qu'il avait projetés; il fallait pour cela plusieurs générations. On lit dans les chroniques utopiennes, qui embrassent l'histoire de dix-sept cent soixante années, qu'au commencement les maisons, fort basses, n'étaient que des cabanes, des chaumières en bois, avec des murs de boue et des toits de paille terminés en pointe. Les maisons sont aujourd'hui d'élégants édifices à trois étages, avec des murs extérieurs en pierre ou en briques, et des murs intérieurs en plâtras. Les toits sont plats, recouverts d'une matière broyée et incombustible, qui ne coûte rien et préserve mieux que le plomb des injures du temps. Des fenêtres vitrées abritent contre le vent. Quelquefois on remplace le verre par un tissu d'une ténuité extrême, enduit d'ambre ou d'huile transparente, ce qui offre aussi l'avantage de laisser passer la lumière ou d'arrêter le vent.

DES MAGISTRATS. Trente familles élisent tous les ans un magistrat appelé *syphogrante* dans le vieux langage du pays, et *philarque* dans le moderne. Dix syphograntes ét leurs trois cents familles obéissent à un *protophilarque,* anciennement nommé *tranibore.* Enfin les syphograntes, au nombre de douze cents, après avoir fait serment de donner leur voix au citoyen le plus moral et le plus capable, choisissent au scrutin secret et proclament *prince* l'un des quatre citoyens proposés par le peuple ; car la ville étant partagée en quatre sections, chaque quartier présente son élu au sénat. La principauté est à vie, à moins que le prince ne soit soupçonné d'aspirer à la tyrannie. Les tranibores sont nommés tous les ans, mais on ne les change pas sans de graves motifs. Les autres magistrats sont annuellement renouvelés. Tous les trois jours, plus souvent si le cas l'exige, les tranibores tiennent conseil avec le prince pour délibérer sur les affaires du pays et terminer au plus vite les procès qui s'élèvent entre particuliers, procès du reste fort rares. Deux syphograntes assistent à chacune des séances du sénat, et ces deux magistrats populaires changent à chaque séance. La loi veut que les motions d'intérêt général soient discutées dans le sénat trois jours avant d'aller aux voix et de convertir la proposition en décret. Se réunir hors le sénat et les assemblées du peuple pour délibérer sur les affaires publiques est un crime puni de mort. Ces institutions ont pour but d'empêcher le prince et les tranibores de conspirer ensemble contre la liberté, d'opprimer le peuple par des lois tyran-

niques, et de changer la forme du gouvernement.
Parmi les règlements du sénat, le suivant mérite d'être
signalé. Quand une proposition est faite, il est défendu
de la discuter le même jour; la discussion est renvoyée
à la prochaine séance : on prévient par là le danger de
la précipitation.

DES ARTS ET MÉTIERS. Il est un art commun à tous
les Utopiens, hommes et femmes, et dont personne
n'a le droit de s'exempter, c'est l'agriculture. Les
enfants l'apprennent en théorie dans les écoles, en
pratique dans les campagnes voisines de la ville, où
ils sont conduits en promenades récréatives. En outre,
on enseigne à chacun une industrie particulière. Les
uns tissent la laine ou le lin, les autres sont maçons ou
potiers; d'autres travaillent le bois ou les métaux.
Voilà les principaux métiers à mentionner. Les vêtements ont la même forme pour tous les habitants de
l'île : cette forme est invariable; elle distingue seulement l'homme de la femme, le célibat du mariage.
Ces vêtements réunissent l'élégance à la commodité.
Chaque famille confectionne ses habits. Tous, hommes
et femmes, sans exception, sont tenus d'apprendre un
des métiers mentionnés ci-dessus. En général, chacun
est élevé dans la profession de ses parents. Cependant
si quelqu'un se sent plus d'aptitude et d'attrait pour
un autre état, il est admis par adoption dans l'une des
familles qui l'exercent. Si quelqu'un, ayant déjà un
état, veut en apprendre un autre, il le peut, aux conditions précédentes. On lui laisse la liberté d'exercer
celui des deux qui lui convient le mieux, à moins que

la ville ne lui en assigne un pour cause d'utilité publique. La fonction principale et presque unique des syphograntes est de veiller à ce que personne ne se livre à l'oisiveté et à la paresse, et à ce que tout le monde exerce vaillamment son état. Il ne faut pas croire que les Utopiens s'attellent au travail comme des bêtes de somme, depuis le grand matin jusque bien avant dans la nuit. Cette vie abrutissante pour l'esprit et pour le corps serait pire que la torture et l'esclavage. Les Utopiens divisent l'intervalle d'un jour et d'une nuit en vingt-quatre heures égales. Six heures sont employées aux travaux matériels; chacun est libre d'employer à sa guise le temps compris entre le travail, les repas et le sommeil. Loin d'abuser de ces heures de loisir en s'abandonnant au luxe et à la paresse, ils se reposent en variant leurs occupations et leurs travaux. Tous les matins, des cours publics sont ouverts avant le lever du soleil. Les individus spécialement destinés aux lettres sont seuls obligés de suivre ces cours, mais tout le monde a droit d'y assister, les femmes comme les hommes. Le peuple y accourt en foule, et chacun s'attache à la branche d'enseignement qui est le plus en rapport avec son industrie et ses goûts. Quelques-uns, pendant les heures de liberté, se livrent de préférence à l'exercice de leur état. Ce sont les hommes dont l'esprit n'aime pas à s'élever à des spéculations abstraites. Le soir, après le souper, les Utopiens passent une heure en divertissements; l'été, dans les jardins, l'hiver, dans les salles communes où ils prennent leurs repas. Ils font de la musique ou se distraient par la conversation. Ils ne connaissent pas les jeux de hasard, également sots et dangereux. On me dira peut-être : six heures de travail par jour ne suffisent pas aux besoins de la consommation publique, et l'Utopie doit être un pays très-misérable. Il s'en faut bien qu'il en soit ainsi. Vous le comprendrez très-facilement si vous réfléchissez au grand nombre de gens oisifs chez les autres nations. Considérez aussi combien peu de ceux qui travaillent sont employés en choses vraiment nécessaires; car, dans ce siècle, où l'argent est le dieu et la mesure universelle, une foule d'arts frivoles s'exercent uniquement au service du luxe. Mais si la masse actuelle des travailleurs était répartie dans les diverses professions utiles, de manière à produire, même avec abondance, tout ce qu'exige la consommation, le prix de la main-d'œuvre baisserait à un point que l'ouvrier ne pourrait plus vivre de son salaire. Supposez donc qu'on fasse travailler utilement ceux qui ne produisent que des objets de luxe et ceux qui ne produisent rien, tout en mangeant chacun le travail et la part de deux bons ouvriers; alors vous concevrez sans peine qu'ils auront plus de temps qu'il n'en faut pour fournir aux nécessités, aux commodités, et même aux plaisirs de la vie; j'entends les plaisirs fondés sur la nature et la vérité. Or ce que j'avance est prouvé en Utopie par des faits. Là, dans toute une ville et son territoire, à peine y a-t-il cinq cents individus, y compris les hommes et les femmes ayant l'âge et la force de travailler, qui en soient exemptés par la loi. De ce nombre sont les syphograntes, et cependant ces magistrats travaillent comme les autres citoyens pour les stimuler par leur exemple. Ce privilége s'étend aussi aux jeunes gens que le peuple destine aux sciences et aux lettres, sur la recommandation des prêtres et d'après les suffrages secrets des syphograntes. Si l'un de ces élus trompe l'espérance publique, il est rejeté dans la classe des ouvriers. Si, au contraire, et ce cas est fréquent, un ouvrier parvient à acquérir une instruction suffisante en consacrant ses heures de loisir à ses études intellectuelles, il est exempté du travail mécanique et on l'élève à la classe des lettrés. C'est parmi les lettrés qu'on choisit les ambassadeurs, les prêtres, les tranibores et le prince, appelé autrefois *barzame* et aujourd'hui *adème*. Le reste de la population n'exerce que des professions utiles, et produit en peu de temps une masse considérable d'ouvrages parfaitement exécutés. Ce qui contribue encore à abréger le travail, c'est que tout étant bien établi et entretenu, il y a beaucoup moins à faire en Utopie que chez nous. Par exemple, en Utopie il est très-rare qu'on soit obligé de bâtir sur de nouveaux terrains; on répare à l'instant les dégradations présentes; on prévient même les dégradations imminentes. Ainsi les bâtiments se conservent à peu de frais de travail. La plupart du temps, les ouvriers restent chez eux pour dégrossir les matériaux, tailler le bois et la pierre. Quand il y a une construction à faire, les matériaux sont tout prêts et l'ouvrage est rapidement terminé. Il en coûte peu aux Utopiens pour se vêtir. Au travail, ils s'habillent de cuir ou de peau ; ce vêtement peut durer sept ans. En public, ils se couvrent d'une casaque ou surtout qui couvre l'habit grossier du travail ; la couleur de cette casaque est naturelle, elle est la même pour tous les habitants. De la sorte ils usent beaucoup moins de drap que partout ailleurs, et ce drap leur revient moins cher. La toile est d'un usage très-étendu ; parce qu'elle exige moins de travail. Quand il y a encombrement de produits, les travaux journaliers sont suspendus et la population est portée en masse sur les chemins rompus ou dégradés. Faute d'ouvrage ordinaire et extraordinaire, un décret autorise une diminution sur la durée du travail, car le gouvernement ne cherche pas à fatiguer les citoyens par d'inutiles labeurs. Le but des institutions sociales en Utopie est de fournir d'abord aux besoins de la consommation publique et individuelle, puis de laisser à chacun le plus de temps possible pour s'affranchir de la servitude du corps, cultiver librement son esprit, développer ses facultés intellectuelles par l'étude des sciences et des lettres. C'est dans ce développement complet qu'ils font consister le vrai bonheur.

DES RAPPORTS MUTUELS ENTRE LES CITOYENS. La cité se compose de familles, la plupart unies par les liens de la parenté. Dès qu'une fille est nubile, on lui donne un mari et elle va demeurer avec lui. Les mâles fils et petits-fils restent dans leurs familles. Le plus ancien membre d'une famille en est le chef, et si les années ont affaibli son intelligence, il est remplacé par celui qui approche le plus de son âge. Chaque cité doit se

composer de six mille familles ; chaque famille ne peut
contenir que de dix à seize jeunes gens dans l'âge de
puberté. Le nombre des enfants impubères est illimité.
Quand une famille s'accroît outre mesure, le trop-plein
est versé dans les familles moins nombreuses. Quand il
y a dans une ville plus de monde qu'elle ne doit ou
qu'elle ne peut en contenir, l'excédant comble les
vides des cités moins peuplées. Enfin, si l'île tout
entière se trouvait surchargée d'habitants, une émi-
gration générale serait décrétée ; les émigrants iraient
fonder une colonie dans le plus proche continent. La
colonie se gouverne d'après les lois utopiennes, et
appelle à soi les naturels qui veulent partager ses travaux et son genre de vie. Si les colons rencontrent un
peuple qui accepte leurs institutions et leurs mœurs,
ils forment avec lui une même communauté sociale, et
cette union est profitable à tous ; mais si les colons
rencontrent une nation qui repousse les lois de l'Utopie,
ils chassent cette nation de l'étendue de pays qu'ils
veulent coloniser, et, s'il le faut, ils emploient la force
des armes. S'il arrivait (et ce cas s'est présenté deux
fois à la suite de pertes horribles), s'il arrivait que
la population d'une cité diminuât au point qu'on ne
pût la rétablir sans rompre l'équilibre et la constitu-
tion des autres parties de l'île, les colons rentreraient
en Utopie. Le plus âgé, avons-nous dit, présidé à la
famille. Les femmes servent leurs maris ; les enfants,
leurs pères et mères ; les plus jeunes servent les plus
anciens. La cité entière se partage en quatre quartiers
égaux. Au centre de chaque quartier se trouve le marché

des choses nécessaires à la vie. On y apporte les différents produits du travail de toutes les familles. Ces
produits, déposés d'abord dans des entrepôts, sont
ensuite classés dans des magasins suivant leur espèce.
Chaque père de famille va chercher au marché ce dont
il a besoin pour lui et pour les siens. Il emporte ce
qu'il demande, sans qu'on exige de lui ni argent ni
échange. On ne refuse jamais rien aux pères de famille.
L'abondance étant extrème en toutes choses, on ne
craint pas que quelqu'un demande au delà de son
besoin. Aux marchés dont je viens de parler sont joints
des marchés de comestibles où l'on apporte des lé-
gumes, des fruits, du pain, du poisson, de la volaille,
et les parties mangeables des quadrupèdes. Hors de la
ville il y a des boucheries où l'on abat les animaux
destinés à la consommation ; ces boucheries sont tenues
propres au moyen de courants d'eau qui enlèvent le
sang et les ordures. C'est de là qu'on apporte au marché
la viande nettoyée et dépecée par les mains des esclaves;
car la loi interdit aux citoyens le métier de boucher,
de peur que l'habitude du massacre ne détruise peu à
peu le sentiment d'humanité. Ces boucheries extérieures ont aussi pour but d'éviter aux citoyens un
spectacle hideux, et de débarrasser la ville des saletés,
immondices et matières animales dont la putréfaction
pourrait engendrer des maladies. Dans chaque rue, de
vastes hôtels sont disposés à égale distance, et se dis-
tinguent les uns des autres par des noms particuliers.
C'est là qu'habitent les syphograntes ; leurs trente
familles sont logées des deux côtés, quinze à droite et

quinze à gauche ; elles vont à l'hôtel des syphograntes
prendre leurs repas en commun. Les pourvoyeurs
s'assemblent au marché à une heure fixe, et ils demandent une quantité de vivres proportionnelle au
nombre des bouches qu'ils ont à nourrir. On commence
toujours par servir les malades, qui sont soignés dans
des infirmeries publiques. Autour de la ville et un
peu loin de ses murs, sont situés quatre hôpitaux
tellement spacieux qu'on pourrait les prendre pour
quatre bourgs considérables. On évite ainsi l'entasse-
ment et l'encombrement des malades, inconvénients
qui retardent leur guérison ; de plus, quand un homme
est frappé d'une maladie contagieuse, on peut l'isoler
complétement. Ces hôpitaux contiennent abondamment
tous les remèdes et toutes les choses nécessaires au
rétablissement de la santé. Les malades y sont traités
avec les soins les plus affectueux et les plus assidus,
sous la direction des plus habiles médecins. Personne
n'est obligé d'y aller ; cependant il n'est personne, en
cas de maladie, qui n'aime mieux se faire traiter à
l'hôpital que chez soi. Quand les pourvoyeurs des
hospices ont reçu ce qu'ils demandaient, d'après les
ordonnances des médecins, ce qu'il y a de meilleur
au marché se distribue sans distinction entre tous les
réfectoires, proportionnellement au nombre des man-
geurs. On sert en même temps le prince, le pontife,
les tranibores, les ambassadeurs et les étrangers, s'il
y en a, ce qui est très-rare. Ces derniers, à leur arrivée dans une ville, trouvent des logements destinés
spécialement à eux et garnis de toutes les choses dont

ils peuvent avoir besoin. La trompette indique l'heure
des repas ; alors la syphograntie entière se rend à
l'hôtel pour y dîner ou y souper en commun, à l'exception des individus alités chez eux ou à l'hôpital.
Il est permis d'aller chercher des vivres au marché
pour sa consommation particulière, après que les
tables publiques ont été complétement pourvues. Mais
les Utopiens n'usent jamais de ce droit sans de graves
motifs. Les esclaves sont chargés des travaux de cui-
sine les plus sales et les plus pénibles. Les femmes
font cuire les aliments, assaisonnent les mets, servent
et desservent la table. Elles se remplacent dans cet
emploi famille par famille. On dresse trois tables, ou
plus, suivant le nombre des convives; les hommes sont
assis du côté de la muraille, les femmes sont placées
vis-à-vis. Les nourrices se tiennent à part avec leurs
nourrissons, dans des salles particulières où il y a toujours du feu, de l'eau propre et des berceaux. Chaque
mère allaite son enfant, hors le cas de mort ou de maladie. La fonction de nourrice est une des plus honorables. Dans la salle des nourrices sont aussi les enfants qui
n'ont pas encore cinq ans accomplis. Les garçons et les
filles, depuis l'âge de puberté jusqu'à celui du mariage,
font le service de la table. Ceux qui sont plus jeunes et
n'ont pas la force de servir, se tiennent debout et en
silence; ils mangent ce qui leur est présenté par ceux
qui sont assis, et ils n'ont pas d'autres moments pour
prendre leur repas. Le syphogrante et sa femme sont
placés au milieu de la première table ; cette table
occupe le haut bout de la salle, et de là on découvre

d'un coup d'œil toute l'assemblée. Deux vieillards,
choisis par les plus anciens et les plus respectables,
siégent avec le syphogrante, et de même, tous les
convives sont servis et mangent quatre par quatre;
s'il y a un temple dans la syphograntie, le prêtre et
sa femme remplacent les deux vieillards et président
au repas. Des deux côtés de la salle sont rangés alter-
nativement deux jeunes gens et deux individus des
plus âgés. Cette disposition rapproche les égaux et
confond à la fois tous les âges. Comme rien ne peut se
dire ou se faire qui ne soit aperçu des voisins, la gravité de la vieillesse, le respect qu'elle inspire retiennent
la pétulance des jeunes gens. La table du syphogrante
est servie la première; ensuite les autres, suivant leur
position. Les dîners et les soupers commencent par la
lecture d'un livre de morale; puis les plus âgés
entament des conversations honnêtes, mais pleines
d'enjouement et de gaieté, et où tout le monde prend
part. Le dîner est court, le souper long, parce que le
dîner est suivi du travail, tandis qu'après le souper
viennent le sommeil et le repos de la nuit. Le souper
ne se passe jamais sans musique et sans un dessert co-
pieux et friand. Les parfums, les essences les plus odo-
rantes, rien n'est épargné pour le bien-être et pour la
jouissance des convives. Peut-être dans ceci accusera-
t-on les Utopiens d'un penchant excessif au plaisir. Ils
ont pour principe que la volupté qui n'engendre aucun
mal est parfaitement légitime. C'est ainsi que les Utopiens des villes vivent entre eux. Ceux qui travaillent
à la campagne sont trop éloignés les uns des autres pour

manger en commun ; ils prennent leur repas chez eux, en particulier. Au reste, les familles agricoles sont assurées d'une nourriture abondante et variée ; rien ne leur manque, ne sont-elles pas les pourvoyeuses, les mères nourricières des villes ?

DES VOYAGES DES UTOPIENS. Lorsqu'un citoyen désire voir un ami qui demeure dans une autre ville, ou veut simplement se donner le plaisir d'un voyage, les syphograntes et les tranibores consentent volontiers à son départ, s'il n'y a pas d'empèchement valable. Les voyageurs se réunissent pour partir ensemble ; ils sont munis d'une lettre du prince qui certifie le congé et fixe le jour du retour. On leur fournit une voiture et un esclave qui soigne et conduit l'attelage. Mais d'habitude, à moins qu'ils n'aient des femmes avec eux, les voyageurs renvoient la voiture comme un embarras. Ils ne se pourvoient de rien pendant la route, car rien ne peut leur manquer, attendu qu'ils sont partout chez eux. Si un voyageur passe plus d'un jour en quelque lieu, il y travaille de son état et reçoit le plus obligeant accueil des ouvriers de sa profession. Celui qui, de son propre mouvement, se permet de franchir les limites de sa province est traité en criminel ; pris sans le congé du prince, il est ramené comme un déserteur et sévèrement puni. En cas de récidive il perd la liberté. S'il prend envie à quelque citoyen de faire une excursion dans la campagne qui dépend de sa ville, il le peut avec le consentement de sa femme et de son père de famille ; mais il faut qu'il achète et paye sa nourriture en travaillant avant le dîner et le souper

autant qu'on le fait dans les lieux où il s'arrête. Vous
voyez qu'en Utopie l'oisiveté et la paresse sont im-
possibles. On n'y voit ni tavernes, ni repaires cachés,
ni assemblées secrètes. J'ai déjà dit que chaque ville
d'Utopie envoyait trois députés au sénat d'Amaurote.
Les premières séances du sénat sont consacrées à dresser l'état économique des diverses parties de l'ile. Dès
qu'on a vérifié les points où il y a trop et les points
où il n'y a pas assez, l'équilibre est rétabli en com-
blant les vides des cités malheureuses par la surabon-
dance des cités plus favorisées. La république utopienne tout entière est comme une seule famille. L'ile
est toujours approvisionnée pour deux ans, dans l'incertitude d'une bonne ou mauvaise récolte pour l'année
suivante. On exporte à l'extérieur les denrées super-
flues. La septième partie en est distribuée aux pauvres
du pays où l'on exporte ; le reste est vendu à un prix
modéré. Ce commerce fait entrer en Utopie non-seulement des objets de nécessité, le fer, par exemple,
mais encore une masse considérable d'or et d'argent.
Depuis le temps que les Utopiens pratiquent ce négoce,
ils ont accumulé une quantité incroyable de richesses.
C'est pourquoi il leur est indifférent aujourd'hui de
vendre au comptant ou à terme. Ordinairement ils
prennent des billets en paiement ; mais ils ne se fient
pas aux signatures individuelles. Ces billets doivent
être revêtus de formes légales et garantis sur la foi
et le sceau de la ville qui les accepte. Le jour de l'é-
chéance, la ville signataire exige le remboursement des
particuliers débiteurs ; l'argent est déposé dans le tré-

sor public, et on le fait valoir jusqu'à ce que les créanciers utopiens le réclament. Ceux-ci ne réclament presque jamais le paiement de la dette entière; ils retirent
toute la somme quand ils veulent s'en servir pour prêter à une nation voisine ou pour entreprendre une
guerre. Dans ce dernier cas, leurs richesses sont destinées à engager et à solder largement des troupes
étrangères, car le gouvernement d'Utopie aime mieux
exposer à la mort les étrangers que les citoyens. Il sait
que l'argent est le nerf de la guerre, soit pour acheter
des trahisons, soit pour combattre à force ouverte. A
ces fins, les Utopiens ont toujours à leur disposition
d'immenses trésors; mais loin de les conserver avec une
espèce de culte religieux, comme font les autres peuples, ils les emploient tout différemment que nous. En
Utopie, on ne se sert jamais d'espèces monnayées dans
les transactions mutuelles; on les réserve pour les événements critiques. L'or et l'argent n'ont pas, dans ce
pays, plus de valeur que celle que la nature leur a
donnée; on y estime ces deux métaux bien au-dessous
du fer, aussi nécessaire à l'homme que l'eau et le feu.
Les Utopiens ne renferment pas leurs trésors dans des
tours ou dans d'autres lieux fortifiés et inaccessibles.
On ne fabrique avec l'or et l'argent ni vases, ni ouvrages artistement travaillés. Les Utopiens mangent et
boivent dans de la vaisselle d'argile ou de verre, de
forme élégante, mais de minime valeur; l'or et l'argent
sont destinés aux plus vils usages. On en forge aussi
des chaînes et des entraves pour les esclaves, et des
marques d'opprobre pour les condamnés qui ont com-

mis des crimes infâmes. Ces derniers ont des anneaux
d'or aux doigts et aux oreilles, un collier d'or au cou,
un frein d'or à la tête. Les Utopiens recueillent des
perles sur le bord de la mer, des diamants et des
pierres précieuses dans certains rochers. Sans aller à
la recherche de ces objets rares, ils aiment à polir ceux
que le hasard leur présente, afin d'en parer les petits
enfants, qui les rejettent d'eux-mêmes et par amour-
propre en grandissant. Les envoyés d'Anémolie vinrent
à Amaurote pendant que j'y étais; et comme ils devaient traiter d'affaires importantes, le sénat s'était
réuni dans la capitale et les y attendait. Jusque alors
les ambassadeurs des pays limitrophes qui étaient venus
en Utopie, y avaient mené le train le plus simple et le
plus modesté, parce que les mœurs utopiennes leur
étaient parfaitement connues. Mais les Anémoliens,
beaucoup plus éloignés de l'île, avaient eu fort peu de
relations avec elle. Apprenant que les habitants y
étaient vêtus d'une façon grossière et uniforme, ils se
persuadèrent que cette extrême simplicité était causée
par la misère, et résolurent de se présenter avec une
magnificence digne d'envoyés célestes. Les trois ministres, qui étaient de grands seigneurs en Anémolie,
firent donc leur entrée suivis de cent personnes vêtues
d'habits de soie de diverses couleurs. Les ambassadeurs eux-mêmes avaient un costume riche et somptueux : ils portaient un habit de drap d'or, des colliers
et des boucles d'oreilles en or, des anneaux d'or aux
doigts, et des garnitures étincelantes de pierreries à
leurs chapeaux. Enfin ils étaient couverts de ce qui fait

en Utopie le supplice de l'esclave, la marque honteuse
de l'infamie, le jouet de l'enfant. C'était chose plaisante
à voir que l'orgueilleuse satisfaction des ambassadeurs
et des gens de leur suite, comparant le luxe de leur
parure à la mise simple et négligée du peuple utopien
répandu en foule sur leur passage. D'un autre côté, il
n'était pas moins curieux d'observer à l'attitude de la
population, combien ces étrangers se trompaient dans
leur attente, combien ils étaient loin d'exciter l'estime
et les honneurs qu'ils s'étaient promis. A part un petit
nombre d'Utopiens qui avaient voyagé à l'extérieur,
tous regardaient en pitié cet appareil somptueux; ils
saluaient les plus bas valets du cortége, les prenant
pour les ambassadeurs, et laissaient passer les ambassadeurs sans y faire plus attention qu'à des valets; car
ils les voyaient chargés de chaînes d'or comme leurs
valets. Les enfants qui avaient déjà quitté les diamants
et les perles, et qui les apercevaient aux chapeaux
des ambassadeurs, poussaient leurs mères en disant :
« Vois donc ce grand fripon qui porte encore des
pierreries comme s'il était tout petit. » Et les mères de
répondre sérieusement : « Taisez-vous, mon fils, c'est,
je pense, un des bouffons de l'ambassade. » Plusieurs
critiquaient la forme de ces chaînes d'or. « Elles sont,
disaient-ils, beaucoup trop minces; on pourrait les
briser facilement; de plus, elles ne sont pas serrées
assez étroitement, l'esclave s'en débarrasserait s'il
voulait, et il pourrait s'enfuir. » Deux jours après leur
entrée dans Amaurote, les ambassadeurs comprirent
que les Utopiens méprisaient l'or autant qu'on l'ho-

norait dans leur pays. Ils eurent occasion de remarquer sur le corps d'un esclave plus d'or et d'argent
que n'en portait toute leur escorte. Alors ils rabat-
tirent de leur fierté, et, honteux de la mystification
qu'ils avaient subie, ils déposèrent en hâte le faste
qu'ils avaient si orgueilleusement déployé. Les relations intimes qu'ils lièrent en Utopie leur apprirent
ensuite quels étaient les principes et les mœurs de ses
habitants. Si les Utopiens dédaignent le luxe, s'ils ne
comprennent pas qu'un riche stupide et immoral
tienne sous sa dépendance une foule d'hommes sages
et vertueux, il est une autre folie qu'ils détestent encore plus : c'est la folie de ceux qui rendent des honneurs presque divins à un homme parce qu'il est
riche, sans être néanmoins ni ses débiteurs ni ses
obligés. Les insensés savent bien pourtant quelle est la
sordide avarice de ces Crésus égoïstes. Nos insulaires
puisent de pareils sentiments, partie dans l'étude des
lettres, partie dans l'éducation qu'ils reçoivent. Il est
vrai qu'un fort petit nombre est affranchi des travaux
matériels, et se livre exclusivement à la culture de
l'esprit : ce sont ceux qui dès l'enfance ont manifesté
une vocation scientifique. Pourtant on donne une
éducation libérale à tous les enfants; et la grande
masse des citoyens, hommes et femmes, consacrent
chaque jour leurs moments de liberté et de repos à
des travaux intellectuels. Les Utopiens apprennent les
sciences dans leur propre langue. Cette langue est
riche, harmonieuse, fidèle interprète de la pensée;
elle est répandue, plus ou moins altérée, sur une vaste

étendue du globe. Jamais avant notre arrivée les Utopiens n'avaient entendu parler de ces philosophes si fameux dans notre monde; cependant ils ont fait à peu près les mêmes découvertes que nous en musique, dialectique, arithmétique et géométrie. Ils ne sont pas forts en métaphysique, mais ils connaissent d'une manière précise le cours des astres et les mouvements des corps célestes. Ils ont imaginé des machines qui représentent avec une grande exactitude les mouvements et les positions respectives du soleil, de la lune et des astres visibles au-dessus de leur horizon. Quant à l'astrologie judiciaire, ils n'y songent même pas en rêve. Ils savent prédire, à des signes confirmés par une longue expérience, la pluie, le vent, et les autres révolutions de l'air. Ils ne forment que des conjectures sur les causes de ces phénomènes, sur le flux et le reflux de la mer, sur la salaison de cet immense liquide, sur l'origine et la nature du ciel et du monde. En philosophie morale, ils agitent les mêmes questions que nos docteurs; ils dissertent sur la vertu et le plaisir; mais la première et la principale de leurs controverses a pour objet de déterminer la condition unique ou les conditions diverses du bonheur de l'homme. Voici leur catéchisme religieux : L'âme est immortelle; Dieu qui est bon l'a créée pour être heureuse. Après la mort des récompenses couronnent la vertu ; des supplices tourmentent le crime. Quoique ces dogmes appartiennent à la religion, les Utopiens pensent que la raison peut amener à les croire et à les consentir. Le bonheur, disent-ils, n'est pas dans toute espèce de volupté; il est seulement dans les plaisirs bons et honnêtes. C'est vers ces plaisirs que tout, jusqu'à la vertu même, entraîne irrésistiblement notre nature : ce sont eux qui constituent la félicité. La nature, disent-ils encore, invite tous les hommes à s'entr'aider mutuellement et à partager en commun le joyeux festin de la vie. Aussi pensent-ils qu'il faut observer non-seulement les conventions privées entre simples citoyens, mais encore les lois publiques qui règlent la répartition des commodités de la vie. Chercher le bonheur sans violer les lois est sagesse; travailler au bien général est religion; fouler aux pieds la félicité d'autrui en courant après la sienne est une action injuste. Au contraire, se priver de quelque jouissance pour en faire part aux autres, c'est le signe d'un cœur noble et humain, qui du reste retrouve bien au delà du plaisir dont il a fait le sacrifice. Ainsi, en dernière analyse, les Utopiens ramènent toutes nos actions et même toutes les vertus au plaisir, comme à notre fin. Il y a des choses en dehors de la nature que les hommes, par une convention absurde, nomment des plaisirs. Ces choses, loin de contribuer au bonheur, sont autant d'obstacles pour y parvenir; elles empêchent ceux qu'elles séduisent de jouir des satisfactions pures et vraies; elles faussent l'esprit en le préoccupant de l'idée d'un plaisir imaginaire. Les Utopiens classent dans ce genre de voluptés bâtardes la vanité de ceux qui se croient meilleurs parce qu'ils ont un plus bel habit. Ces hommes sont stupides de se repaitre d'honneurs sans réalité et sans fruit. Parmi ceux que séduit

encore une fausse idée du plaisir sont les nobles qui
se complaisent avec orgueil et avec amour dans la
pensée de leur noblesse. Les Utopiens rangent les
amateurs de pierreries dans la catégorie des entichés
de noblesse. Que dire des avares qui entassent argent
sur argent, non pour en user, mais pour se repaître
de la contemplation d'une énorme quantité de métal?
Le plaisir de ces riches misérables n'est-il pas une pure
chimère? Les Utopiens regardent aussi comme imagi-
naires les plaisirs de la chasse et des jeux de hasard,
dont ils ne connaissent la folie que de nom, ne les ayant
jamais pratiqués. Ils défendent la chasse aux hommes
libres, comme un exercice indigne d'eux; ils ne la permettent qu'aux bouchers, qui sont tous esclaves. Ils
méprisent toutes ces joies et beaucoup d'autres semblables en nombre presque infini, que le vulgaire en-
visage comme des biens suprêmes, mais dont la suavité
apparente n'est pas dans la nature. Les Utopiens dis-
tinguent diverses sortes de vrais plaisirs : les uns se
rapportent au corps, les autres à l'âme. Les plaisirs
de l'âme sont dans le développement de l'intelligence
et les pures délices qui accompagnent la contemplation
de la vérité. Nos insulaires y joignent aussi le témoignage d'une vie irréprochable et l'espérance certaine
d'une immortalité bienheureuse. Ils divisent en deux
espèces les voluptés du corps. La première espèce com-
prend toutes les voluptés qui opèrent sur les sens une
impression actuelle, manifeste, et dont la cause est le
rétablissement des organes épuisés par la chaleur interne. Quelquefois le plaisir des sens est l'effet d'une

force intérieure et indéfinissable qui émeut, charme et attire : tel est le plaisir qui naît de la musique. La seconde espèce de volupté sensuelle consiste dans l'équilibre stable et parfait de toutes les parties du corps, c'est-à-dire dans une santé exempte de malaise. Les Utopiens se livrent par-dessus tout aux plaisirs de l'esprit, qu'ils regardent comme les premiers et les plus essentiels de tous les plaisirs; ils mettent au rang des plus purs et des plus souhaitables la pratique de la vertu et la conscience d'une vie sans souillures. Parmi les voluptés corporelles, ils donnent la préférence à la santé. Ils entretiennent et cultivent volontiers la beauté, la vigueur, l'agilité du corps. Ils admettent aussi les plaisirs que l'on perçoit par la vue, l'ouïe et l'odorat, plaisirs que la nature a créés exclusivement pour l'homme. Voici encore un des principes des Utopiens : mépriser la beauté du corps, affaiblir ses forces, convertir son agilité en engourdissement, épuiser son tempérament par le jeûne et l'abstinence, ruiner sa santé, en un mot repousser toutes les faveurs de la nature, et cela pour se dévouer plus efficacement au bonheur de l'humanité, dans l'espoir que Dieu récompensera ces peines d'un jour par des extases d'éternelles joies, c'est faire acte de religion sublime. Mais se crucifier la chair, se sacrifier pour un vain fantôme de vertu, ou pour s'habituer d'avance à des misères qui peut-être n'arriveront jamais, c'est faire acte de folie stupide, de lâche cruauté envers soi-même, et d'orgueilleuse ingratitude envers la nature; c'est fouler aux pieds les dons du Créateur, comme si l'on dédaignait de lui avoir quelque obligation. L'Utopien est preste et nerveux; sans être de petite taille, il est plus vigoureux qu'il ne le paraît extérieurement. L'île n'est pas d'une égale fertilité en tous lieux ; l'air n'y est pas partout également pur et salubre. Les habitants combattent par la tempérance les influences funestes de l'atmosphère; ils corrigent le sol au moyen d'une excellente culture : en sorte que nulle autre part on ne vit jamais de plus riche bétail ni de plus abondantes récoltes. Nulle autre part la vie de l'homme n'est plus longue et les maladies moins nombreuses. Non-seulement les citoyens agriculteurs exécutent avec une grande perfection les travaux qui fertilisent une terre naturellement ingrate, mais le peuple en masse est employé quelquefois à déraciner des forêts mal situées pour la commodité du transport, puis à en planter de nouvelles près de la mer, des fleuves ou des villes; car de tous les produits du sol le bois est le plus difficile à transporter par terre. Le peuple utopien est spirituel, aimable, industrieux, aimant le loisir, et néanmoins patient au travail, quand le travail est nécessaire; sa passion favorite est l'exercice et le développement de l'esprit. Pendant notre séjour dans l'île, nous avions dit aux habitants quelques mots des lettres et des sciences de la Grèce. C'était chose vraiment curieuse à voir que l'empressement avec lequel ces bons insulaires nous suppliaient de leur interpréter les auteurs grecs; nous ne leur avions pas parlé des latins, pensant qu'ils n'estimeraient parmi ces derniers que les historiens et les poëtes. Enfin il nous fallut céder à

leurs prières ; et,.je vous l'avouerai, ce fut de notre
part un acte de pure complaisance, dont nous n'espé-
rions pas tirer grand fruit. Mais après quelques
leçons nous eûmes lieu de nous féliciter du succès de
notre entreprise, du zèle et des progrès de nos élèves.
Nous étions émerveillés de leur facilité à copier la
forme des lettres, de la netteté de leur prononciation,
de la promptitude de leur mémoire, et de la fidélité
de leurs traductions. Il est vrai que la plupart de ceux
qui s'étaient livrés d'abord spontanément à cette étude
avec une si belle ardeur, y furent obligés depuis par
un décret du sénat ; ceux-là étaient les savants les plus
distingués de la classe des lettrés, et des hommes d'un
âge mûr. Aussi en moins de trois ans il n'y avait
rien dans les ouvrages des bons auteurs qu'ils ne com-
prissent parfaitement à la lecture, à part des difficultés
provenantes des erreurs typographiques. Peut-être
cette grande facilité avec laquelle ils apprirent le grec
prouve-t-elle que cette langue ne leur était pas tout à
fait étrangère. Je les crois Grecs d'origine ; et quoique
leur idiome se rapproche beaucoup du persan, on
trouve dans les noms de leurs villes et de leurs magis-
tratures quelques traces de la langue grecque. Lors de
mon quatrième voyage en Utopie, au lieu de marchandises, j'avais embarqué une assez jolie pacotille de
livres, bien résolu que j'étais de revenir en Europe le
plus tard possible. En quittant les Utopiens, je leur
laissai ma bibliothèque. On concevra maintenant que
les Utopiens, dont l'esprit est cultivé sans cesse par
l'étude des sciences et des lettres, soient doués d'une

aptitude remarquable pour les arts et les inventions utiles au bien-être de la vie. Ils nous doivent l'imprimerie et la fabrication du papier; mais en cela leur génie leur servit autant que nos leçons, car nous ne connaissions bien à fond aucun de ces deux arts. L'étranger qui aborde en Utopie y est parfaitement reçu s'il se recommande par un mérite réel ou si de longs voyages lui donnent une science exacte des hommes et des choses.

Des esclaves. Tous les prisonniers de guerre ne sont pas indistinctement livrés à l'esclavage, mais seulement les individus pris les armes à la main. Les fils des esclaves ne suivent pas la condition de leurs pères, et l'esclave étranger devient libre en touchant la terre d'Utopie. La servitude tombe particulièrement sur les citoyens coupables de grands crimes et sur les condamnés à mort qui appartiennent à l'étranger. Cette dernière espèce d'esclaves est très-nombreuse en Utopie; les Utopiens vont eux-mêmes les chercher à l'extérieur, où ils les achètent à vil prix, et quelquefois ils les obtiennent pour rien. Tous ces esclaves sont assujettis à un travail continu et portent la chaîne. Mais ceux que l'on traite avec le plus de rigueur sont les indigènes; ceux-ci sont regardés comme les plus misérables des scélérats, dignes de servir d'exemple aux autres par une pire dégradation. En effet, ils avaient reçu tous les germes de la vertu; ils avaient appris à être heureux et bons, et ils ont embrassé le crime. Il est encore une autre espèce d'esclaves: ce sont les journaliers pauvres des contrées voisines, qui viennent offrir volontairement leurs services. Ces

derniers sont traités en tout comme les citoyens, excepté qu'on les fait travailler un peu plus, attendu
qu'ils ont une plus grande habitude de la fatigue. Ils
sont libres de partir quand ils le veulent, et jamais on
ne les renvoie les mains vides. Quant aux malades, rien
n'est épargné de ce qui peut contribuer à leur guérison. Les incurables reçoivent toutes les consolations
capables de leur rendre la vie supportable. Mais lorsqu'à leurs maux se joignent d'atroces souffrances, que
rien ne peut suspendre ou adoucir, les prêtres et les
magistrats se présentent au patient et lui apportent
l'exhortation suprême. Ceux qui se laissent persuader
mettent fin à leurs jours par l'abstinence volontaire,
ou bien on les endort au moyen d'un narcotique mortel, et ils meurent sans s'en apercevoir. Ceux qui ne
veulent pas la mort n'en sont pas moins l'objet des
soins les plus délicats; quand ils cessent de vivre, l'opinion publique honore leur mémoire. L'homme qui se
tue sans cause avouée par le magistrat et le prêtre est
jugé indigne de la terre et du feu; son corps est privé
de sépulture et jeté ignominieusement dans les marais.
Les filles ne peuvent se marier avant dix-huit ans, les
garçons avant vingt-deux. La polygamie est sévèrement proscrite, et le mariage ne se dissout le plus souvent que par la mort, excepté le cas d'adultère et celui
de mœurs absolument insupportables. Le divorce est
rarement permis; les Utopiens savent que donner l'espérance de pouvoir se remarier facilement n'est pas le
meilleur moyen de resserrer les nœuds de l'amour con-
jugal. L'adultère est puni du plus dur esclavage; la

récidive entraîne la peine de mort. Les peines des autres crimes ne sont pas invariablement déterminées par la loi. Le sénat proportionne le supplice à l'énormité du forfait. Les maris châtient leurs femmes; les pères et mères leurs enfants, à moins que la gravité du délit n'exige une réparation publique. La peine ordinaire, même des plus grands crimes, est l'esclavage. Les Utopiens croient que l'esclavage n'est pas moins terrible pour les scélérats que la mort, et qu'en outre il est plus avantageux à l'État. Un homme qui travaille, disent-ils, est plus utile qu'un cadavre; et l'exemple d'un supplice permanent inspire la terreur du crime d'une manière bien plus durable qu'un massacre légal qui fait disparaître en un instant le coupable. Quand les condamnés esclaves se révoltent, on les tue comme des bêtes féroces et indomptables que la chaîne et la prison ne peuvent contenir. Mais ceux qui supportent patiemment leur sort ne sont pas absolument sans espoir. S'ils se repentent, la prérogative du prince ou la voix du peuple adoucissent leur sort et souvent même leur rendent la liberté. En toute sorte de matières criminelles, la tentative bien déterminée est réputée pour le fait. Les bouffons en Utopie font les délices des habitants; les insulter est chose honteuse. Il est également honteux d'insulter à la laideur et à la mutilation. Négliger le soin de la beauté naturelle passe en ce pays pour une ignoble paresse; mais appeler à son aide l'artifice et le fard y est aussi une infâme impertinence. Non-seulement les Utopiens éloignent du crime par des lois pénales, ils invitent encore à la vertu par des honneurs et des récompenses. Des statues sont élevées sur les places publiques aux hommes de génie et à ceux qui ont rendu à la république d'éclatants services. Celui qui brigue une seule magistrature perd tout espoir d'en exercer jamais aucune. Les Utopiens vivent entre eux en famille. Les magistrats ne se montrent ni terribles ni fiers ; on les appelle *pères*, et vraiment ils en ont la justice et la bonté. Ils reçoivent avec simplicité les honneurs que l'on rend volontairement à leurs fonctions ; ces marques de déférence ne sont une obligation pour personne. Le prince lui-même ne se distingue de la foule ni par la pourpre ni par le diadème, mais seulement par une gerbe de blé qu'il tient à la main. Les insignes du pontife se réduisent à un cierge que l'on porte devant lui. Les lois sont en très-petit nombre, et suffisent néanmoins aux institutions. Il n'y a pas d'avocats en Utopie ; de là sont exclus ces plaideurs de profession, qui s'évertuent à tordre la loi et à enlever une affaire avec le plus d'adresse. Les parties exposent leur affaire simplement. Le juge examine et pèse les raisons de chacun avec bon sens et bonne foi. Les peuples voisins envient le gouvernement de cette île fortunée; ils sont puissamment attirés par la sagésse de ses institutions et les vertus de ses habitants. Les nations libres et qui se gouvernent par elles-mêmes (beaucoup d'entre elles ont été autrefois délivrées de la tyrannie par les Utopiens) vont demander à l'Utopie des magistrats pour un an ou pour cinq. A l'expiration de leur pouvoir, ces magistrats d'emprunt sont ramenés dans leur pays

avec les honneurs qu'ils méritent, et d'autres partent
pour les remplacer. La république utopienne reconnaît
pour alliés les peuples qui viennent lui demander des
chefs, et pour amis ceux qui lui doivent un bienfait.
Pour ce qui est des traités, que les autres nations con-
tractent si souvent pour les rompre et les renouer
ensuite, elle n'en fait jamais aucun. En Europe, et
principalement dans les contrées où règnent la foi et
la religion du Christ, la majesté des traités est partout
sainte et inviolable, grâce surtout à l'exemple des souverains pontifes. Mais dans ce nouveau monde on ne
prête aucune confiance à ces sortes de transactions.
Probablement c'est la déloyauté des princes, en ces
pays lointains, qui détermine les Utopiens à ne con-
tracter aucune espèce de convention diplomatique.
Les Utopiens ont pour principe qu'il ne faut tenir
pour ennemi que celui qui se rend coupable d'injustice et de violence.

DE LA GUERRE. Les Utopiens ont la guerre en abomination; à leurs yeux, rien de si honteux que de
chercher la gloire sur les champs de bataille. Néanmoins ils s'exercent avec beaucoup d'assiduité à la
discipline militaire; les femmes elles-mêmes y sont
obligées, de même que les hommes; certains jours
sont fixés pour les exercices, afin que personne ne se
trouve inhabile au combat quand le moment de combattre est venu. Mais les Utopiens ne font jamais la
guerre sans de graves motifs; ils ne l'entreprennent
que pour défendre leurs frontières ou pour repousser
une invasion ennemie sur les terres de leurs alliés, ou

pour délivrer de la servitude et du joug d'un tyran un peuple opprimé par le despotisme. En cela ils ne consultent pas leurs intérêts; ils ne voient que le bien de l'humanité. La république d'Utopie porte gratuitement secours à ses amis, non-seulement dans le cas d'une agression armée, mais quelquefois encore pour obtenir vengeance et réparation d'une injure. Cependant elle n'agit ainsi que lorsqu'elle a été consultée avant la déclaration de guerre; alors elle examine sérieusement la justice de la cause, et si le peuple qui a commis le dommage ne veut pas le réparer, il est déclaré seul auteur et seul responsable de tous les maux de la guerre. Les Utopiens prennent cette délibération extrême toutes les fois qu'un pillage a été exercé par une invasion armée. Mais leur colère n'est jamais plus terrible que lorsque les négociants d'une nation amie, sous prétexte de quelque loi inique, ou d'après une interprétation perfide de lois bonnes, ont subi à l'étranger des vexations injustes au nom de la justice. Telle fut l'origine de la guerre qu'ils entreprirent, un peu avant la génération présente, contre les Alaopolites et en faveur des Néphélogètes. Les Alaopolites, au dire des Néphélogètes, avaient causé à quelques-uns de leurs marchands un tort considérable, sous un prétexte légal; il en résulta une guerre atroce. Aux haines et aux forces des deux principaux ennemis se joignirent les passions et les secours des pays voisins. De puissantes nations furent ébranlées, d'autres violemment abattues. Cette déplorable succession de maux ne finit que par l'entière défaite et la servitude des Alaopolites, que les

Utopiens (attendu que cette guerre ne leur était pas personnelle) soumirent à la domination des Néphélogètes. Cependant ces derniers étaient loin d'approcher de la situation florissante des Alaopolites. C'est avec cette vigueur que nos insulaires poursuivent l'injure de leurs amis, même quand il ne s'agit que de leur argent. Ils sont moins zélés pour leurs propres affaires. Arrive-t-il à quelques citoyens d'être dépouillés de leurs biens, à l'étranger, victimes de quelque fourberie, pourvu qu'il n'y ait pas eu attentat contre les personnes, ils se vengent du peuple qui a consommé l'outrage en cessant tout commerce avec lui jusqu'à ce qu'il ait donné satisfaction. Ce n'est pas qu'ils aient moins à cœur les intérêts de leurs concitoyens que ceux de leurs alliés, mais ils souffrent plus impatiemment les friponneries exercées au préjudice de ces derniers, parce que le négociant qui n'est pas Utopien perd alors une partie de sa fortune privée, et que cette perte est pour lui un malheur grave; tandis que l'Utopien ne perd jamais que sur la fortune publique, ou plutôt sur l'abondance et le superflu de son pays; car autrement l'exportation est prohibée. Voilà pourquoi en Utopie les pertes d'argent n'affectent que très-faiblement les individus. Ils pensent donc, avec raison, qu'il serait trop cruel de venger par la mort d'un grand nombre d'hommes un dommage qui ne peut atteindre ni la vie, ni le bien-être de leurs concitoyens. Au reste, s'il arrive qu'un Utopien soit maltraité ou tué injustement, par suite de délibération publique ou de préméditation privée, la république charge ses ambassadeurs de vérifier le fait; elle demande qu'on lui livre les coupables, et en cas de refus rien ne peut l'apaiser qu'une prompte déclaration de guerre. Dans le cas contraire, les auteurs du crime sont punis de mort ou d'esclavage. Les Utopiens pleurent amèrement sur les lauriers d'une victoire sanglante; ils en sont même honteux, estimant absurde d'acheter les plus brillants avantages au prix du sang humain. Pour eux, le plus beau titre de gloire, c'est d'avoir vaincu l'ennemi à force d'habileté et d'artifice. C'est alors qu'ils célèbrent des triomphes publics et qu'ils dressent des trophées. En faisant la guerre, les Utopiens n'ont d'autre objet que d'obtenir ce qui les aurait empêchés de la déclarer si leurs réclamations avaient été satisfaites avant la rupture de la paix. Quand toute satisfaction est impossible, ils se vengent des provocateurs de manière à arrêter par la terreur ceux qui oseraient tenter à l'avenir de pareilles entreprises. La guerre à peine déclarée, ils ont soin de faire afficher en secret, le même jour, et dans les lieux les plus apparents du pays ennemi, des proclamations revêtues du sceau de l'État. Ces proclamations promettent des récompenses magnifiques au meurtrier du prince ennemi; et d'autres récompenses moins considérables quoique fort séduisantes encore, pour les têtes d'un certain nombre d'individus dont les noms sont écrits sur ces lettres fatales. Les Utopiens proscrivent de cette manière les conseillers ou les ministres qui sont, après le prince, les premiers auteurs de l'offense. Le salaire promis au meurtrier est doublé pour celui qui livre vivant un des proscrits. Ceux-là même dont la tête est mise à prix sont invités à trahir leurs partisans par l'offre de semblables récompenses et par la promesse de l'impunité. Cette mesure a pour effet de mettre bientôt les chefs du parti contraire en état de suspicion mutuelle. Cet usage de trafiquer de ses ennemis, de mettre leurs têtes à l'enchère, est réprouvé partout ailleurs comme une lâcheté cruelle, propre seulement aux âmes dégradées. Les Utopiens, eux, s'en glorifient comme d'une action de haute prudence qui termine sans combat les guerres les plus terribles. Si les moyens précédents restent sans effet, nos insulaires sèment et nourrissent la division et la discorde, en donnant au frère du prince ou à quelque autre grand personnage l'espoir de s'emparer du trône. Quand les factions intérieures languissent amorties, ils excitent les nations voisines de l'ennemi ; ils les mettent aux prises avec lui, en exhumant quelqu'un de ces vieux titres dont jamais ne manquent les rois ; en même temps ils promettent du secours à ces nouveaux alliés, leur versent l'argent à flots, mais ne leur font passer que fort peu de citoyens ; car les citoyens sont, pour la république d'Utopie, le trésor le plus cher et le plus précieux. Outre les richesses renfermées dans l'île, ils sont encore créanciers de divers États pour d'immenses capitaux. C'est avec une partie de cet argent qu'ils louent des soldats de tout pays, et principalement du pays des Zapolètes, qui est situé à l'est de l'Utopie, à une distance de cinq cent mille pas. Le Zapolète, peuple barbare, farouche et

sauvage, ne se plaît qu'au milieu des forêts et des rochers où il a été nourri. Endurci à la peine, il souffre
patiemment le froid, le chaud et le travail. Les délices
de la vie lui sont inconnues; il néglige l'agriculture,
l'art de se loger et celui de se bien vêtir. Il ne possède
d'autre industrie que le soin de ses troupeaux, et le
plus souvent il n'a d'autres moyens d'existence que la
chasse et le pillage. Exclusivement nés pour la guerre,
les Zapolètes recherchent et saisissent avidement toutes
les occasions pour la faire; alors ils descendent par
milliers de leurs montagnes, et vendent à vil prix
leurs services à la première nation venue qui en a
besoin. Le seul métier qu'ils sachent exercer est celui
qui donne la mort; mais ils se battent bravement et
avec une fidélité incorruptible au service de ceux qui les
engagent. Jamais ils ne s'enrôlent pour un espace de
temps déterminé; c'est toujours à la condition de passer le lendemain à l'ennemi, si l'ennemi leur offre une
plus forte paie, et de revenir après sous leurs premiers
drapeaux, s'ils y trouvent une légère augmentation de
solde. Il est rare qu'une guerre s'élève en ces contrées
sans qu'il n'y ait des Zapolètes dans les deux camps
opposés. Ils oublient famille, amitié, et s'entre-tuent
avec une horrible rage. La passion de l'argent est chez
eux tellement forte, qu'un sou de plus sur leur solde
journalière suffit pour les faire changer de drapeau.
Cette passion a dégénéré en une avarice effrénée, et cependant inutile; car ce que le Zapolète gagne par le
sang, il le dépense par la débauche, et la débauche la
plus misérable. Ce peuple fait la guerre pour les Uto-

piens contre tout le monde, parce que nulle autre part
il ne trouve meilleure paye. De leur côté, les Utopiens
engagent très-volontiers cette infâme soldatesque pour
la détruire. Quand donc ils ont besoin de Zapolètes,
ils commencent par les séduire au moyen de brillantes
promesses, puis les exposent toujours aux postes les
plus dangereux. La plupart y périssent et ne viennent
jamais réclamer ce qu'on leur avait promis; ceux qui
survivent reçoivent exactement le prix convenu. Outre
les Zapolètes, les Utopiens emploient encore, en temps
de guerre, les troupes des États dont ils prennent la
défense, puis les légions auxiliaires de leurs autres
alliés, enfin leurs propres concitoyens, parmi lesquels
ils choisissent un homme de talent et de cœur pour
le mettre à la tête de toute l'armée. Ce général en chef
a sous lui deux lieutenants qui n'ont aucun pouvoir
tant qu'il est en état de commander. Dès que le général est tué ou pris, l'un de ses lieutenants lui succède,
et ce dernier est à son tour remplacé par un troisième. Il suit de là que les dangers personnels du général ne peuvent jamais compromettre le salut de l'armée.
Chaque cité lève et exerce des troupes parmi ceux qui
s'engagent volontairement. Personne n'est enrôlé malgré soi dans la milice pour les expéditions lointaines.
Néanmoins, en cas d'invasion, en cas de guerre à
l'intérieur, on utilise tous les poltrons robustes et
valides, en mêlant les uns avec de meilleurs soldats
à bord des vaisseaux de l'État, et en disséminant les
autres dans les places fortes. La loi permet aux femmes
qui le veulent bien, de suivre leurs maris à l'armée.

Le déshonneur et l'infamie attendent l'époux qui revient sans sa femme, le fils qui revient sans son père. Aussi, quand les Utopiens sont forcés d'en venir aux mains et que l'ennemi résiste, une longue et lugubre mêlée précipite le carnage et la mort. Ils cherchent de tout leur pouvoir à ne pas s'exposer eux-mêmes au combat, et à terminer la guerre au moyen des auxiliaires qu'ils tiennent à leur solde. Mais s'il y a pour eux nécessité absolue d'en venir aux mains, leur intrépidité, dans l'action, n'est pas moindre que leur prudence à l'éviter tant que cela était possible. Au plus fort de la mêlée, une troupe de jeunes gens d'élite, conjurés et dévoués à la mort, poursuivent à outrance le chef de l'armée ennemie. Il est rare qu'ils ne réussissent pas à le tuer ou à le faire prisonnier. Les Utopiens, une fois victorieux, ne massacrent pas inutilement les vaincus; ils aiment mieux prendre que tuer les fuyards. Il est difficile d'affirmer s'ils sont plus habiles à dresser des embûches qu'à les éviter. Ils ont grand soin de fortifier leur camp par des fossés larges et profonds; les déblais sont rejetés à l'intérieur. Les armes défensives des Utopiens sont très-solides, et cependant elles se prêtent si bien à toutes sortes de mouvements et de gestes, qu'elles n'embarrassent pas même le soldat à la nage. L'un des premiers exercices militaires que l'on apprend aux soldats d'Utopie, est celui de nager armé. Ils combattent de loin avec le javelot, qu'ils lancent vigoureusement et à coup sûr, cavaliers comme fantassins; et de près, au lieu de se servir d'épées, ils frappent avec des haches. Ils sont extrêmement ingénieux à inventer des machines de guerre. Ce qu'on recherche le plus dans leur fabrication, c'est la facilité du transport et l'aptitude à se tourner dans tous les sens. Les Utopiens observent si religieusement les trèves conclues avec l'ennemi, qu'ils ne les violent pas même en cas de provocation. Ils ne ravagent pas les terres du pays conquis; ils ne brûlent pas ses moissons; ils vont même jusqu'à empêcher, autant que cela est possible, qu'elles ne soient foulées sous les pieds des hommes et des chevaux, pensant qu'ils en auront besoin peut-être un jour. Jamais ils ne maltraitent un homme sans armes, à moins qu'il ne soit espion. Ils conservent les villes qui se rendent, et ne livrent pas au pillage celles qu'ils prennent d'assaut. Seulement ils tuent les principaux chefs qui ont mis obstacle à la reddition de la place, et ils condamnent à l'esclavage le reste de ceux qui ont soutenu le siége. Quant à la foule indifférente et paisible, il ne lui est fait aucun mal. S'ils apprennent qu'un ou plusieurs assiégés aient conseillé la capitulation, ils leur donnent une part des biens des condamnés; l'autre part est pour les auxiliaires. Eux ne prennent rien du butin. La guerre finie, ce ne sont pas les alliés en faveur desquels cette guerre avait été entreprise qui en supportent les frais; ce sont les vaincus. En vertu de ce principe, les Utopiens exigent de ces derniers, d'abord de l'argent, qu'ils emploient en cas de guerre à venir; en second lieu, la cession de vastes domaines situés sur le territoire conquis, domaines qui rapportent à la république de très-gros revenus.

Actuellement cette république a en plusieurs pays de l'étranger d'immenses revenus de cette espèce. Sur ces propriétés l'État envoie des citoyens revêtus du titre de questeurs. Souvent aussi les Utopiens prêtent le produit de ces propriétés au peuple du pays où elles se trouvent. Une partie est affectée à ceux qui, par la trahison, ont favorisé le succès des vainqueurs. Dès qu'un prince a pris les armes contre l'Utopie et se prépare à envahir une des terres de sa domination, les Utopiens rassemblent une armée formidable et l'envoient attaquer l'ennemi hors des frontières. Ce n'est qu'à la dernière extrémité que nos insulaires font la guerre chez eux, et il n'y a pas de nécessité au monde qui puisse les contraindre de faire rentrer dans l'île un secours de troupes étrangères.

DES RELIGIONS DE L'UTOPIE. Les religions, en Utopie, varient non-seulement d'une province à l'autre, mais encore dans les murs de chaque ville en particulier ; ceux-ci adorent le soleil, ceux-là divinisent la lune ou toute autre planète. Quelques-uns vénèrent comme dieu suprême un homme dont la gloire et la vertu jetèrent autrefois un vif éclat. Néanmoins la plus grande partie des habitants reconnaît un seul Dieu, éternel, immense, inconnu, inexplicable, au-dessus des perceptions de l'esprit humain, remplissant le monde entier de sa toute-puissance et non de sa présence corporelle. Ce Dieu, ils l'appellent *Père*; c'est à lui qu'ils rapportent les origines, les accroissements, les progrès, les révolutions et les fins de toutes choses. C'est à lui seul qu'ils rendent les honneurs divins. Au

reste ; malgré la diversité de leurs croyances, tous les
Utopiens conviennent en ceci : « Qu'il existe un être
suprême, à la fois créateur et providence. » Cet être
est désigné dans la langue du pays par le nom commun de *Mythra*. La dissidence consiste en ce que
Mythra n'est pas le même pour tous. Mais quelle que
soit la forme que chacun affecte à son dieu, chacun
adore sous cette forme la nature majestueuse et puissante, à qui seule appartient, du consentement général des peuples, le souverain empire de toutes choses.
Cette variété de superstitions tend de jour en jour à
disparaître et à se résoudre en une religion unique,
qui paraît beaucoup plus raisonnable. Quand ils eurent
appris de nous le nom du Christ, sa doctrine, sa vie,
ses miracles, l'admirable constance de tant de martyrs,
dont le sang volontairement versé a soumis à la loi de
l'Évangile la plupart des nations de la terre ; vous ne
sauriez croire avec quel affectueux penchant ils reçurent cette révélation. Beaucoup d'entre eux embrassèrent notre religion et furent purifiés par l'eau sainte
du baptême. Les habitants de l'île qui ne croient pas
au christianisme ne s'opposent point à sa propagation
et ne maltraitent point les nouveaux convertis. Les Utopiens mettent au nombre de leurs institutions les plus
anciennes celle qui prescrit de ne faire tort à personne
pour sa religion. Utopus, sans proscrire le prosélytisme, avait ordonné que l'intolérance et le fanatisme
seraient punis de l'exil ou de l'esclavage. D'autre part,
ce prince flétrit sévèrement, au nom de la morale,
l'homme qui dégrade la dignité de sa nature, au point

de penser que l'âme meurt avec le corps, ou que le monde marche au hasard et qu'il n'y a point de Providence. Les Utopiens croient donc à une vie future, où des châtiments sont préparés au crime et des récompenses à la vertu. Aux matérialistes on ne rend aucun honneur, on ne communique aucune magistrature, aucune fonction publique; on les méprise comme des êtres d'une nature inerte et impuissante. Grand nombre d'Utopiens professent un système diamétralement opposé au matérialisme. Ils prétendent que les âmes des bêtes sont immortelles comme les nôtres, quoique bien inférieures sous le double rapport de la dignité et du bonheur qui leur est destiné. Tous les Utopiens, à part une très-faible minorité, ont la conviction intime qu'une félicité immense attend l'homme au delà du tombeau. C'est pourquoi ils pleurent sur les malades, jamais sur les morts, excepté le cas où le moribond quitte la vie inquiet et malgré lui. La crainte de la mort est pour eux d'un mauvais augure; il leur semble qu'il n'y a que des âmes sans espoir et dont la conscience est coupable qui puissent trembler devant l'éternité, comme si elles sentaient déjà s'avancer leur supplice. En outre, Dieu, suivant leur opinion, ne reçoit pas avec plaisir l'homme qui n'accourt pas de bon cœur à sa voix, mais que la mort traîne en sa présence tout rebelle et chagrin. Ceux qui voient quelqu'un mourir ainsi en ont horreur; ils enlèvent le défunt, tristes et en silence; puis, après avoir supplié la divine clémence de lui pardonner ses faiblesses, ils enterrent son cadavre. Personne, au contraire, ne

pleure un citoyen qui sait mourir gaiement et plein
d'espoir. Des chants de joie accompagnent ses funérailles; on recommande à Dieu son âme avec ferveur,
et on brûle son corps avec respect, mais sans affliction. Sur le lieu de la sépulture s'élève une colonne
qui porte gravés les titres du défunt. Ces honneurs
adressés à la mémoire des gens de bien, sont, aux
yeux de nos insulaires, un encouragement efficace à la
vertu. Les morts, d'après les préjugés de la plupart
des Utopiens, assistent aux entretiens des vivants,
quoique invisibles à la courte vue des mortels. Cette
croyance leur inspire une confiance extrême dans leurs
entreprises, et empêche une foule de crimes cachés.
Quant aux augures et aux autres moyens supersti-
tieux de divination, ils les rejettent et s'en moquent.
Ils vénèrent les miracles qui arrivent sans le concours
des lois de la nature, les regardant comme des œuvres
qui attestent la présence de la Divinité. Ils croient que
contempler l'univers et louer l'auteur des merveilles
de la création, est un culte agréable à Dieu; cependant il se trouve parmi eux une classe nombreuse
de citoyens qui, par esprit de religion, négligent la
science, dédaignent de s'appliquer à la connaissance
des choses, renoncent enfin à toute espèce de contemplation et de loisir. Ces hommes cherchent à mériter le
ciel uniquement par la vie active et par de bons
offices envers le prochain. Les uns soignent les malades,
les autres réparent les routes et les ponts, nettoient
les canaux, nivellent les terrains, tirent des carrières
la pierre et le sable, abattent et coupent les arbres,

portent aux villes, sur des charrettes ou des chevaux,
le bois, les grains, les fruits et les autres denrées de la
campagne. Non-seulement ils travaillent pour le public,
mais ils se mettent encore au service des particuliers,
comme de simples domestiques, plus soumis et plus
empressés que l'esclave. Ils se chargent de bon cœur
et avec plaisir des plus sales besognes, des ouvrages
les plus rudes et les plus difficiles, où la peine, le
dégoût et le désespoir épouvantent la plupart des
hommes. Ils se livrent sans relâche au travail et à la
fatigue, afin de procurer à autrui du travail et du
repos. Et pour tout cela ils n'exigent aucune reconnaissance. Ils ne censurent pas la vie des autres et ne
se glorifient nullement de tout le bien qu'ils font. Plus
ils s'abaissent par dévouement au niveau de l'esclave,
plus ils s'élèvent en honneur dans l'estime publique.
Cette classe d'hommes se divise en deux sectes : les
uns renoncent au mariage. Ils rejettent l'usage de
la viande, et quelques-uns même celui de la chair de
tous les animaux sans exception. Ils se privent de tous
les plaisirs de cette vie, comme étant choses dange-
reuses; ils n'aspirent qu'à mériter les délices de la vie
future à force de veilles et de sueurs. L'espoir de goûter bientôt ces délices les rend allègres et vigoureux.
Les autres, non moins affamés de travail, préfèrent
l'état de mariage, dont ils apprécient les obligations et
les douceurs. Ils pensent qu'ils se doivent à la nature
et qu'ils doivent des enfants à la patrie. Ils ne fuient
pas les plaisirs, pourvu que ces plaisirs ne les distraient pas du travail. Ils mangent la chair des qua-

drupèdes, afin de se rendre plus robustes et plus capables de supporter le travail. Les Utopiens croient ces derniers plus sages et les premiers plus saints. Les plus rigides de ces sectaires s'appellent *Buthresques* dans la langue du pays ; cette dénomination répond chez nous à celle de religieux. Les prêtres d'Utopie sont d'une sainteté éminente, et par conséquent en fort petit nombre ; car chaque cité n'en a que treize attachés au service d'un pareil nombre de temples. Cependant il faut excepter le cas de guerre ; alors sept prêtres accompagnent l'armée, et l'on est obligé d'en nommer sept autres à leur place. Les titulaires reprennent leurs fonctions dès qu'ils sont de retour. Les suppléants succèdent par ordre aux anciens, au fur et à mesure que ceux-ci viennent à mourir ; en attendant ils assistent le pontife. Dans chaque ville il y a un pontife au-dessus des autres prêtres. Les prêtres, comme les autres magistrats, sont élus par le peuple au scrutin secret, afin d'éviter l'intrigue ; le collége sacerdotal de la cité consacre les nouveaux élus. Ils président aux choses divines, veillent sur les religions, et sont en quelque sorte les censeurs des mœurs. Il est honteux d'être cité à comparaître devant eux et de recevoir leurs reproches ; c'est une marque de vie peu régulière. Du reste, s'ils ont le droit de conseil et de réprimande, il n'appartient qu'aux magistrats de faire arrêter et de poursuivre criminellement les coupables. Le pouvoir du prêtre se borne à interdire les sacrés mystères aux hommes d'une perversité scandaleuse. L'éducation de l'enfance et de la jeunesse est confiée au sacerdoce, qui

donne ses premiers soins à l'enseignement de la morale
et de la vertu, plutôt qu'à celui de la science et des
lettres. Les prêtres choisissent leurs femmes dans l'élite
de la population. Les femmes elles-mêmes ne sont pas
exclues du sacerdoce, pourvu qu'elles soient veuves et
d'un âge avancé. Il n'est pas de magistrature plus honorée que le sacerdoce. La vénération que l'on porte
aux prêtres est tellement profonde, que si quelqu'un
d'entre eux commet une injustice, il ne comparaît pas
en justice; on l'abandonne à Dieu et à sa conscience.
Les Utopiens ne croient pas qu'il soit permis de toucher d'une main mortelle celui qui a été consacré à
Dieu. Les Utopiens ont pour but, en limitant à un
faible chiffre le nombre des prêtres, de ne pas avilir
la dignité d'un ordre qui jouit actuellement de la plus
haute considération, en communiquant cette dignité
à un grand nombre d'individus. Les prêtres d'Utopie
ne sont pas moins estimés des nations étrangères que de
leurs propres concitoyens. En voici la raison. Pendant
les combats, les prêtres, retirés à l'écart, mais non loin
du champ de bataille, prient à genoux, les mains levées
vers le ciel, et revêtus de leurs habits sacrés. Ils im-
plorent la paix avant tout, puis la victoire de leur
pays, mais une victoire qui ne soit sanglante pour aucun des deux partis. Si leurs concitoyens sont vainqueurs, ils s'élancent au plus fort de la mêlée et arrêtent le massacre des vaincus. Le malheureux qui, à
leur approche, les voit et les appelle conserve sa vie :
celui qui peut toucher leurs robes longues et flottantes
conserve sa fortune avec sa vie. Les Utopiens célèbrent

une fête les premiers et derniers jours de chaque mois
et de l'année. Ils partagent l'année en mois lunaires
et la mesurent par la révolution du soleil. Ces premiers
et derniers jours s'appellent *cynemerne* et *trapemerne*
dans la langue utopienne, noms, qui reviennent à peu
près à ceux de *primifête* et *finifête*. On peut visiter en
Utopie des temples magnifiques, d'une riche structure
et d'une étendue capable de contenir une immense
multitude, ce qui était nécessaire à cause de leur petit
nombre. Une demi-obscurité y voile l'éclat du grand
jour ; cette disposition ne vient pas de l'ignorance des
architectes ; elle a été adoptée à dessein et sur l'avis
des prêtres. La raison en est qu'une lumière excessive
éparpille les idées, tandis qu'un jour faible et douteux
recueille les esprits, développe et exalte le sentiment
religieux. On ne voit et l'on n'entend rien dans les
temples qui ne convienne à toutes les croyances en
commun. Chacun célèbre chez soi, en famille, les
mystères particuliers à sa foi. Le culte public est orga-
nisé de manière à ne contredire en rien le culte domestique et privé. Les jours de *finifête*, le peuple se réunit
dans les temples sur le soir et encore à jeun. Là, il
remercie Dieu de ses bienfaits pendant l'année ou le
mois dont la présente fête est le dernier jour. Le lendemain, jour de *primifête*, la foule remplit le temple
dès le matin, et va demander au Ciel un heureux
avenir durant l'année ou le mois qu'inaugure cette
solennité. Les jours de *finifête*, avant d'aller au
temple, les femmes se jettent aux pieds de leurs maris,
les enfants aux pieds de leurs parents. Ainsi pro-

sternés, ils avouent leurs péchés d'action et ceux de
négligence dans l'accomplissement de leurs devoirs,
puis ils demandent le pardon de leurs erreurs. Au
moyen de cette confession en famille, de cette satisfaction pieuse, les nuages de haine qui obscurcissaient
la paix domestique sont bientôt dissipés, et tout le
monde alors peut assister aux sacrifices avec une âme
calme et pure. Dans le temple, les hommes sont à
droite et les femmes à gauche et à part. Les places sont
distribuées de manière que les individus de chacun
des deux sexes soient respectivement assis devant le
père et la mère de leur famille. On a soin de disséminer
les plus jeunes parmi les plus âgés, pour leur donner
plus de recueillement. Les Utopiens n'immolent pas
d'animaux dans leurs sacrifices. Ils font brûler de l'en-
cens, d'autres parfums, et des bougies en grand
nombre. Le peuple, dans le temple, est vêtu de blanc ;
le prêtre porte un vêtement de diverses couleurs,
admirable de travail et de forme, quoique la matière
n'en soit pas très-précieuse. La robe du prêtre n'est ni
brochée d'or, ni assujettie par des pierreries; c'est un
tissu de plumes d'oiseaux disposées avec tant d'art et
de goût, que la plus riche matière resterait au-dessous
de ce merveilleux travail. En outre, ces ailes et ces
plumes, l'ordre déterminé de leur arrangement dans
l'habit du prêtre, sont autant de symboles qui contiennent des mystères cachés. Les sacrificateurs conservent et communiquent fidèlement l'interprétation
de ces symboles. Dès que le prêtre, revêtu de ses ornements, s'offre à l'entrée du sanctuaire, tout le monde

se prosterne en silence contre terre. Un instant après, un signal du prêtre fait relever tout le monde. Alors les assistants commencent à chanter les louanges de Dieu, et des symphonies d'instruments de musique interrompent ces chants par intervalles. A la fin de l'office, le prêtre et le peuple récitent ensemble des prières solennelles formulées en termes déterminés par la loi, de manière que chacun puisse rapporter à soi ce que tous récitent en commun. Ces prières achevées, tout le monde se prosterne de nouveau et se relève quelques moments après pour aller dîner. Le reste du jour est employé à des jeux et à des exercices militaires.

FIN DE L'ANALYSE DE L'UTOPIE.

TABLE

—❈—

HISTOIRE DE THOMAS MORUS.